Domination et Colonisation

Bibliothèque de Philosophie scientifique

JULES HARMAND

AMBASSADEUR HONORAIRE

Domination et Colonisation

« J'ai donné aux Athéniens non les lois les meilleures, mais les meilleures qu'ils pouvaient supporter. »

(SOLON.)

PARIS
ERNEST FLAMMARION, ÉDITEUR
26, RUE RACINE, 26

1910

Domination et Colonisation

PRÉFACE

Le gouvernement des peuples arriérés ou primitifs est un art difficile et compliqué. Pour en tracer vraiment les principes, il faudrait joindre au génie d'un Montesquieu les connaissances les plus approfondies, les plus universelles et les plus détaillées en même temps, sur l'infinie variété des pays et des races qui composent notre Empire. Je n'ai pas une pareille prétention.

C'est parce que j'étais convaincu de mon insuffisance, ainsi que de la difficulté des généralisations en pareille matière, que j'ai longtemps hésité à céder aux sollicitations, si flatteuses qu'elles soient, de mes amis, et en particulier de Gustave Le Bon, me pressant de consigner dans un livre les résultats de mes expériences coloniales.

Je connais un peu les Asiatiques, que j'ai eu l'occasion d'observer longuement en Extrême-Orient et dans l'Inde. Mais je confesse n'avoir des Arabo-Berbères et des Noirs africains qu'une connaissance directe beaucoup plus superficielle. Je n'échapperai donc pas au reproche que l'on peut adresser aux auteurs de livres généraux sur le gouvernement et l'administration des possessions modernes. En laissant de côté les compilateurs et les « professeurs », tous ont obéi à une tendance naturelle en visant principalement dans leurs écrits les pays et les hommes qu'ils avaient le plus habités et pratiqués.

J'avoue donc que c'est aux Asiatiques et à nos domaines asiatiques que se rapportent trop spécialement mes observations. J'ai à regretter surtout de n'avoir pas su attribuer dans ces pages à l'Afrique du Nord l'importance qu'elle possède dans notre politique extérieure.

Plutôt qu'un *Traité* complet et bien composé, ce volume est ainsi une suite de réflexions sur *quelques* sujets d'intérêt colonial.

Outre les lacunes qui tiennent à mon imparfaite préparation, il s'en trouve d'autres qu'il faut attribuer aux nécessités éditoriales de cette collection. Le sujet embrassé était, je le reconnais, beaucoup trop vaste. Quelque effort que j'aie fait pour condenser l'expression de mes opinions, j'ai dû éliminer du tableau, pour le réduire aux dimensions du cadre qui m'était donné, tout ce qui touche aux questions militaires.

Et cependant, j'y attache un grand intérêt, car j'estime, on le verra, que c'est l'efficacité militaire et politique de nos Établissements qui doit être le principal objectif de l'expansion française.

Il m'en a par suite coûté de ne pas dire plus en détail ce que je pense des règles et des devoirs de la conquête européenne en pays indigène, du recrutement et de l'utilisation des troupes arabes, noires et annamites, de l'organisation de l'armée coloniale, du rôle comparé de nos soldats et des soldats de couleur, de la défense navale des arsenaux de nos possessions, etc. Mais la place m'a fait défaut.

C'est au public éclairé, à qui je m'adresse, qu'il appartient de me faire savoir par l'accueil qu'il accordera à ces essais si je pourrai me permettre, plus tard, de traiter devant lui ce genre de considérations.

JULES HARMAND.

Juillet 1910.

AVANT-PROPOS

Les nécessités de l'expansion de la France et les conditions de sa politique coloniale.

I. — Les fatalités de la politique de la France. — Obligations contradictoires de sa politique continentale et de sa politique coloniale. Améliorations de la concurrence coloniale. Objectifs de l'expansion française. La politique utilitaire. Les colonies sont faites pour la métropole. Il faut que les colonies françaises soient fortes.

II. — La doctrine coloniale française. — Ce qu'elle doit être. L'erreur de l'*assimilation* et de l'uniformité. Ses origines. La nécessité de la « non-interférence » des colonies et de la métropole. *La Patrie* et *l'Empire*. Les utopies révolutionnaires. Les *Colonies* et les *Dominations*.

III. — L'application. — L'autonomie coloniale. Sa définition. L'administration indirecte ou de *Protectorat*. Le *self-government* des Colonies et l'autonomie des Dominations. La dépendance politique. Conditions générales de l'autonomie des Dominations.

I. — LES FATALITÉS ET LES OBLIGATIONS DE LA POLITIQUE FRANÇAISE

Les conditions de notre association nationale relevant de son milieu politique, ses destinées sont subordonnées à des fatalités auxquelles nous n'avons aucun moyen de nous soustraire. Adossée à un continent qui pèse sur elle de tout son poids antagoniste et faisant face à trois grandes mers, la France est condamnée à asseoir sa sécurité et à défendre sa fortune en deux directions opposées. Aucune nation européenne ne s'est trouvée aux prises avec une telle difficulté. Non sans une légitime fierté, nous pouvons dire, histoire en mains, que même avec certains avantages naturels incomparables, il nous a fallu une vitalité singulière pour n'avoir pas entièrement succombé, malgré nos fautes, au double poids qui nous a toujours écrasés.

On a dit maintes fois que nous aurions dû choisir, que notre erreur fondamentale fut de n'avoir jamais su prendre parti entre les deux politiques, respectivement continentale et militaire, coloniale et navale. Mais si l'on examine objectivement les faits, on doit reconnaître que ce choix nous fut toujours et nous reste interdit.

Nous sommes rivés à ces ambitions divergentes comme Prométhée à ses fers, entre son aigle et son rocher. Nous en avons à tel point le sentiment que nous avons toujours, spontanément, utilisé les moments de répit que nous offrait un calme européen relatif pour relever nos empires coloniaux perdus. Ce faisant, nous n'avons jamais, on peut le dire, suivi notre goût; nous avons obéi à une nécessité. Si nous n'étions précisément oppressés par l'intuitive persuasion qu'en suivant notre vraie nature nous serions promptement accablés par les ambitions accaparantes de nos concurrents, il n'est guère douteux que nous préférerions rester chez nous. Notre nation se contenterait bien volontiers de son petit « pré carré » si, en s'y confinant, elle se sentait en sécurité.

La politique d'expansion coloniale, peu comprise encore des gens instruits, redoutée de la masse, n'est pas parmi nous populaire. Il en a toujours été de même; et pourtant, en dépit des oppositions de partis alliées à tant de causes adverses, le sentiment de la nécessité finit toujours par l'emporter. Ne voyons-nous pas ceux-là mêmes qui se sont fait une carrière de l'opposition systématique à notre expansion coloniale, ceux qui ont poussé l'étroitesse d'esprit et l'aveuglement jusqu'à supporter devant l'histoire le fardeau de l'avenir français perdu en Egypte et la responsabilité de la chute antipatriotique de Jules Ferry, défendre au Maroc notre œuvre africaine, aux frontières de Chine et du Siam nos entreprises asiatiques, se résoudre à organiser nos conquêtes congolaises et chercher en Mauritanie la sécurité de notre domination sénégalaise?

Obligés en même temps à nous protéger au loin et à nous défendre sur place, nous n'avons pas, il faut en rester convaincus, l'enviable faculté de l'alternative. Nous ne pouvons espérer l'acquérir; pour dépouiller cette robe de Nessus, il faudrait que la France eût renoncé au rang de grande puissance.

Par l'effet d'un préjugé fort commun, d'une de ces idées toutes faites que l'on va répétant sans critique, on croit communément que nous avons toujours perdu nos colonies sur le Rhin et l'on en tire cette conséquence qu'il est inutile de nous préoccuper de leur défense propre et erroné de leur attribuer une valeur militaire. La vérité, c'est que nous avons presque toujours perdu nos colonies par nos fautes et notre imprévoyance, et en méconnaissant leurs besoins et leur rôle. Nous n'avons pas compris que, ne pouvant les défendre nous-mêmes une fois la guerre allumée en Europe, il nous était impérieusement commandé de les doter d'une organisation telle qu'elles aient la faculté et même l'obligation de se donner elles-mêmes pendant les périodes de paix la préparation militaire et les moyens de *self résistance* qui les auraient sauvées après les hostilités déclarées.

Les Etablissements qui ne se laissent pas enlever pendant la guerre sont généralement conservés à la Métropole lors de la conclusion de la paix; il est permis de croire que cette coutume, honorable pour les deux belligérants, tendra de plus en plus à devenir la règle dans les conflits de l'avenir. Il peut arriver, sans doute, qu'une dépendance ayant résisté aux insultes de l'ennemi échappe malgré tout à la puissance vaincue. Pourtant, au cours du règlement de comptes qui précède la signature de l'instrument définitif, ce territoire jouera encore un rôle des plus précieux comme objet de compensation, et la preuve qu'il a donnée de son efficacité militaire ne peut qu'en augmenter la valeur.

Il est bon de rappeler aussi que lorsque nous avons été battus en Europe, ce fut parfois, dans quelque mesure, parce que nos entreprises ultra-marines ont vainement et mal à propos détourné du champ de bataille continental des ressources précieuses en hommes, en argent et en matériel. Pour ne pas dépasser les limites de l'histoire contemporaine, bornons-nous simplement à méditer les conséquences de l'équipée mexicaine...!

Par besoin immédiat et par prévision, il nous faut donc toujours poursuivre simultanément notre œuvre de préservation lointaine et de défense européenne. Comment résoudre cette antinomie? Comment sortir de ce cercle vicieux? Certes le problème est ardu. Il n'est pas insoluble, et l'époque où nous sommes, en dépit de la solidité persistante des obstacles à surmonter, est peut-être moins défavorable que les précédentes à la réalisation de nos vues. Nous avons perdu l'espoir de reprendre jamais cette maîtrise de la mer sans laquelle aucune fondation coloniale n'est absolument sûre; nos dépendances seront toujours à cet égard plus ou moins aventurées. Mais tous les Etats en sont là, et le Royaume-Uni lui-même... Tous pourtant, même les plus petits, dés qu'ils possèdent un rivage maritime et s'enrichissent, refusent de se renfermer dans leurs limites européennes.

La compétition coloniale n'a plus le même aspect qu'autrefois : ce n'est plus un duel entre deux seuls chorèges. L'accession de puissances nouvelles ou reconstituées a rendu possibles de nouveaux équilibres; les combinaisons diplomatiques qui permettent de les édifier et de les maintenir sont devenues bien plus nombreuses, plus variées qu'autrefois et cependant, à ce qu'il paraît à l'user, plus stables. L'acquisition de colonies, même par des Etats secondaires, sans forces propres, ne peut plus être considérée comme une folle aventure.

D'autre part — constatation de la plus haute importance — la période des ambitions grandioses et des vastes conquêtes est close : il ne reste plus qu'à glaner. Les taches blanches qui, hier encore, émaillaient les cartes de l'Asie et de l'Afrique ont presque entièrement disparu. Les limites se touchent et se précisent et, par là, les chances de conflits de nature véritablement coloniale, au lieu d'être accrues comme on l'aurait pu craindre, ont diminué : les entraînements isolés, si fréquents naguère, ont trouvé dans ces contacts un frein salutaire. Les grands efforts sont accomplis, les grandes dépenses sont faites. En mettant peut-être à part les inconnues du drame chinois, il ne peut plus être question que de luttes circonscrites d'influence et de rectifications de frontières. Il ne s'agit plus de s'étendre mais seulement de tirer des colonies le meilleur parti possible.

Nous sommes, enfin, beaucoup moins qu'au début de notre renaissance coloniale, dénués de connaissances pratiques et ignorants des principes : c'est en forgeant notre nouvel empire que nous commençons à devenir forgerons. Il nous reste sans doute bien des choses à apprendre; nous avons cependant acquis déjà assez d'expérience pour nous apercevoir de nos erreurs et pour être en mesure d'interroger avec bénéfice la conduite de ceux-là qui nous ont précédés dans la voie aujourd'hui ouverte à l'expansion sous sa forme vraiment moderne de Domination. Sur ce champ d'action, les progrès dans les idées, quoique peut-être inaperçus du grand public, sont immenses, et l'on pourrait montrer par des exemples que bien des opinions, notamment sur la politique indigène et les rapports des colonies avec la Métropole, passaient il y a seulement vingt ans pour hasardées, contestables ou même chimériques, qui sont à présent acceptées par tous les esprits impartiaux.

Cependant ces progrès sont moins sensibles dans les faits, ainsi que dans les mesures politiques et administratives qui les consacrent, parce que les administrations et les corporations de gouvernement, incapables de se réformer spontanément, sont des conservatoires de routine. C'est l'opinion qui, seule, peut les obliger à se modifier; c'est donc sur elle qu'on doit agir. Le procédé est lent, sans doute, alors que notre pays aurait besoin de rapidité, mais il n'en est pas d'aussi sûr. Il faut faire réfléchir. Nous n'avons pas d'autre dessein.

Les objectifs de l'expansion française. — Menacée perpétuellement chez elle et au dehors, avec un budget dont près du tiers se trouve absorbé par sa dette, avec une population qui ne s'accroît plus, la France doit être extrêmement économe de ses ressources. Astreinte pourtant à se répandre dans le monde, il lui faut plus qu'à toute autre puissance une politique coloniale adéquate à sa situation particulière, à ses obligations, à ses moyens.

Dans la poursuite de cette œuvre aussi nécessaire que dangereuse, la France a besoin, ce qu'elle n'a jamais fait avec clarté, de déterminer ses objectifs, d'avoir, ce qu'elle n'a jamais eu, une doctrine coloniale agissant à l'état d'idée-force, des principes de politique coloniale concordant avec les exigences de sa politique générale, de posséder enfin, ce qui lui a toujours fait défaut jusqu'à ces derniers temps, une méthode d'exécution conforme à ses principes et adaptée à son objectif.

L'objectif se confond avec l'utilité; la doctrine repose sur une conception nette de la nature des Colonies et Dominations par rapport à la Métropole; quant au procédé d'exécution, il n'y en a pas d'autre que l'autonomie.

D'une manière générale, le problème à résoudre consiste, en séparant jusqu'à l'extrême limite du possible le gouvernement des Colonies et Dominations de celui de la Métropole, à tirer de celles-là le maximum d'avantages pour le minimum d'inconvénients. En limitant d'ailleurs ses efforts à l'indispensable, en renonçant à les éparpiller à la surface d'un univers profondément changé depuis l'époque de la marine à voiles et le développement des impérialismes nouveaux, le premier objectif qui s'impose à une métropole telle que la France est d'ordre négatif : elle a le devoir d'interdire autant qu'il est possible à ses Etablissements, quelle que soit leur situation, d'exercer une influence sur la politique générale de la nation souveraine et de son gouvernement. Elle doit également faire en sorte que ses Etablissements ne lui coûtent rien et ne l'affaiblissent pas en divertissant de sa défense continentale et navale essentielle les forces et les capitaux dont elle ne peut se passer.

C'est la condition nécessaire, mais non suffisante. Il faut aussi que, cessant d'être, comme ils l'ont presque toujours été jusqu'ici, des boulets que nous traînons aux pieds, ceux d'entre nos Etablissements qui en sont capables se transforment en instruments de force et d'influence, non seulement économique et commerciale, mais encore politique et militaire, et deviennent le plus promptement qu'il se peut des auxiliaires de la fortune, de la prospérité et de la puissance générale de la Métropole.

Mais, il faut éviter les chimères : un tel objectif n'est évidemment qu'un idéal asymptotique, dont on ne peut qu'espérer se rapprocher de plus en plus sans jamais pleinement l'atteindre, parce que nous sommes un vieux pays et que la politique n'est pas une table rase sur laquelle on ait licence de construire entièrement à nouveau, parce qu'il y faut subir les servitudes héréditaires et compter avec les sentiments et les préjugés. Parmi nos Dépendances, il en est, quoi qu'on fasse, qui ne seront plus jamais à même de satisfaire aux ambitions de ce programme et qui ne pourront dorénavant jouer dans l'impérialisme français qu'un rôle secondaire. Tout ce que nous pouvons sagement leur demander, c'est, en accomplissant leurs fonctions purement économiques, de se suffire à elles-mêmes, de ne pas nous nuire, jusqu'au jour où il se rencontrera parmi nous des hommes ayant assez d'autorité et de courage pour procéder à une liquidation du passé en utilisant des circonstances favorables à ce grand dessein. Ce sont presque toutes nos « vieilles colonies », et notamment celles qui, placées au voisinage d'empires grandis depuis leur naissance, gravitent nécessairement dans la sphère de leur attraction. Ce sont encore ces poussières d'archipels relégués dans les lointains parages du Pacifique austral, qui dans les guerres navales de l'avenir ne seraient pour nous qu'un embarras et une cause d'humiliation certaine et qui n'ont, si l'on veut bien y réfléchir, aucune chance de voir leur importance, à notre point de vue, s'accroître, comme on le dit trop communément, par l'ouverture du Canal de Panama.

Il faut que nos Établissements soient forts. — Les Etablissements principalement visés dans cette étude sont les grands territoires de conquête que nous appelons *Dominations*. Avec les ressources de leur sol et les activités de leurs nombreuses populations, ceux-là doivent recevoir une orientation politique. Il faut qu'ils deviennent riches, sans doute, mais pour devenir forts. Il faut que leur prospérité économique soit le support de leur valeur militaire : ainsi, une fois dotés de leur outillage commercial et administratif, tout l'excédent de leurs budgets doit être consacré à une organisation défensive payée par eux, sans préjudice des forces que la Métropole y entretient elle-même pour les besoins de sa politique générale. Ainsi, l'Afrique du Nord avec Alger et Bizerte, l'Afrique occidentale avec Dakar, Madagascar avec Diégo-Suarez, l'Indochine avec Saigon et le port de la côte d'Annam qui reste encore à désigner.

Ces vues utilitaires, fondées sur la célèbre maxime de Hobbes : *In statu naturali mensuram juris esse utilitatem*, et franchement conformes à l'opinion des encyclopédistes : « les colonies sont faites par la métropole et pour la métropole », que l'on veuille bien y prendre garde, ne sont point celles de cet égoïsme métropolitain et de cette exploitation coloniale que nous avons pratiquées et qui furent inintelligentes, car elles ne peuvent aboutir qu'à une fin opposée à celle que nous assignons ici à nos entreprises. Interprétées comme elles le furent et comme les ultras du protectionnisme l'entendent encore aujourd'hui, au point de vue exclusivement commercial, elles n'eurent et ne pouvaient avoir comme résultat que le maintien des colonies à l'état de débilité permanente et de perpétuelle enfance. Tandis qu'au contraire si nous nous proposons de faire produire à nos possessions, pour l'intérêt il est vrai de la métropole, la plus grande somme d'utilité possible, nous ne concevons ce résultat que par le développement de leur propre fortune, par leur prospérité matérielle, par la satisfaction des besoins et des aspirations de leurs peuples.

Loin donc de se laisser guider par un égoïsme myope et vulgaire, cette politique utilitaire, inspirée des responsabilités morales qu'impose la conquête, est la répudiation et la condamnation du parasitisme colonial de l'Etat métropolitain. Elle veut justement empêcher la possibilité des abus dont nous avons tant souffert.

Il faut pourtant voir les choses comme elles sont et vouloir être sincère avec soi-même. Vanter sans cesse notre générosité, mettre toujours en avant notre libéralisme démocratique, ce n'est pas mauvais entre nous et ce peut être utile. Mais il vaut mieux tâcher de conformer nos actes aux conditions mêmes de la domination par conquête, laquelle n'est pas démocratique, et, sans user de ces hypocrisies misérables ni de ces « mensonges de la civilisation » qui ne trompent personne, chercher à la justifier pour l'utilité commune des conquérants et des sujets.

Que les colonies soient faites pour la Métropole, pour les avantages multiples et divers qu'elle entend tirer d'elles, c'est pourtant une chose évidente : si les colonies, dont la fondation coûte presque toujours aux métropoles tant d'argent et de sacrifices et qui les exposent par ailleurs à de si grands risques, n'étaient pas faites en vue de leur servir, elles n'auraient aucune raison d'être, et l'on ne voit pas par quelle aberration les Etats civilisés se les disputeraient avec tant de jalouse âpreté.

Comment se fait-il donc que ces maximes si naturelles prennent à nos yeux un certain aspect scandaleux et qu'en les énonçant on éprouve comme le besoin de s'en excuser? Nous abordons ici la question de doctrine et de principes qu'il faut examiner avec attention. Importante pour toutes les nations, cette question l'est davantage encore pour celle qui, plus que toutes les autres, a coutume de transporter dans la politique la logique excessive de son esprit.

II. — LA DOCTRINE

Il s'agit de déterminer la nature des établissements extérieurs par rapport à la Métropole. Terrain délicat ! Nous risquons d'y choquer des convictions sincères et des idées répandues, des sentiments qui se croient patriotiques, éclos sous l'influence de ces formules simples qui séduisent le cœur par leur apparente générosité et que l'on accepte sans contrôle. Désireux pourtant de nous exprimer avec franchise, sans reculer devant les mots, nous osons poser en principe que tous les établissements coloniaux, quel qu'en soit le genre, sont des *dépendances* de l'Etat fondateur ou conquérant, des *propriétés* de la nation, du gouvernement ou de la couronne qui la personnifie, étant bien entendu qu'il n'est pas possible, qu'il n'est pas concevable que l'État souverain, s'il a le droit et le devoir d'user avantageusement de cette propriété, ait jamais intérêt à en abuser. Nous ajouterons que ces établissements coloniaux ne font pas partie intégrante du territoire national et ne peuvent pas être considérés comme étant la Patrie.

L'assimilation et sa genèse. — C'est dans la croyance opposée, bien plus encore que dans une idiosyncrasie mentale, départie aux Français par un décret nominatif de la Providence, qu'il faut chercher l'origine — *fons et origo mali* — de l'erreur capitale de notre politique d'expansion : l'assimilation. Ou bien, si l'on a la croyance que l'assimilation est l'effet de l'organisation bureaucratique et uniformisante qui nous avait été transmise comme héritage de la « romanité », il faut convenir que ce travers a été singulièrement entretenu et activé par le préjugé dont nous parlons et que nous voulons combattre.

Dans notre opinion, l'esprit d'assimilation n'est pas une cause; la pratique de l'assimilation n'est que l'effet contingent et passager d'une conception erronée de la nature des colonies et de l'organisation de notre gouvernement sous une forme qui n'était pas faite pour l'expansion extra-continentale. Il ne faut pas croire, il ne faut pas dire, il ne faut pas écrire que l'assimilation soit chez nous la manifestation d'un instinct naturel. Si l'on avait cette conviction, il serait absolument vain de prêcher des réformes, car un instinct ne se modifie pas : il n'est pas plus accessible aux prises des hommes d'Etat et à l'action des gouvernements que la couleur de la peau de leurs ressortissants. Il n'y aurait, si c'était vrai, qu'un parti raisonnable à prendre : s'incliner devant une fatalité inéluctable, renoncer systématiquement à toute expansion coloniale et à toute action mondiale, et utiliser cet instinct unitaire renforcé par l'organisation de dictature qui lui convient, que ce soit celle d'un homme ou d'une assemblée, pour la seule protection du territoire européen. C'est là précisément ce qui nous est, politiquement et économiquement, impossible.

Cette unité de direction, cette concentration de surveillance jalouse, qui nous était si utile en Europe que nous ne pouvions pas nous en passer et qui, probablement, a sauvé notre nationalité après avoir contribué à la constituer, s'est propagée, avec l'assimilation, de nos anciennes Colonies à nos Dominations, considérées toujours les unes et les autres comme parties intégrantes du sol national. C'est encore le plus grand obstacle à notre succès. Entraînant l'uniformité administrative, cette organisation vicieuse, soutenue par l'idée de la similitude politique de la patrie et de ses territoires détachés, offre aussi le périlleux inconvénient de mêler la vie des Dépendances coloniales à celle de la Métropole, de créer d'abord, de resserrer ensuite entre ces organismes hétérogènes et l'Etat souverain une solidarité aussi pernicieuse qu'artificielle que nous ne sommes pas en état de supporter.

Il est vrai que toutes les nations expansives ont versé dans la même erreur sentimentale. Alors que nous avions l'illusion de fonder partout des « Frances Nouvelles », les Anglais s'imaginaient aussi créer partout des « Plus-Grandes-Bretagnes », des « Nouvelles-Angleterres », des « Nouvelles-Ecosses ». Mais il faut prendre garde que la Grande-Bretagne est toujours restée une monarchie, et que la forme monarchique permet de considérer les colonies comme des propriétés féodales, acquises à titre personnel par le titulaire de la Couronne. Fiction sans doute, mais fiction non sans influence sur les faits, et qui s'est traduite par la conservation des constitutions politiques et sociales de toutes les dépendances extérieures. C'est l'une des raisons qui expliquent que les Anglais, portés d'ailleurs à cette politique par la moindre concentration de leur gouvernement et par l'habitude qu'ils ont de longue date de respecter les libertés locales, n'aient pas hésité à laisser à toutes ces « Possessions de la Couronne » leur législation particulière. C'est ainsi qu'ils ont appliqué, naturellement, pourrait-on dire, l'autonomie non seulement aux pays conquis les plus lointains et les plus différents du leur, mais aux plus rapprochés et aux plus aisément assimilables, comme les Iles Normandes, comme l'Ile de Man en plein Canal d'Irlande, et qu'ils les gouvernent comme des colonies[1].

1. On peut, à ce propos, exprimer le regret que nos manies assimilatrices et notre amour de l'uniformité ne nous aient pas permis, jusqu'à présent et suivant l'intention de Napoléon en

C'est avec raison, et avec un orgueil justifié, que Seeley, dans son *Expansion of England*, que Lucas, dans son introduction trop peu connue au livre trop ignoré de Sir Cornwall Lewis sur le *Government of Dependencies*, ont pu exprimer l'opinion que *le triomphe de la politique britannique consiste à avoir séparé le sort des colonies et celui de la Métropole et à avoir réduit au minimum leur « interference » réciproque*. Cette politique que nos voisins — protégés par leur « ruban d'argent » mais ne voulant pas, en s'étendant à toute la terre, compromettre les privilèges de leur situation — ont regardée comme le palladium de leur puissance et de leur liberté, ne devrait-elle pas, à bien plus forte raison, apparaître aux yeux de tous les Français comme le pivot invariable de leur propre expansion et le préservatif le plus sûr des dangers qu'elle comporte ?

La Patrie et l'Empire. — Mais pour qu'une nation comme la nôtre, qui se laisse plus facilement guider par l'idée et le sentiment et qui éprouve le besoin de conformer ses actes les plus compliqués aux raisonnements des syllogismes les plus simples, puisse adopter cette politique, il faudrait d'abord qu'elle eût reconnu l'erreur commise en prenant pour base de conduite et pour point de départ de son expansion cette conception que les colonies de citoyens ou les conquêtes indigènes font, du jour de leur acquisition et du fait de leur « annexion », partie intégrante du territoire de la patrie.

On voudra bien convenir d'ailleurs que, s'il paraît être admis par tout le monde parmi les gouvernants et les gouvernés, que les colonies font partie intégrante du territoire national, cette croyance est restée

personne, d'appliquer à la Corse un régime particulier pour le bien de l'Etat comme pour celui des Corses eux-mêmes et de leur territoire, et de considérer cette île comme une colonie.

heureusement trop artificielle et n'a pas pénétré assez profondément dans notre conscience pour qu'il soit très difficile de la déraciner ou chimérique de l'essayer.

L'élite pensante de la nation est généralement demeurée assez indifférente à la perte ou à l'échange de ces territoires que nos plus grands écrivains dédaignaient ou méconnaissaient. La masse elle-même n'est pas parvenue à étendre jusqu'à eux son sens patriotique : si les attaques contre nos colonies, leur occupation violente ont pu surexciter ses passions, ce fut surtout par soubresauts de crainte et d'humiliation, par la compréhension du retentissement que ces actes pouvaient exercer sur l'honneur du pays et sur la sécurité nationale. Les cessions et les aliénations ont sans doute chagriné individuellement ceux dont les intérêts se trouvaient lésés, mais n'ont jamais soulevé d'oppositions de quelque importance.

La France a pu se sentir affectée dans son orgueil et touchée dans ses éléments de richesse par la rupture violemment imposée de ses liens avec ses colonies ; elle ne s'en est pas estimée vraiment diminuée comme nation et n'a pas pensé à en prendre le deuil. Son gouvernement, d'ailleurs, par son manque de précaution et toute sa conduite à leur égard, ne lui montrait pas qu'il attachât lui-même un très grand prix à leur conservation et ne lui traçait pas d'autre attitude. La perte du Canada, par exemple, fut presque envisagée comme une délivrance : les dirigeants la considérèrent même comme une bonne affaire, presque comme un succès diplomatique. Sauf la Grande-Bretagne, qui n'a pas été mise à l'épreuve, n'ayant jamais fait que « gaigner », mais qui pourtant ne s'est pas interdit les rétrocessions ou abandons de territoires exotiques, toutes les puissances coloniales ont agi de même et l'on a toujours vu les colonies vendues, cédées et aliénées, à prix d'argent ou comme rançons de provinces européennes.

Les Idées de la Révolution française. — Ce sont les idées révolutionnaires qui nous ont fait en ce sens le plus de mal par la propagation de leurs utopies et par leur application, à de grandes conquêtes, de mesures administratives et politiques qui n'avaient, dans leur fausseté, que des inconvénients médiocres quand il ne s'agissait que de nos petites colonies de plantations d'autrefois. Nos pères de 1789 ont pris tout d'un coup le contre-pied des doctrines monarchiques qui ne voient dans tous les habitants des colonies, Français du vieux pays et populations indigènes ou importées, que des *sujets* « régnicoles » au même titre, pour les considérer tous comme des *citoyens* au même titre, en étendant aux colonies, qui n'étaient que des domaines royaux, l'indivisibilité dogmatique du territoire national. Par un entraînement de logique, pour eux obligatoire, ces réformateurs, nécessairement voués à l'assimilation à outrance, faisaient des colonies des « départements » français soumis aux mêmes lois et aux mêmes règlements que les nouvelles circonscriptions administratives du territoire continental, et de misérables noirs, la veille arrachés à leurs forêts africaines, y devenaient des citoyens, tout comme leurs maîtres.

Par la suite, il était inévitable que des assemblées politiques — celle de 1848 surtout, mais aussi celle de 1871 — qui s'inspiraient des souvenirs et des traditions révolutionnaires et les regardaient comme sacro-saintes, qui n'avaient du monde extérieur et du progrès des sciences ethnologiques que de profondes ignorances, qui obéissaient d'ailleurs à cette terrible crainte, mère de tant d'inepties, de paraître réactionnaires — se crussent engagées à répéter l'affirmation des mêmes principes, à la suite de certains habiles qui, de leur négromanie professionnelle, surent se faire une renommée de saints laïques.

Une preuve, à recommander à la méditation des

hommes soucieux avant tout du bien général, que les peuples sont, en dépit de ces théories, réfractaires à l'idée de l'incorporation des colonies dans leur naturel et commun patrimoine : on entend bien souvent, au cours des discussions coloniales, et de la part des personnalités les mieux instruites aussi bien que de celle d'ignorants, demander non seulement « à quoi nous sert cette colonie? » mais encore « que nous rapporte-t-elle? » Demande-t-on ce que coûte ou ce que rapporte telle ou telle de nos provinces, riche ou pauvre, favorisée ou déshéritée? C'est que la patrie, moins clairement sans doute qu'en Chine mais partout, n'est au fond que la famille agrandie et que, dans la solidarité familiale, le lien principal n'est pas le profit. C'est que l'on a confondu la *Patrie* et l'*Empire*.

Dire que « là où est le drapeau, là est la patrie », ce n'est qu'une figure de rhétorique sans plus de valeur que le *ubi bene, ibi patria*, simple boutade de mécontent, mot de dilettante ou, comme de nos jours, d'étroits et imprévoyants fanatiques. Ce ne sont là que des formules creuses, incapables de supporter l'examen. La patrie, le *fatherland*, c'est la terre des aïeux, celle où les générations disparues, plus agissantes que les vivants eux-mêmes, ont vécu, pensé, souffert, combattu, sont mortes pour faire de nous, leurs fils et leurs héritiers, les continuateurs de la communauté qu'ils ont voulu former et maintenir. Et si d'autres pays, plus récemment acquis par les armes ou par la politique de nos ascendants et de nos chefs, sont devenus français, ce n'est pas par le fait de l'annexion. Ce qui les a francisés, c'est, avec l'aptitude naturelle qui vient de l'affinité de race, l'adhésion volontaire de leurs populations, leur ambition de fusion dans notre famille politique, leur adoption du même idéal que le nôtre. Mariage forcé ou de raison d'abord, cette union, pour se consommer, a dû devenir mariage d'inclination et de réciproque confiance, cimenté par le cœur plus encore que par l'intérêt et fondé sur l'égalité mentale et morale des participants. C'est ce qui ne se produira jamais, ce qui est matériellement impossible, dans nos possessions d'outre-mer où l'élément blanc — les citoyens — est en infime minorité par rapport aux éléments allogènes et en opposition d'intérêts et de sentiments avec eux.

On n'ignore pas d'ailleurs que, dans les milieux politiques les plus mal disposés pour l'expansion coloniale, l'excuse qu'invoquent les chefs de partis ou l'échappatoire derrière laquelle ils s'abritent pour expliquer leurs changements circonstanciels d'attitude à l'égard de nos possessions, c'est que celles-ci s'offrent, en cas de guerres malheureuses ou de contestations graves, comme objet de marchandage ou d'échange et que c'est à ce titre qu'il faut provisoirement les conserver. N'est-ce pas l'aveu formel qu'il est très éloigné de leur pensée intime de les regarder comme partie indivisible de la République? Ne sait-on pas, au surplus, l'immense différence que font tous les peuples, même les moins nationalisés, comme les Chinois, entre les guerres nationales, *pro aris et focis*, qui intéressent l'indépendance et l'intégrité de la patrie, et les guerres coloniales, celles qui ont pour objet l'acquisition ou la conservation de territoires extérieurs? Comparons les Italiens, par exemple, luttant pour l'Italie Une ou pour la possession de l'Abyssinie, les Russes de 1812 en Russie et ceux de 1905 en Mandchourie, les Espagnols de Saragosse et ceux de Manille...

Les Colonies et les Dominations. — En vérité, non, les établissements mêmes qui méritent vraiment l'appellation de *Colonies*, c'est-à-dire ceux qui sont peuplés et exploités par des citoyens émigrés de la métropole, ni *a fortiori* ceux que nous désignons sous le nom de *Dominations*, qui sont peuplés d'indigènes soumis par la force, ne font ni ne peuvent faire partie de la patrie. La patrie est une chose intangible et inaccessible. On ne la fait pas, elle se fait elle-même et se tient tout d'une pièce. Ce n'est pas un bien meuble mais un « bloc ». On ne peut la décréter ni la transporter au delà des océans, à volonté.

Les regarder comme étant la patrie, c'est prendre pour une vérité de fait ce qui n'est qu'une métaphore, et c'est, pour la France et avec l'esprit français, commettre une erreur dont les dangers sont infinis. Les *Dépendances* coloniales, Colonies, Dominations et Protectorats, sont à ce point de vue exactement de même nature : propriétés de l'Etat et de la Nation; fondées et maintenues pour le bien de l'Etat et de la Nation, elles ne peuvent lui être utiles et remplir dans l'Empire le rôle qui leur est assigné en étant elles-mêmes riches, prospères et sûres qu'à la condition d'être administrées non comme la patrie, ni par la métropole, mais sur place, chacune à part, avec sa législation spéciale et ses finances spéciales, par des agents responsables du Gouvernement souverain.

III. — L'APPLICATION

L'autonomie coloniale. — Nous n'avons pas la prétention de détruire par une argumentation de quelques lignes des préjugés invétérés. Quelles que soient les réserves que nous avons précédemment formulées à cet égard, des habitudes trop profondément ancrées dans l'esprit de nos compatriotes s'opposeraient à une telle outrecuidance. Cependant, nous voulons espérer que le lecteur, ayant consenti à examiner sérieusement nos propositions, reconnaîtra que leur concept, réaliste et scientifique, est supérieur en doctrine comme en fait, en théorie comme en application, aux idées d'ordre sentimental qui nous ont menés à la pratique de la concentration administrative et de l'assimilation dont il faut à tout prix nous débarrasser.

Il s'apercevra, d'ailleurs, à la réflexion, que notre manière de voir n'a rien d'utopique, qu'elle n'est — suivant les goûts — ni révolutionnaire ni réactionnaire et que, même, son adoption ne modifierait pas les choses aussi essentiellement qu'on pourrait le croire au premier abord... Elle tendrait simplement, au total, à généraliser, en l'accélérant, ce qui existe en germe, car il est indéniable que nos progrès en politique et en administration coloniales se sont tous manifestés depuis vingt ans dans le sens de l'autonomie. Elle aboutirait encore à substituer aux idées liées à l'*annexion*, qui, presque invinciblement, entraîne pour nous l'assimilation et l'uniformité, celles qui s'attachent au *protectorat*. Le régime du protectorat, fondé sur l'indépendance fonctionnelle du pays protégé et de l'Etat conquérant, sur le respect de la diversité des institutions indigènes, présente, à notre point de vue, le précieux avantage de se dresser comme une barrière à l'uniformité bureaucratique. Il est pour nous, peut-être, la meilleure des écoles.

Les réformes que nous considérons comme une nécessité vitale pour l'avenir combiné de notre politique continentale et de notre expansion ultra-marine, se résument, en effet, sous un seul mot : *l'autonomie*.

Définition de l'autonomie coloniale. — Telle que nous la concevons, elle consiste essentiellement à organiser les possessions comme des Etats, à les pourvoir de tous les rouages administratifs, financiers et militaires nécessaires au fonctionnement des Etats, de tous les caractères constitutifs des Etats sauf un seul : l'indépendance.

Mais une digression est ici tout à fait nécessaire pour éviter de graves confusions. Les auteurs de traités généraux et didactiques sur les colonies ont trouvé qu'il existe trois régimes différents auxquels ces établissements peuvent être soumis : l'*assimilation*, l'*autonomie* et l'*assujettissement*. L'assujettissement, c'est ce que nous appelons ici, d'un terme plus exact et moins choquant pour nos oreilles, la Domination, exercice obligé et légitime de la supériorité et des droits du conquérant directeur.

Il est évident que cette classification repose sur un terme amphibologique et ne peut être conservée : une colonie, en prenant ce mot dans son acception la plus large, peut être autonome et assujettie, comme l'Inde britannique; elle peut être aussi assimilée et assujettie comme nos possessions, et aucune forme de domination n'est plus tyrannique que celle-là. En réalité, le terme *autonomie* possède deux significations différentes et même opposées : 1° l'autonomie administrative applicable, à des degrés divers, à tous les genres de colonies et de conquêtes; 2° le *self-government*, qui ne convient qu'aux colonies vraies, composées de citoyens de la métropole[1].

1. L'agitation dont l'Inde est présentement le théâtre montre bien la distinction fondamentale à faire entre l'autonomie et le *self-government*. L'Inde est autonome, pas assez pleinement encore, car les fautes commises par ses dominateurs ne sont pas tant attribuables au gouvernement responsable de l'Inde lui-même qu'aux influences irresponsables et aux ingérences bien intentionnées mais sentimentales et ignorantes de la Métropole. Mises à part les municipalités, il ne s'y rencontre jusqu'ici rien qui ressemble au *self-government*, et c'est ce *self-government* que voudraient conquérir les chefs indigènes du mouvement actuel, concession que les conquérants européens ne peuvent accorder sans manquer à tous leurs devoirs envers eux-mêmes et envers les populations conquises, bref, sans se suicider. Il

Supposant le problème résolu, la période de transition franchie, et la transformation opérée, nous allons très rapidement indiquer comment fonctionnerait ce régime, qui peut se résumer sous cette formule : *la plus grande somme d'indépendance administrative, économique et financière qui soit compatible avec la plus grande dépendance politique possible.*

Par « dépendance politique », nous n'entendons pas du tout, encore une fois, l'asservissement des Colonies et Dominations à leur métropole. Au contraire, nous considérons comme nécessaire à leurs fins de leur accorder, avec un statut intérieur quasi-indépendant, une personnalité administrative et législative que les nôtres n'ont jamais connue. Ce que nous voulons, précisément, c'est les soustraire à l'incompétence et aux défauts constitutifs de l'administration métropolitaine, aux abus et aux maux qu'ils entraînent.

Mais, par contre, ce que nous voulons aussi, non moins soucieux du bien de la Métropole, c'est que ses Dépendances coloniales, mises en situation de développer, de la manière originale qui convient à chacune d'elles, leur vitalité économique et leur force de résistance, soient hors d'état d'intervenir d'une manière quelconque dans la politique et les finances de la nation souveraine.

Conditions générales de l'autonomie. — Chaque *Dépendance* ou groupe de Dépendances — y compris, bien entendu, l'Algérie — est constituée par une *charte* fondamentale, perfectible et revisable par délibération du Parlement. La charte détermine les prérogatives des Chambres et du Ministère, établit ce qui

y a donc irréductibilité entre la *domination* et le *self-government*, et il ne peut entrer dans une tête anglaise bien faite — et pourtant la Grande-Bretagne possède ses assimilateurs — que « ce qui est bon pour le Canada soit aussi bon pour l'Inde ». (Keir Hardie).

est du régime des lois et de celui des *Décrets*. Elle fixe les attributions du Ministre, ses rapports avec ses Conseils et avec les Gouvernements locaux; elle règle les pouvoirs de ceux-ci et les attributions de leurs Conseils.

Les Dépendances disposent entièrement de leurs budgets spéciaux, sont maîtresses de leurs recettes et de leurs dépenses de toute sorte, de leurs tarifs douaniers après discussions sur le pied d'égalité avec la Métropole. Non plus en principe comme aujourd'hui, mais en fait, elles acquittent toutes leurs dépenses civiles et militaires locales, et suivant une juste proportion calculée selon leurs facultés, elles participent, après entente avec le gouvernement national, aux dépenses de la souveraineté métropolitaine.

Elles font leurs codes de lois et de règlements, qui ne peuvent inévitablement, par malheur, manquer de s'inspirer plus ou moins de ceux de la Métropole, mais n'ont avec eux aucune concordance systématique.

Elles ont leurs corps de fonctionnaires et d'officiers, leur armée et leur marine particulières, indépendamment des forces que la Métropole maintient chez elle pour ses propres desseins. Elles possèdent en France leurs écoles de recrutement et de perfectionnement, entretenues ou subventionnées par elles, leurs agents financiers et commerciaux.

Les Gouverneurs, devenus partout où il est possible « Gouverneurs généraux », sont des délégués du Gouvernement national, des chefs ou des présidents d'Etats bien plutôt que des fonctionnaires de l'ordre administratif. Intermédiaires entre l'Etat colonial de la Métropole, préposés à l'ordre et à la fortune des pays qui leur sont confiés, ils sont avant tout les défenseurs des intérêts et des besoins des citoyens et des sujets qui en forment la population. Cheville ouvrière de cette organisation, maître de son personnel civil et militaire, le Gouverneur général dispose d'une autorité considérable, qui réclame l'action de contrepoids efficaces. Ils se trouveront dans la consultation obligatoire de Conseils législatifs et exécutifs.

La représentation parlementaire des Possessions est nécessairement supprimée. Faite pour un régime d'égalité et de liberté, incompatible avec les besoins d'indépendance de la Métropole, avec la justice que le conquérant doit à ses sujets, elle est impraticable, ainsi que le suffrage politique d'où elle émane, partout ailleurs qu'en des sociétés homogènes et naturelles. Cette institution, répudiée par tous les grands Etats expansifs, est remplacée par des Conseillers ou Commissaires, les uns nommés par le Gouvernement, les autres élus par les corps constitués, — municipalités, Chambres de commerce et d'agriculture, syndicats professionnels, délégations financières, etc.

Le Ministre des Colonies et de l'Algérie, libéré de la tâche ingrate, effacée et illusoire d'administrer de loin toutes les Dépendances, — et alors forcément suivant des méthodes uniformes — sous la pression d'une représentation irresponsable et faussée et sous celle d'une bureaucratie que l'incompétence normale et l'existence éphémère d'un chef de hasard font trop puissante, retrouve son vrai rôle, qui est politique.

Inspirateur des Gouvernements généraux et contrôleur de leurs actes accomplis, leur interprète devant leur Parlement, le Ministre est le directeur de la politique impériale. Assisté de Conseils appropriés à la dispersion et à la diversité de sa tâche, son action dans le cabinet, devant les Chambres et l'opinion, acquiert une ampleur et une efficacité qui le mettent au premier rang dans l'Etat et obligent à écarter de cette charge si haute les politiciens de second rang.

Nous n'avons pas, est-il besoin de le dire, la

naïveté de croire qu'un pareil programme puisse être accepté *hic et nunc* : nous savons autant que personne tout ce qui nous en sépare, tous les intérêts matériels et tous les obstacles d'ordre moral, les préjugés et les partis pris qui s'opposent à son application. Ce n'est donc qu'un idéal d'une réalisation sans nul doute plus ou moins éloignée. Mais, comme les opinions dont il est la synthèse s'inspirent de la méthode scientifique et reposent sur l'observation des faits, historiques ou contemporains, et sur l'expérience, elles doivent finir par triompher, à la condition toutefois que nous en ayons le temps.

Si, assez intelligents pour comprendre ces vérités et en reconnaître platoniquement le bien-fondé, nous ne nous montrons cependant pas assez courageux pour sortir effectivement de l'ornière où nous nous sommes embourbés, nous verrons encore une fois, à la première grande crise, s'effondrer comme les précédents notre nouvel Empire, et nos adversaires retourner contre nous le produit de nos efforts et de nos sacrifices. Et, si plus tard, l'occasion semblant s'en présenter de nouveau, nous tentons, suivant notre destin, de relever une fois de plus l'éternel rocher de Sisyphe de notre expansion, devenu trop pesant pour nos forces, il sera définitivement trop tard : notre heure aura sonné.

Les chapitres qui vont suivre ne seront que l'explication, le développement et la traduction pratique de ces vues et de ces données fondamentales.

CHAPITRE I

L'expansion naturelle.

L'instinct d'expansion. Sa genèse et ses explications chez l'homme. Le besoin de sécurité des groupes. Manifestations diverses et formes de l'expansion naturelle. Rôle secondaire de la surpopulation. La migration et l'émigration. La *stillation*. Rôle des contrées désertiques. L'expansion passive et par fuite. Le nomadisme et le semi-nomadisme. La direction de l'expansion. L'expansion active et ses conditions. Perfectionnements de l'expansion. La conquête par contiguïté. Le *raid*, la *razzia*. L'esclavage. Le tribut. Le *fœdus iniquum*. L'alliance. Le protectorat antique. L'occupation par substitution.

L'instinct d'expansion. Son évolution dans les groupes humains. — Le besoin d'expansion se rencontre partout dans la nature. Il se montre si intimement lié aux instincts départis à tous les êtres que l'on peut y voir l'une des manifestations essentielles de la vie.

On sait que les végétaux eux-mêmes sont plus ou moins pourvus d'organes et d'artifices propres à assurer leur dissémination, à suppléer à l'immobilité de leur souche et à permettre à leurs rejetons de se placer dans les conditions les plus favorables à leur développement.

Chez les animaux, doués de motilité et de sensibilité, le besoin d'expansion se traduit par des procédés très divers, en particulier parmi les espèces grégaires. L'instinct de conservation individuelle s'y confond avec l'instinct de conservation du groupe constitué.

Les forces de chacun des éléments de la collectivité s'agrègent les unes aux autres pour concourir ensemble à la défense, active ou passive, de la communauté, à l'extension de la place qu'elle occupe.

L'homme, animal sociable, est doué, lui aussi, de ces instincts collectifs qui l'incitent à étendre de toutes parts l'action de son groupe sur le monde extérieur. Mais il possède la raison prévoyante. Tout en continuant à subir la poussée de ces instincts, il y joint plus ou moins vite la faculté — ou tout au moins l'illusion — de les diriger et de s'en servir d'une manière intelligente. De l'inconscience totale, ils passent dans le sentiment et, plus tard, dans la raison.

Dès leur formation, les collectivités humaines apparaissent comme cherchant à réaliser les conditions qui s'adaptent le mieux à leur structure, à la satisfaction de leurs désirs, de leurs sentiments et de leurs volontés, et qui, en même temps, sont le plus susceptibles d'assurer la permanence et l'efficacité de leur association aussi bien que la conservation immédiate des individus et des familles qui les composent et la survie de leur descendance.

Dans les communautés primitives, ces aspirations, vagues à l'origine, se précisent peu à peu, à mesure que leurs membres deviennent plus aptes à peser leurs besoins et à les définir. Les groupements humains ne tardent pas à reconnaître qu'en devenant plus grands ils deviennent plus forts et que, plus ils seront grands et forts, plus ils auront de chances du durer, de « persévérer dans leur être ». En définitive, si on analyse ce besoin d'expansion qui les travaille à des degrés divers, on en arrive à comprendre que ce que veulent le plus énergiquement les individus, ce à quoi aspirent le plus vivement les familles et les collections de familles qui, au début, forment la tribu, puis, plus tard, la nation et l'Etat, c'est se conserver.

Cet instinct de durée ou de conservation qui se double de l'instinct de sécurité et qui se rencontre au fond du besoin d'expansion qu'éprouvent les hommes, ce n'est, en somme, que ce que l'on a appelé, depuis Nietzsche, la « volonté de puissance ». Ce sentiment ne se manifeste guère, semble-t-il, à l'état purement individuel et personnel qui a retenu l'attention de ce philosophe, que dans les sociétés déjà avancées et composées d'éléments différenciés. Là, il tend à la désagrégation des communautés et il y fonctionne comme germe de décadence ou plutôt comme instrument de transformation. Mais quelles qu'en soient les évolutions finales, il n'en sort pas moins, à l'origine, de l'esprit collectif.

Qu'on l'examine chez les barbares ou dans les sociétés les plus perfectionnées, on se convaincra que son ressort le plus intime, c'est l'inquiétude. Il gravite autour de deux pôles qui sont primitivement le besoin et la peur, la peur surtout, dès que les agglomérations humaines, poussées vers les mêmes points et attirées vers les mêmes parcours par les besoins ordinaires de la subsistance journalière, se trouvent en voisinage ou en contact.

Seulement, ce sentiment, qui foncièrement reste partout le même, revêt, suivant les cas, des formes différentes. Alors que chez les peuples primitifs et vivant à l'état d'antagonisme perpétuellement militant il apparaît dans toute sa simplicité et dans toute sa brutalité, chez les nations policées il se métamorphose à l'infini sous l'influence de sollicitations de plus en plus compliquées, recouvre et pare sa nudité originelle de prétextes, d'apparences et d'attributs qui empêchent de la saisir de prime abord.

Devenues des Etats, les nations continuent à vouloir, avant tout, sauvegarder les biens qu'elles possèdent, les supériorités qu'elles ont péniblement acquises à travers les âges. Pour les défendre contre les convoitises de leurs rivaux, elles estiment que le moyen le plus efficace de rendre ces convoitises impuissantes est de s'incorporer les forces adverses.

Les impulsions primitives en viennent, à la longue, à se dissimuler tellement qu'elles peuvent atteindre la noblesse la plus haute, les conceptions les plus généreuses, les formes morales les plus élevées. Le patriotisme le plus désintéressé, le sacrifice de soi-même y plongent leurs racines. Plus agressif chez les forts, plus artificieux chez les faibles, ce sentiment devient le courage, l'honneur, l'amour de la gloire, la sagesse, la prudence, le sens politique : et cependant, la crainte est au fond.

Qu'il s'agisse de familles primitives, de hordes sauvages, de nations semi-civilisées ou de grandes organisations politiques, caractérisées par le mot de « puissances », quelles que soient les causes secondes ou occasionnelles de leurs mouvements vers le dehors, quel que soit le sens dans lequel s'exerce leur expansion, ces mouvements se ramènent toujours aux mêmes mobiles déterminants : posséder plus de biens, de jouissances, de commodités et s'assurer la certitude de les conserver indéfiniment, sûrement, et au prix du moindre effort.

Pour y parvenir, il faut acquérir plus de puissance afin d'écarter, de diminuer ou même de faire disparaître les dangers possibles, d'affaiblir, d'éloigner ou détruire les ennemis présents ou éventuels.

Même chez les peuples les plus savamment constitués, ceux dont les intérêts sont le plus soigneusement débattus devant une opinion publique éclairée, ce sont seulement des sentiments associables aux instincts de cette catégorie qui déterminent les grandes crises guerrières, beaucoup plus que la raison. Ce n'est pas le calcul des intérêts qui les mène, à moins que les intérêts ne sortent du domaine de l'intelligence et du jugement pour passer dans celui du sentiment et de la passion. Ce n'est pas la logique qui conduit le monde et malheureux les peuples qui croient trop à son empire!

Tant que l'humanité ne sera pas devenue sensiblement homogène, — résultat si lointain qu'on n'a pas à l'envisager, — ou bien tant qu'elle n'aura pas réussi à se constituer en un petit nombre de groupements stables et d'un équilibre permanent, ce qui n'est guère moins chimérique, l'expansion des nations ne pourra s'accomplir qu'au prix de maux sans nombre et de violences toujours renouvelées. Aussi l'expansion n'a-t-elle à sa disposition qu'un moyen : la Force. C'est le seul procédé que connaisse la nature pour obtenir le perfectionnement des êtres; dédaigneuse des individus, elle ne les considère que sous leur aspect spécifique ou collectif. La réflexion nous commande donc de respecter la Force parce que c'est une obligation fatale, une nécessité inéluctable et que la nature impitoyable y a soumis l'homme tout en lui donnant d'ailleurs la raison et le sens de la justice; parce qu'enfin, il faut bien le reconnaître, la force est le fondement du droit lui-même. « Le droit, c'est de la force qui dure » (Gustave Le Bon). « Le droit, c'est la stabilisation de la force ». « C'est la force qui juge le droit » (E. Faguet).

D'ailleurs, à mesure que la lutte pour l'expansion met aux prises des individus plus conscients et des communautés plus intelligentes, plus riches et plus moralisées — ou se croyant telles, ce qui, socialement, est presque la même chose — ces conflits s'adoucissent dans des proportions sensibles et prennent un aspect moins brutal. Chacun des adversaires, en effet, éprouve, d'une manière plus impérieuse et d'autant plus vive que son sens moral est plus développé, le besoin d'invoquer devant l'opinion du monde la bonté de sa cause, de se persuader lui-même du désintéressement et de la noblesse de ses desseins ou du moins de leur nécessité, et d'en convaincre les autres. L'histoire n'est peut-être, comme on l'a dit[1], qu'un effort indéfiniment stérile pour substituer, par la force, le droit à la force. Le droit, reconnu comme tel, apparaît, lui aussi, comme une grande force et l'abus de la force devient, à son tour, une faiblesse qui tend à compromettre la possession tranquille et prolongée des biens et des avantages mal acquis.

L'expansion primitive. Ses causes. — Ses différents aspects. — Il ne saurait être question d'examiner ici en détail les aspects et les procédés divers de l'expansion de l'humanité primitive ou barbare : une œuvre de cette sorte exigerait une érudition spéciale aussi bien que des développements qui ne seraient pas ici parfaitement à leur place. Cependant, il n'est pas hors de propos, au début de cette étude, de jeter un coup d'œil rapide sur un certain nombre de manifestations de cet ordre. On n'en comprendra que mieux les nécessités et les devoirs de notre expansion coloniale moderne, et les lois qui président aux actions que nous sommes amenés à exercer sur les populations inégalement avancées que nous avons prises sous notre tutelle en bouleversant leurs évolutions particulières.

Si l'expansion obéit à des instincts primordiaux déterminés mais susceptibles de toutes ces transformations que nous avons indiquées, les causes secondes ou accidentelles peuvent être aussi variées que les procédés employés.

Rôle exagéré de la surpopulation. — Parmi les mobiles directs de l'expansion, celui que l'on ne manque pas de citer toujours en première ligne est la

1. E. Faguet. — *Politique comparée de Montesquieu, Rousseau et Voltaire.*

surpopulation. Quand le nombre des hommes s'accroît au delà d'une certaine limite, la concurrence sociale oblige des générations nouvelles à chercher ailleurs des terres capables de leur offrir des ressources nouvelles. On a souvent cru voir dans ces conditions l'une des principales causes des exodes qui aboutissent à la fondation de colonies : l'observation directe est loin de confirmer cette manière de voir.

On peut remarquer encore tous les jours que ce ne sont point les pays numériquement les plus peuplés qui fournissent le plus d'émigrants. Les périodes de grande expansion des nations ne correspondent pas non plus à une augmentation rapide et considérable de la population. L'Angleterre, la France, l'Espagne en particulier étaient fort éloignées d'être surpeuplées au moment où l'Europe s'est répandue sur le Nouveau Monde.

« La surpopulation n'est pas un rapport simple entre le nombre des kilomètres carrés d'un pays et le chiffre de ses habitants » (E. Hamélius). Les conquérants européens, dans les régions tropicales, ont de nombreuses occasions de constater — et ce fait est pour eux l'objet de sérieuses préoccupations — combien les populations aiment à se concentrer dans les deltas des grands fleuves, et quelles difficultés on éprouve à les en faire sortir. Les embouchures du Gange et du Brahmapoutre, de l'Irawaddy, de la Ménam, du Mékhong, du Fleuve Rouge sont encombrées d'êtres humains, qui s'y accumulent avec un entêtement passif. Ni les famines qui suivent les moindres accidents saisonniers, ni les épidémies, qui causent dans ces masses des ravages terribles, ne peuvent les faire renoncer à ces habitudes, que l'administrateur européen, avec ses idées de civilisé supérieur, comprend mal. C'est qu'en effet le soleil et l'eau combinés travaillent pour ces populations; le sol noyé ou naturellement irrigué leur fournit, sans effort, avec une circulation facile, une nourriture plus abondante et plus régulière que les terres, fertiles pourtant, mais asséchées, qui ne manquent pas au voisinage. En même temps, elles trouvent dans ces agglomérations des commodités et une sécurité qui leur feraient défaut partout ailleurs. Elles acquièrent une mentalité particulière, une mollesse casanière et un manque d'énergie qui survivent pendant longtemps aux conditions nouvelles apportées par la conquête étrangère.

C'est ainsi que le Bas-Bengale prend encore une part relativement très faible à l'émigration intérieure et extérieure de l'Inde, et qu'au Tonkin, les foules grouillantes du delta se montrent rebelles à se déplacer pour profiter des avantages que nous leur offrons avec l'intention de les décider à aller coloniser les cantons presque déserts du voisinage ou les solitudes fertiles de la Basse-Cochinchine.

Il a dû toujours en être ainsi dans tous les temps, au moins dans les régions chaudes et humides du monde, dès que les peuples y eurent acquis un degré d'avancement suffisant et les instruments nécessaires à la phase agricole. Car il faut remarquer qu'un pays n'est en lui-même absolument ni riche ni pauvre, et que sa valeur dépend des facultés et de l'outillage de ses habitants. Le delta du Mississipi, par exemple, ne présentait aucun avantage bien sensible pour les Peaux-Rouges chasseurs qui s'y trouvaient avant la venue des Européens. C'est ainsi encore que nous voyons des déserts autrefois parcourus par quelques hordes faméliques devenir aujourd'hui des trésors disputés entre les chercheurs d'or, les agriculteurs ou les éleveurs civilisés de l'Australie, de l'Amérique polaire, de l'Argentine ou de l'Afrique australe.

Partout où l'homme, entravé dans son développement par les conditions physiques et sociales de son milieu, est resté chasseur et pasteur, c'est-à-dire hors d'état de tirer d'un même sol, par une production artificielle, autre chose qu'un appoint précaire à son alimentation chanceuse de chaque jour, il n'a pu se multiplier beaucoup. Ce sont pourtant les groupes de cette formation, conditionnés souvent aussi par la multiplication de leur bétail, obligés de se déplacer constamment et de détenir beaucoup d'espace, presque toujours à la limite de leurs besoins et vivant en équilibre instable avec leurs moyens d'existence, qui ont dû jouer le plus grand rôle dans l'expansion continue des peuples et dans leur envahissement réciproque. Leur genre de vie surexcitait, d'ailleurs, leurs qualités agressives et guerrières, et les prédisposait à contribuer, avec plus d'activité que les populations déjà fixées, à l'établissement de nouvelles constructions ethniques et politiques.

Influence des pays désertiques. — C'est donc, en général, dans les pays stériles par manque d'eaux permanentes et à population de faible densité que se sont constitués les groupes les plus fortement expansifs. Tout excédent de bouches à nourrir doit y succomber sur place ou en sortir, soit par *migration* en masse, soit par *émigration* individuelle. Mais ce dernier mode d'expansion, manifestation d'initiative personnelle, suppose l'existence de centres déjà solides pouvant servir de soutien aux chercheurs d'aventures et aux ambitieux de mieux-être, et une supériorité prononcée sur les tribus à déposséder. Celles-ci, plus favorisées en apparence par la nature de leur domaine et les perfectionnements de son exploitation, sont, par cela même, inférieures aux nouveaux compétiteurs dans la défense de leurs territoires : en fait, les populations agglomérées se sont toujours fait remarquer par la mollesse et le défaut d'énergie. Le niveau, non pas intellectuel mais moral, des Egyptiens du Delta, des Bengalis, des Annamites du Bas Songkoï est inférieur à celui de leurs congénères.

Pendant de longues séries de siècles, l'émigration individuelle ou par petits groupes, que l'on peut appeler *émigration par stillation*, en la comparant à l'écoulement goutte à goutte d'une source trop pleine, a fait déborder ces populations de leurs limites. Les résultats, insensibles naturellement aux yeux des deux ou trois générations vivantes, sans écriture et sans souvenirs longtemps transmissibles, ont dû en être immenses.

Il est vraisemblable que l'Asie centrale, l'Arabie, probablement aussi la longue bande désertique de l'Afrique ont joué dans les destinées des peuples de l'ancien monde un rôle de prime aspect disproportionné à l'importance apparente de ces pays et à leur faible productivité. Il me paraît notamment hors de doute que les plateaux thibétains ont ainsi servi, depuis une époque prodigieusement reculée, de centre d'origine et de dispersion à toutes les races dites jaunes, mongoles ou mongoloïdes de l'Asie continentale et insulaire, auxquelles il convient, pour bien des raisons anthropologiques, de rattacher les races américaines et une part des polynésiennes.

D'un autre côté, après des périodes d'une longueur quasi-géologique, les pasteurs de l'Asie centrale, arrêtés du côté de l'Est par les peuples chinois ou sinisés, primitivement en partie de même origine, mais déjà plus compacts et mieux organisés, ont reflué vers l'Occident en rejetant sur l'Europe les populations blanches, Slaves, Germains, Celtes et Sémites, qu'elles rencontraient sur leur chemin. Il n'est pas impossible que les invasions des Barbares, qui ont si profondément modifié l'Europe en lui infusant un sang nouveau, n'aient été que le contre-coup de déplacements des races ouralo-altaïques, déterminés par le desséchement accéléré de vastes espaces en Asie centrale.

L'expansion passive et par fuite. — Il est admissible que l'expansion primitive en masse ou par groupes plus ou moins nombreux ait eu le plus généralement un caractère passif ou *de fuite*. On cédait à la pression des organisations les plus fortes tant qu'il y avait de l'espace, et l'on fuyait devant les dangers les plus proches ou les plus apparents, soit qu'ils vinssent des hommes, soit qu'ils fussent l'effet du climat ou des épidémies.

Les épidémies, comme celle dont la maladie africaine du sommeil nous offre en ce moment le spectacle attristant, n'ont pu manquer d'exercer des influences notables sur la dispersion et la répartition des peuples. Les insectes vecteurs des micro-organismes infectants, en transmettant la contagion aux hommes ou aux animaux domestiques, ont cantonné les populations sur certains territoires relativement indemnes en leur interdisant l'accès des autres, et en les obligeant à se les disputer les premiers par la guerre : c'est ce que feraient sans doute aujourd'hui les tribus du Congo et de l'Afrique centrale si la conquête européenne n'était venue les en empêcher, en demandant à la science des remèdes moins barbares.

Encore aujourd'hui, dans l'Inde et en Indochine, les tribus montagnardes et forestières ne savent employer d'autre sauvegarde que l'abandon de leurs villages et la fuite contre les épidémies, — choléra, variole ou peste, — qui viennent les assaillir, et qui puisent dans l'ignorance de toute hygiène, dans des superstitions absurdes et terrifiantes, et dans une mauvaise alimentation, une action des plus meurtrières.

L'expansion active. — Quant à l'expansion *active*, c'est-à-dire celle qui est exécutée volontairement, pour la satisfaction plus ou moins consciente ou délibérée de certains besoins ou par convoitise du bien des autres, c'est un phénomène social postérieur. Cette forme d'expansion implique, en effet, déjà le perfectionnement préalable de groupes mieux pourvus d'aptitudes naturelles et plus favorisés dans leur évolution par les circonstances ou, en d'autres termes, des différenciations plus accentuées entre les divers compétiteurs d'un même territoire.

Le *nomadisme*, le *semi-nomadisme* et la *transhumance*, c'est-à-dire le semi-nomadisme limité et périodique, déterminé par l'alternance des saisons, présentent des états qui semblent intermédiaires entre l'expansion passive et l'expansion active. Mais ces coutumes sont la plupart du temps l'indice d'une civilisation assez avancée, car les tribus qui les pratiquent sont capables de concevoir et d'appliquer des compromis et des conventions avec leurs concurrents, en s'engageant mutuellement à respecter des limites définies. Ces formes de l'expansion traduisent l'établissement de ces pondérations artificielles que l'humanité cherche partout à réaliser dès qu'elle le peut et qui ne résultent, en général, que de conflits prolongés entre forces ou combinaisons de forces sensiblement équivalentes. Si barbares que nous semblent donc les populations nomades, le *modus vivendi* qu'elles ont dû trouver pour acquérir la somme de sécurité indispensable à leur genre d'existence nous montre plutôt quelle immense distance les sépare de la sauvagerie primitive[1].

Le semi-nomadisme n'est pas toujours particulier aux populations pastorales des pays arides. Certains peuples asiatiques, qui vivent dans des pays très humides et à végétation luxuriante, le pratiquent également, parce qu'ils n'ont pas réussi complètement à

1. Il n'est pas sans intérêt de rappeler, après M. E. Faguet, que c'est à cet état pastoral nomade ou semi-nomade, et non, comme on le croit généralement, à la sauvagerie primitive, que J.-J. Rousseau appliquait ses conceptions de l'*état de nature*.

devenir agricoles. Ils ne peuvent donc se fixer à titre permanent en tirant de la même terre, bien qu'elle soit naturellement assez fertile, des récoltes indéfinies. Ils cultivent bien quelques champs ; mais, dépourvus d'instruments convenables et incapables d'emprunter ceux de leurs voisins plus avancés, ne sachant pas rendre à la terre les éléments consommés, ils abandonnent, au bout de deux ou trois saisons, le territoire qu'ils occupaient. Restant ainsi demi-chasseurs et demi-cultivateurs, ils tournent en cercle ou en spirale sur de grands espaces qui forment la propriété de chaque village, propriété que les autres communautés n'oseraient violer d'ordinaire : ce serait la rupture de leur droit international et la guerre.

L'expansion voulue et réfléchie est un autre phénomène. Il est à remarquer qu'elle n'a jamais pu se produire par une extension périphérique générale, en tache d'huile, suivant une théorie souvent exposée. Un mouvement de cette sorte impliquerait l'existence d'une population qui se serait multipliée sans contacts, sans voisins, sans ennemis, sans sollicitations extérieures et dans un milieu parfaitement homogène. Ces conditions ne peuvent se rencontrer, et c'est heureux, car elles seraient impropres à améliorer physiquement et moralement le groupe isolé qui jouirait de tels privilèges. Il n'y a que les champignons, les organismes inférieurs à pullulation prodigieuse qui puissent progresser de cette façon, et encore convient-il de faire observer qu'ils n'y parviennent généralement qu'en annihilant leur centre devenu poids mort, de sorte qu'ils se présentent, faibles partout, sous forme d'une bande annulaire.

L'expansion active s'opère donc par lignes divergentes, et comme il faut, pour percer au dehors en abandonnant sa base, que le groupe considéré dispose du maximum de ses forces, il s'étendra de préférence suivant une seule direction linéaire, après avoir tâté et reconnu le point de la plus faible résistance que lui opposent les hommes et la nature. Les prolongations ultérieures du mouvement sont indéfiniment déterminées, en lignes plus ou moins brisées, par les obstacles divers que rencontre l'exode de la communauté.

Les inflexions ultérieures du mouvement s'effectueront non par choix, mais par hasard, autrement dit par la rencontre de circonstances inconnues. On s'est bien trompé en prétendant ériger en loi naturelle l'attraction supposée vers le Sud ou les climats plus chauds ou plus favorables. On a cité à l'appui de cette opinion la répartition qui s'est faite en Amérique entre les Espagnols et les Anglo-Saxons, chacun recherchant le climat qui convenait à ses habitudes. La vérité, c'est qu'il n'y a pas eu de recherche, et que les uns et les autres sont restés là où le hasard de leur débarquement les avait introduits et où leur installation se présentait comme le moins difficile.

L'expansion par remplacement, c'est-à-dire l'occupation de places devenues vides par le départ de leurs possesseurs ou par dédain de collectivités mieux organisées, n'est pas non plus négligeable. Elle produit par contre-coup la rélégation des vaincus dans les endroits les moins accessibles, les moins productifs de nourriture ou les plus malsains, et les rive à jamais à leur infériorité. Par le confinement et la sédentarité forcée, elle les conduit à la dégradation, au dépérissement et à la disparition finale. C'est ce que l'on remarque partout en étudiant les réactions des groupements humains les uns sur les autres quand ils sont trop distants par la race et par les facultés intellectuelles. Les sociétés les plus civilisées elles-mêmes ne peuvent soustraire à cette dure loi les populations trop arriérées qui n'ont pu s'adapter aux milieux nouveaux créés par l'expansion active. Les Peaux-Rouges, les Australiens, les Canaques, les Négritos, les Boshimans, les Weddahs, toutes les tribus barbares de l'Inde, de l'Indochine ou de la Chine sont — de par cette loi — condamnées à l'extinction directement ou par métissage progressif. Enserrées de tous côtés par leurs voisins, pour n'avoir pu s'accommoder ni au sol qui leur avait été laissé ni à des circonstances qui dépassent leurs moyens, devenues inutilisables ou dangereuses par suite pour la race supérieure, ces malheureuses populations sont fatalement vouées à l'anéantissement, dans un avenir plus ou moins lointain. En dépit des intentions les meilleures, des précautions les plus soigneusement élaborées, quand deux organisations sociales trop différentes se trouvent en présence, l'une exigeant, par exemple, beaucoup de terre pour peu de produits, l'autre, au contraire, capable de rechercher un maximum de produits sur un minimum de terre, l'antagonisme des deux éléments est irréductible, et le plus faible doit fatalement disparaître : ce n'est qu'une question de temps.

Modes perfectionnés d'expansion : la conquête. Ses différentes formes. — L'expansion active, volontaire (ou s'imaginant telle) en se substituant de plus en plus à l'expansion passive ou instinctive des premiers âges ne tarde pas à viser des buts plus ou moins déterminés à l'avance et à pratiquer la *conquête* proprement dite, c'est-à-dire l'exploitation continue d'un territoire occupé par dépossession. Dans l'expansion primitive, les groupements humains ne s'étaient préoccupés que de détruire, pour pouvoir librement se répandre en dehors des limites de leur habitat primitif ou pour se préserver de dangers imminents, ou encore pour diminuer des concurrences redoutables. On se propose maintenant d'organiser le terrain conquis, de tirer parti des avantages militaires ou économiques que sa propriété peut conférer soit par elle-même et par les productions particulières du sol, soit par les hommes qui l'habitent.

Cette utilisation du pays occupé est la marque de progrès nouveaux et considérables, et la conquête organisée, forme perfectionnée de l'expansion, ne peut être que le fait de gouvernements réguliers, c'est-à-dire acceptés par tous, chargés d'orienter et de coordonner les forces de tous vers un certain but, de ménager les ressources de l'ensemble de la communauté et de prévoir pour elle.

Mais, avant d'atteindre ce dernier stade de la conquête mûrement réfléchie et organisée, l'expansion passe par une série de modalités qu'il est nécessaire d'indiquer. La détention permanente et raisonnée des avantages que procure la conquête n'est, en effet, que la phase ultime de l'expansion volontaire. Ce dernier état fut précédé de l'*invasion temporaire* qui survit encore sous le nom de *raid* ou de *razzia* et qui se traduit par le gaspillage et la destruction de forces de tout genre et de travail de toute espèce que la conquête véritable se propose, au contraire, de préserver pour l'avenir.

Il importe, en effet, de distinguer soigneusement de la conquête utile et féconde et de la domination qui la suit, actes de politique et de prévoyance sociale, le brigandage et les expéditions de pillage. Ce genre d'opérations persiste d'ailleurs fort longtemps, conjointement à la conquête proprement dite, chez des nations avancées, constituées de longue date en Etats et parvenues même à un état de civilisation très développée. En pratiquant ces incursions dévastatrices, ces nations et leurs gouvernants qui peuvent avoir, d'ailleurs, très nettement conscience de l'inintelligence ou de l'injustice de leurs actes, s'en excusent par la nécessité.

Au fond, ces expéditions sont une preuve de la faiblesse des nations qui les effectuent; c'est qu'elles ne sont pas encore assez sûres de leur puissance et de son lendemain pour oser s'installer à poste fixe sur les territoires militairement occupés et pour tenter d'en tirer un profit prolongé. Le vainqueur, ne possédant pas la force renouvelable d'une armée régulière ni la base administrative sans laquelle il ne peut s'imposer au vaincu en lui rendant sa domination acceptable, est obligé ou de le détruire, ou de l'affaiblir de telle manière que celui-ci ne puisse songer de longtemps à la vengeance. Il n'a ni le temps, ni les moyens de maintenir par contrainte une suprématie qui l'affaiblirait; il y compromettrait ses autres obligations défensives en absorbant des forces qu'il est de la fonction du gouvernement de tenir prêtes à d'autres besognes. Le pillage et le massacre sont donc la seule utilisation possible de la victoire. Il lui faut se contenter de tirer sur le champ du territoire envahi tout ce qui est transportable, femmes et enfants, richesses mobilières et troupeaux, après avoir anéanti tous les hommes en état de porter les armes[1].

L'esclavage et le tribut. Le fœdus iniquum. — C'est alors qu'apparaissent deux formes nouvelles de la lutte et de l'expansion barbare, l'*esclavage* et le *tribut*.

Le vainqueur ne tarde pas, en effet, à comprendre qu'il est bien plus avantageux pour lui de conserver les hommes que de les détruire. En les disséminant dans sa masse, ils seront hors d'état de nuire et l'utilisation de leurs forces intelligentes peut être plus productive que celle des animaux. Et c'est ainsi

1. Les expéditions « punitives » pratiquées par les conquérants européens dans leurs possessions appartiennent à une catégorie de faits différents. Elles ne sont en rien comparables aux expéditions du genre de celles-ci.

que prend naissance l'esclavage qui fut, au point de vue social, une invention d'une importance considérable; il fut, en effet, pour les sociétés qui l'utilisèrent, un instrument de progrès d'où naquirent, en dépit des tares qui lui sont inhérentes, toutes sortes d'activités nouvelles. On sait que les Grecs considéraient cette institution comme la base de leur indépendance sociale et que leurs philosophes eux-mêmes ne pouvaient concevoir de société fonctionnant sans esclavage. Nous savons aussi, par expérience, combien il est difficile et parfois imprudent de vouloir l'extirper de certains milieux qui se sont pour ainsi dire modelés sur lui. Nos idées préconçues nous empêchent de nous rendre compte de sa concordance avec certains états sociaux et d'apercevoir, à côté des maux que ses abus produisent et qui nous révoltent, les utilités de son usage. Pour obtenir sa disparition complète, il faut donc y modifier les mœurs mêmes et, par des détours laborieux et une transformation économique fort lente, en arriver à rendre le travail servile plus coûteux ou plus gênant que le travail libre.

Le *tribut* fut, sans doute, à l'origine, une modification de la *rançon*; c'était un progrès avantageux aussi bien pour le vaincu que pour le vainqueur. Le premier y trouvait le moyen de sauver à la fois sa vie et ses biens en n'aliénant qu'une portion de son indépendance; le second, par le fait de la périodicité du versement, se trouvait tirer de sa victoire des ressources en quelque sorte inépuisables et y gagnait encore le précieux avantage d'obliger son adversaire de la veille à contribuer à l'affermissement de sa propre puissance par des fournitures du matériel ou des contingents militaires.

Pour les Etats-Cités de l'antiquité, la pratique du tribut et des *alliances subordonnées*, qui n'en sont qu'une autre forme, fut un des moyens d'expansion les plus efficaces; Rome nous a montré, de façon saisissante, tout ce qu'on en pouvait tirer. L'alliance subordonnée — le *fœdus iniquum* — implique l'idée et le fait d'hégémonie et de suzeraineté, de protectorat; mais c'est une forme de suprématie qui n'est pas, comme beaucoup le croient, un perfectionnement ingénieux et systématique de la domination directe et de l'annexion, indices d'une organisation de gouvernement avancée. C'était d'abord un artifice employé par une suprématie insuffisante à réaliser complètement son objet et destiné à masquer l'impuissance militaire et administrative du conquérant.

Il en est de même de la *conquête par substitution*, exécutée par le vainqueur incapable de se maintenir sans danger sur le territoire occupé et d'en administrer avec profit les populations. Il juge plus prudent de dépayser celles-ci, en les vendant comme esclaves ou en les transportant, à titre de contribuables à merci, en des provinces plus rapprochées et d'une fidélité plus éprouvée. Pour combler les vides ainsi produits, il substitue aux individus déportés des colons tirés d'une autre partie de sa juridiction.

Ce système fut, dans l'antiquité, d'une application très fréquente. La *Bible* nous a rendu familier l'exemple des Juifs emmenés en captivité dans la Basse-Egypte; mais l'histoire en est remplie. On peut en rapprocher l'exportation des esclaves noirs, qui dépeuplait, au profit de nos colonies, des cantons entiers de l'Afrique. La déportation des criminels, la transportation des révoltés, dont les nations civilisées font usage avec un succès contestable, pourrait en être considérée comme une sorte de survivance. De nos jours encore, en Afrique comme en Asie, cette coutume n'a pas disparu, et nous l'avons vue naguère pratiquée par les Siamois, au Laos et au Cambodge, en des conditions d'une épouvantable cruauté.

Remarquons encore que dans les civilisations primitives, l'expansion ne s'opérait que par voisinage et par contiguïté. Dans les sociétés de ce type, encore plus par défaut de puissance et d'organisation que par manque de moyens matériels, aucun chef ne pouvait songer à laisser des peuples indépendants intercalés entre sa base territoriale et sa conquête nouvelle. S'il s'éloigne de son siège, c'est nécessairement en l'abandonnant tout à fait [1].

1. Nous avons pu voir cette impuissance se prolonger presque jusqu'à nous et en Europe même. Sir Alfred Lyall fait observer que « le secret de la longue domination des Arabes en Espagne, *la plus longue domination d'étrangers dont on ait connaissance*, tient probablement à ce qu'elle était un gouvernement de race établie à demeure et désormais indépendante ». (*Études sur les mœurs religieuses et sociales de l'Extrême-Orient*. T. II de la trad. française, p. 316).

CHAPITRE II

L'expansion civilisée.

Les conquêtes dans les civilisations méditerranéennes. Elles ne s'exerçaient que sur des races *apparentées*. La conquête romaine en Gaule. La conquête coloniale à grande distance. Elle met en contact des races *inassimilables*. La question de l'assimilation. La *race*, la *nation*, la *société*. L'absolutisme scientifique et la relativité politique. La question des langues. L'unité ethnique. Les races incommunicables. L'exemple des États-Unis. Les Antilles. La République de Libéria. La « communauté » européenne. Le patriotisme européen.

L'évolution des Colonies et des Dominations. Le Canada. L'Afrique du Sud. Le Japon et la Corée. L'inaccessibilité des sentiments. La transmissibilité des connaissances.

La conquête civilisée antique. — Arrivant à l'étude de l'expansion véritablement civilisée, effectuée par conquête organisée en vue de résultats politiques, nous y trouverons des leçons d'une application plus immédiate et plus fréquente. L'histoire romaine nous offre à ce point de vue un enseignement encore trop négligé.

Toutefois, l'étroitesse de la scène où se rencontraient les nations du monde antique imprime à leurs réactions réciproques un caractère différent de celui que présente l'expansion moderne. Alors que celle-ci s'opère à de grandes distances, l'autre se faisait généralement de proche en proche et par contiguïté. Même quand elle dépassait les bords de la Méditerranée, elle ne mettait en contact, sauf exception, que des races apparentées, ou du moins ayant de longue date subi les mêmes influences et appartenant au même cycle civilisateur.

Dans l'état présent du monde, il n'y a plus que la Russie, dans le prolongement continu de ses conquêtes asiatiques, qui offre un spectacle analogue à celui de l'expansion romaine. Dans ses contacts avec les races subjuguées, le conquérant moscovite y peut tirer de son hétérogénéité même, et du caractère composite de son pouvoir et de sa société, des avantages qui sont refusés à l'inflexibilité relative des autres administrations européennes.

Les mobiles d'ordre moral, qui, si élevée qu'en soit l'inspiration, n'en sont pas moins une gêne pour le conquérant, étaient ignorés des Romains. Ils n'éprouvaient aucun scrupule à briser jusqu'à la pulvérisation ou à détruire jusqu'à l'extinction totale les résistances des peuples incapables de se résoudre dans leur système.

Mais ces opérations radicales étaient rares. Les Phéniciens et autres sémites méditerranéens, les Egyptiens appartenaient, il est vrai, à un autre rameau ethnique de la famille blanche; mais les branches de ces races n'étaient point aussi profondément différenciées qu'aujourd'hui, après la superposition de vingt siècles d'évolutions sociales et d'influences religieuses divergentes. Toutes les religions polythéistes, en particulier, sans dogmes et par suite sans intolérance, pouvaient s'emprunter leurs dieux, et cet artifice était d'autant plus précieux qu'en toutes ces sociétés le civil — le profane — n'était point distinct du religieux. S'incorporer un dieu, c'était parachever complètement l'absorption de la cité.

Les peuples en bordure de la Méditerranée étaient vraisemblablement moins imprégnés qu'aujourd'hui d'éléments nigritiques. Les Arabes étaient loin, et l'émigrant italiote ou provençal, fortement sémitisé d'ailleurs, devait se trouver moins dépaysé en Mauritanie, dans le milieu kabyle ou numide polythéiste, que le colon européen de nos jours.

Il ne pouvait exister entre ces races les antipathies, les barrières de haine et de mépris réciproques qui sont chez nous le produit, dans un monde plus vaste et plus différencié, d'oppositions mentales bien plus accentuées. Le patriotisme, tel que nous l'entendons, devait être, hors de la romanité, un sentiment assez vague; la résistance une fois rompue, la supériorité romaine s'acceptait avec facilité.

La conquête romaine en Gaule. — Il arrivait, en Gaule notamment, que les vaincus, même avant de l'être, fussent disposés à subir la direction du conquérant, dont l'ordre, la culture et les moyens matériels étaient des objets d'admiration et d'envie. Dans ces conditions, quand il n'y a pas de différences ethniques irréductibles, la conquête aboutit naturellement à la fusion politique du vaincu et du vainqueur. Celui-ci même ne se raidit pas contre les influences du premier, comme le rappelle, non sans quelque satisfaction, le vers souvent cité :

Et Græcia capta ferum victorem cepit.

Avec son écrasante supériorité organique et son expérience acquise de la conquête, Rome n'avait plus, après la disparition de Carthage, un seul compétiteur dangereux. Les nations subjuguées, n'ayant à compter sur aucune de ces interventions extérieures qui entretiennent le jeu de la politique moderne, se résignaient plus vite à leur défaite et s'habituaient promptement à en tirer le parti le meilleur pour leurs intérêts.

Il en résultait pour la *majestas romana* — le prestige — une sécurité qu'aucun Etat moderne ne connaît. Il lui était loisible de poursuivre son œuvre avec un calme et une patience qui nous sont interdits. Nous ne nous souvenons pas assez qu'en dépit de ces avantages, qui sont immenses, elle a consacré plus de trois siècles à la mise en pleine valeur de la Province d'Afrique.

La rapidité de l'assimilation administrative de la Gaule — assimilation du reste considérablement exagérée — nous étonne toujours, parce qu'ayant sous les yeux des exemples tout différents, nous ne réfléchissons pas aux conditions nombreuses qui l'ont favorisée. En Gaule, ce furent les aristocraties elles-mêmes qui se ruèrent à la servitude, parce que cette servitude était pour elles une délivrance, et que Rome offrait à l'ambition des élites un théâtre autrement enviable que les luttes et les intrigues des clans indigènes. Le gouvernement de Rome était celui qui les divisait le moins. En imposant sa glorieuse *pax romana* à des rivalités toujours prêtes à s'entre-détruire, il assurait aux intérêts publics et aux biens particuliers — sans doute plus développés que nous ne sommes portés à le croire — ces sauvegardes qui nous permettent aujourd'hui de dominer au loin, avec des moyens relativement très faibles, des masses considérables d'indigènes.

Les choses présentaient, à cet égard, un aspect assez analogue à celui qui nous est offert par l'Inde, où l'on voit une poignée de fonctionnaires anglais gouverner plus de deux cents millions d'Hindous et de musulmans après les avoir conquis avec une facilité qui paraît surprenante, et qui s'explique pourtant de la manière la plus simple.

L'Inde, en effet — et c'est ce qu'oublient trop ses agitateurs d'aujourd'hui — a toujours été la proie de chefs de bandes que la fortune guerrière a transformés en fondateurs de dynasties, et de dynasties qui ne sont guère moins étrangères à leurs sujets que ne le sont les Anglais eux-mêmes.

La conquête coloniale à grande distance. — Telle est du moins la thèse britannique. Mais il ne faut pas pousser la comparaison trop loin, et c'est là que nous voulons en venir. Il y a entre la domination moderne des pays exotiques et la conquête romaine une différence de nature profonde. Les Européens dans l'Inde, en dépit de la théorie que je viens de rappeler et que Seeley a si magistralement développée, sont, comme la plupart des *rajahs* et *nababs*, des étrangers, mais des étrangers d'une tout autre catégorie. Ils représentent une civilisation entièrement différente. Ils sont les agents d'une race irréductible aux races asiatiques et ne peuvent jamais se confondre avec elles. La question de la caste même mise à part, l'abîme qui les sépare est infranchissable des deux bords.

Tel n'était point le cas pour les Romains et les Gaulois ou les Germains. Ainsi que l'événement l'a prouvé, ils étaient *politiquement* assimilables les uns aux autres, et cette assimilation ne pouvait pas ne pas se produire. Elle ne fut point, comme on le croit, l'effet de cette rigidité bureaucratique uniforme que les Romains n'ont jamais pratiquée, et dont on accuse à tort les « Latins » d'avoir hérité. L'assimilation administrative suivait la fusion sociale, elle ne cherchait pas à s'imposer. Le rapprochement se faisait de lui-même, là seulement où il était naturel, beaucoup plus par la volonté et les sentiments des conquis que par la politique trop pressée du vainqueur. Là où les différences étaient plus prononcées, les Romains pratiquaient la *domination* et le commandement indirect, comme en Afrique; c'était ce que nous appelons du protectorat.

L'expansion coloniale moderne, dans les conditions imposées aujourd'hui par les transformations de notre univers, c'est-à-dire celle qui s'opère à des distances considérables, est bien différente de l'expansion naturelle ou par contiguïté. Elle met nécessairement en contact, en les subordonnant les uns aux autres, des éléments développés à part, n'ayant eu jusque-là aucune relation et ne présentant rien de commun par les mœurs, par les croyances, par les sentiments ou l'idéation, par les besoins matériels et moraux, en un mot, par tout ce qui constitue la personnalité humaine ou fait l'entité des nations.

Le problème de l'assimilation et la question des races. — Alors, se pose immédiatement un problème qui domine, peut-on dire, toute la conduite du dominateur, et d'où dépend le succès ou la faillite de son entreprise : c'est celui de la nature des rapports à instituer entre le vainqueur et le vaincu, et de la direction à leur assigner. Il a pour fondement le degré de fixité ou de mutabilité des races, de leurs facultés *d'assimilation*. Il est d'une telle importance, la solution qu'on lui donne entraîne de si graves conséquences, qu'il paraît indispensable de l'examiner d'un peu près.

Dans l'ordre politique, il y a des races, ou, pour être plus exact, des peuples qui sont susceptibles de se fusionner, qui, une fois en contact, tendent naturellement à se fondre les uns dans les autres, ou sont aptes à subir des actions de pénétration et d'influence morale réciproques, sinon toujours avec des avantages marqués, du moins sans détériorations trop sensibles. Il y en a d'autres qui sont fatalement destinés à rester séparés, fussent-ils juxtaposés pendant des siècles, ou chez lesquels les tentatives de métissage physique, et surtout moral ou législatif, ne peuvent aboutir qu'aux résultats les plus déplorables. L'élément supérieur n'a rien à y gagner, et l'élément inférieur, au lieu d'y conquérir une élévation quelconque, ne peut que se dégrader encore davantage en y perdant ses qualités particulières, et en compromettant ses chances d'avenir.

Il importe de faire observer que les discussions

entretenues autour du mot « assimilation », qui va reparaître si fréquemment dans ces pages, et des doctrines qu'il suppose ont eu souvent pour point de départ des confusions plus ou moins systématiques ou involontaires entre les mots « races », « peuples », « nations » et les idées qu'ils représentent. La race, si difficile qu'en soit la définition scientifique, est et doit rester une expression scientifique. Peuple, nation, nationalité, sont des formes qui répondent seulement à des concepts politiques, et ils sont encore si vagues qu'il vaudrait mieux, dans les controverses de ce genre, leur substituer les mots « Etat » ou « Gouvernement ». Quelles que soient les explications ou les atténuations proposées, on n'a pas le droit, en politique, de parler de la race anglaise, ou de la race française, ou de la race latine, et tout ce qu'il est permis de faire sur ce terrain, c'est de réserver l'idée de race aux grandes divisions de l'humanité, celles qui sont fortement tranchées, comme les races noires, blanches ou jaunes. Encore que celles-ci englobent, à l'intérieur de chacune d'elles, des peuples d'aptitudes et de civilisations fort distantes, l'histoire nous montre qu'au moins leurs branches les plus rapprochées sont en mesure de supporter le gouvernement les unes des autres.

Mais les hommes de science et de pensée abstraite, confondant la notion de race avec celle de peuple ou d'Etat, ont été conduits à transformer en des entités irréductibles les groupements contingents que la politique seule a construits et qu'elle peut pareillement défaire. Et c'est ainsi qu'ils sont arrivés à des conclusions d'une rigidité absolutiste que l'art de la politique ne comporte pas, qu'ils ont élevé entre les nations les plus voisines par le sang et par la culture des barrières infranchissables ou au moins d'une hauteur excessive, qui n'existent vraiment qu'entre les races proprement dites.

Aujourd'hui, au moment où se dessine contre ces théories un mouvement de réaction visible, on peut cependant se féliciter de ces exagérations mêmes. Les anthropologistes et les sociologues, par le talent qu'ils ont déployé au service de leurs thèses, par l'originalité de leurs vues, par le nombre et la variété des idées qu'ils ont remuées, ont rendu au public français des services inappréciables, dont les effets vont en se continuant et en s'accentuant de jour en jour. Des rangs clairsemés de l'élite pensante, leurs observations ont reflué sur l'opinion et par elle commencé à entamer les gouvernements et les administrateurs en leur suggérant des idées qui ne leur seraient jamais venues sans cela. Elles les ont forcés à suspecter de plus en plus la valeur d'une routine que l'extension subite de l'Empire rendait encore plus dangereuse qu'autrefois.

Les observations et les théories sur les fatalités et les incompatibilités des races que nous devons à Gobineau, à Darwin, à Virchow, etc., pour ne citer que les plus illustres parmi les morts, à Taine également — encore que ce grand précurseur ait eu la sagesse de compenser la prépondérance des influences raciales par celles du milieu et des circonstances — ont contribué, sans aucun doute, à introduire dans nos habitudes d'universalisme et de centralisation uniforme certaines corrections commençantes et ont ainsi ouvert à nos expériences pratiques une route moins difficile. Mais ensuite, chez nous, l'école de Broca, la recherche ethnologique considérable inspirée du positivisme et qui a si heureusement coïncidé avec la renaissance de l'expansion française ont exercé, non seulement sur nos vues de politique coloniale, mais même sur quelques mesures administratives, une influence incontestable. Au nombre des auteurs qui ont pris, à ce mouvement, la part la plus efficace, il serait injuste de ne pas mettre au premier rang le nom de notre ami Gustave Le Bon, en sa double qualité de penseur et de vulgarisateur[1].

L'absolutisme scientifique et la relativité politique. — Mais la science est trop absolue; elle trouve son écueil dans les généralisations trop vastes, où la part de « l'équation personnelle » risque de se faire trop grande. La politique, obligée de tenir compte des cas particuliers que la science dédaigne et qu'elle veut ignorer, doit savoir se contenter d'à peu près et de compromis. L'homme d'Etat garde le sentiment qu'en présence de ces *complexus* qui forment les sociétés, il n'y a pas de vérités inconditionnelles mais seulement des vérités approchées, et qu'en politique on ne peut avoir raison que jusqu'à un certain point. Il juge que le bien n'est souvent que le moindre mal. Hors de leur domaine propre, ces larges synthèses scientifiques, si séduisantes qu'elles apparaissent, lui semblent rarement inoffensives.

Les psychologues font remarquer qu'aucune de nos manifestations intellectuelles ou morales, qu'aucun art, aucune religion n'est exactement transportable d'un milieu dans un autre. Dans l'ordre scientifique, la vérité de cette proposition est difficilement contestable. Il est certain que, sous une nouvelle dénomination religieuse, par exemple, les néo-convertis continueront à pratiquer sans qu'ils s'en doutent eux-mêmes leurs cultes ancestraux. Mais l'homme chargé de diriger leurs actes politiques se place à un point de vue différent.

Pour lui, il est assez peu intéressant que, sous le nom de tel ou tel saint, la masse de ses administrés persiste à adorer de vieilles divinités officiellement abolies. L'essentiel, à ses yeux, ce sont les

1. Notamment dans son livre : *Lois psychologiques de l'Évolution des Peuples.*

effets pratiques de l'unité de religion, ce n'est pas l'orthodoxie des croyances. Si, par hypothèse, il s'agit de catholiques, ce qui lui importe, ce n'est pas qu'ils soient d'irréprochables fidèles, mais qu'ils croient l'être. Cette illusion suffit à ses fins. Il est d'un intérêt considérable que sous cette appellation commune de catholiques, des Bretons, des Gascons, des Bourguignons se sentent, à un moment donné, plus cohérents les uns aux autres, plus unis entre eux et plus opposés à des groupements hostiles. Qu'importe que des Napolitains soient, en réalité, des polythéistes, ou les Castillans des fétichistes, s'ils sont ainsi plus Italiens ou plus Espagnols; ou qu'ailleurs des Kabyles, des Arabes et des noirs n'aient de purs musulmans que l'apparence? Ce qui est politiquement capital, c'est que Berbères, nègres et Arabes puissent se faire tuer coude à coude, au nom d'Allah, à l'assaut d'un de nos *bordjs*.

Les mêmes remarques s'appliquent encore à la langue. Dire qu'en passant d'une race à l'autre il est impossible qu'elle ne se déforme point, c'est un fait d'observation générale contre lequel il n'y a rien à objecter. Mais prétendre que ces mots déformés n'ont plus la même signification, et encore qu'un Anglais est incapable d'avoir avec un Français, dans la langue de l'un ou de l'autre, un instrument sincère de communication, parce que les mots n'ont pas, pour eux, le même sens, ne correspondent pas, pour eux, aux mêmes idées, voilà qui met aussitôt le politique en défiance.

Les exemples de langues entièrement oubliées par une race ou par une nationalité qui adopte la langue du vainqueur sont très nombreux, et, dans nos possessions même, on pourrait en citer plusieurs. Les mots ne représentent pas la réalité des objets qui, substantiellement, est insaisissable, mais leurs rapports, et, ceux-ci, la déformation des mots ne peut les changer. Pratiquement donc, la langue est l'instrument de rapprochement politique le plus efficace; aussi a-t-on toujours vu le vainqueur, quand ce ne serait que par commodité, s'efforcer, quand il le reconnaît possible, de répandre sa langue parmi le peuple vaincu. La langue supérieure subit ainsi des altérations inévitables. Le grammairien, sans doute, y trouve à redire, mais qu'importe au dominateur? Celui-ci, en tenant compte de beaucoup de circonstances et de nécessités, et sous des réserves importantes qui seront examinées plus loin, ne pourra, d'ordinaire, que se féliciter de voir sa propre langue se répandre, même en devenant du « petit nègre », du « pidgin » ou du « sabir ». L'essentiel, pour le gouvernement, c'est que le gouverné montre ainsi le désir et la volonté de se rapprocher de son vainqueur et de s'adapter aux conditions nouvelles que celui-ci offre ou lui impose.

Considérons la France elle-même. On reconnaît qu'elle n'a pu jouer dans l'histoire de l'Europe et du monde son rôle glorieusement actif que parce qu'elle avait réalisé avant les autres nations occidentales son unité politique. Pourtant, même sans avoir aucune prétention au titre d'anthropologiste, il n'est personne qui ne soit en mesure de distinguer assez aisément un Picard d'un Auvergnat, un Lorrain d'un Provençal, ou un Franc-Comtois d'un Gascon. L'anthropologiste soutiendra que ces populations ne sont aucunement assimilées les unes aux autres, et il aura parfaitement raison, car il est bien évident que notre unité ethnique n'est qu'un mythe, et que ce n'est que par un abus de mots et par des confusions d'idées que l'on parle d'une « race française ». Scientifiquement, il n'y a pas plus de « race » française que de « race » latine. Mais cela n'empêche pas que les gouvernements et les peuples étrangers, non moins que nous-mêmes, savent qu'il existe un Etat et un peuple français, et que ce peuple est l'un des plus unifiés qui soient encore au monde, et qu'il veut rester tel qu'il est, en dépit des courants de surface qui le troublent de temps à autre. L'équilibre interne n'y est point parfait, mais aucune construction de ce genre ne peut être parfaite et les résultats approchés suffisent à la pratique politique.

L'observateur politique ne manque pas de se dire non plus qu'il y a, dans les faits de ce genre, bien des contingences et que leur interprétation est souvent plus tendancieuse qu'objective. Il n'accepte pas sans résistance les conséquences que l'on prétend tirer, au nom de la science, de telle ou telle particularité historique attribuée à des raisons anthropologiques. Par exemple, s'il lui arrive de lire, accompagnée de considérations aussi ingénieuses que fines, la thèse que les schismes de la Réforme sont le résultat obligatoire, et qui aurait pu être prévu, de l'interprétation des mêmes écritures sacrées par des races de crâne dissemblable et par suite de mentalité différente, les unes « latines », les autres anglo-saxonnes ou germaniques, son sens pratique se dressera tout de suite contre ces déductions. Il se rappellera que Calvin était Français, que les Albigeois, les Huguenots, les Jansénistes étaient tous aussi épris de liberté religieuse que les réformateurs des « races du Nord », que la France a produit les plus grands mystiques, qu'à un moment donné de son histoire il aurait suffi d'un grain de sable, peut-être, pour qu'elle devînt, elle aussi, protestante, et que sa destinée religieuse fut un instant aussi indécise que l'avait été auparavant, au dire de Renan, celle de toute l'Europe, entre le culte de Mithra et celui de Jésus.

De même, en ce qui concerne les institutions politiques proprement dites. Il semble vrai, au point de vue strictement scientifique, qu'elles ne sont presque jamais exactement applicables, telles quelles, à un peuple autre que celui qui les a inventées, ou, plus exactement, développées par évolution naturelle. Si leur introduction artificielle et forcée peut, à la vérité, faire beaucoup de mal, il n'est cependant pas niable qu'elle peut aussi, en des circonstances données et pendant des périodes assez prolongées, aboutir à des résultats d'une valeur considérable.

Le Japon, sans doute, ne s'est pas transformé quant à l'esprit et à la manière de penser de ses habitants; il ne l'a point voulu, du reste, et ne veut pas le tenter. Mais pourtant il n'a pu remporter à la guerre ses insignes succès que par le transport préalable, systématique et de toutes pièces, dans son mécanisme de gouvernement, des institutions administratives, financières et militaires de l'Europe. Qu'en adviendra-t-il dans cet avenir qui dépasse le champ visuel de la politique? C'est ce qu'il est impossible, même au plus profond des génies, de prophétiser, et l'on ne pourrait, à ce sujet, que se livrer à des conjectures qui n'auraient guère plus de valeur que des conjectures opposées. Mais, pour le moment, c'est un fait, le Japon ne peut que se féliciter des résultats obtenus.

Ces remarques ne font pas hors-d'œuvre dans notre étude. Elles en font étroitement partie, mais quelque envie que l'on en ait de les étendre, il faut les écourter. Elles suffisent pour en tirer légitimement cette conclusion que si la science se propose d'établir des principes et de formuler des lois qui vaillent pour l'éternité et pour l'univers, la politique est beaucoup moins prétentieuse.

Tout en s'appliquant à se montrer prévoyante et ne méritant son nom et sa dignité qu'à la condition de s'entourer et de se faire des armes de toutes les connaissances humaines, la politique est et doit être empirique et opportuniste. Elle sait que les données sur lesquelles elle peut raisonner sont trop complexes, trop exposées à subir le poids de faits accidentels pour qu'elle ait l'ambition d'embrasser trop de temps et trop d'espace. Tant d'exemples et de leçons sont là, tirés de l'histoire des plus illustres politiques et des diplomates les plus réputés, pour lui rappeler que leurs combinaisons les plus admirées et les plus admirables aboutissent très souvent, parfois en une courte vie, à des résultats tout opposés aux prévisions de leurs auteurs, qu'elle est obligée de rester modeste et de compter encore plus avec les circonstances et les possibilités que sur la sûreté des dogmes scientifiques.

En se bornant à appliquer ces considérations à l'Europe, on constate que si, pour l'ethnographe, il s'y trouve des races ou des variétés de races assez nettement distinctes, il n'y existe, aux yeux de l'homme politique, que des groupements variables et nullement incompatibles. Il ne s'y rencontre que des *nations*. Et plus la nation est grande et perfectionnée, et plus cette distinction entre la race et la nation est importante.

La plasticité relative des nations. — La science s'est efforcée de démontrer qu'en raison de la fixité de tous leurs caractères physiques et moraux, les races humaines étaient vouées, chacune à part, à des évolutions fatales, dont elles ne peuvent tenter de s'écarter, soit par elles-mêmes, soit par des influences extérieures, qu'à la condition de se corrompre, de se dégrader et de s'exposer à leur perte totale.

La psychologie politique n'admet point une pareille fatalité. Elle remarque que dans les agglomérations qui composent les nations, comme dans l'esprit et l'organisation de tous les individus qui les composent, il existe une foule de germes de nature plus ou moins opposée, qui peuvent rester indéfiniment à l'état latent. Ils ne se manifesteront et ne pourront se développer que s'ils rencontrent des circonstances favorables, suivant les milieux, les temps, les occasions, les modes elles-mêmes. C'est dans la diversité de ces tendances que les dirigeants des sociétés trouvent les plus efficaces de leurs instruments, s'ils savent les manier. Loin d'être ces blocs intangibles que toute une école s'attache à nous montrer, les communautés politiques ont la propriété de pouvoir « jouer », selon les circonstances, dans des sens différents.

Les Juifs nous en fournissent une démonstration topique. On sait quelle est la fixité de leurs caractères physiques, maintenue très nette au travers de vicissitudes sans nombre et de métissages variés. On est assez généralement d'accord pour leur attribuer comme « vocation » dominante, en même temps qu'une aversion marquée pour les armes et la lutte violente, un attachement prononcé pour les biens matériels et monnayés, ainsi qu'une habileté instinctive pour les combinaisons financières et commerciales. Et cependant beaucoup de Juifs font preuve d'une propension fréquente au mysticisme et au « prophétisme », d'un goût très prononcé pour les spéculations métaphysiques les plus désintéressées, les chimères politiques les plus périlleuses; et dans tous les mouvements révolutionnaires et anarchistes on trouve de ces Juifs fanatiques et assoiffés de martyre.

N'avons-nous pas aperçu seulement, pendant bien longtemps, le côté rêveur, « bonhomme » et sentimental du caractère allemand, pour ne plus voir ensuite de nos voisins de l'Est que les aspects grossiers, âpres et terre à terre? Qui ne connaît des Gascons lourds et phlegmatiques, des Allemands fins et spirituels, des Anglais capricieux et sans caractère?...

On peut appliquer aux hommes et aux groupes humains ce que dit M. Gaston Bonnier des végétaux :

« Les caractères que nous voyons habituellement chez les organismes plus ou moins bien définis comme espèces sont toujours les mêmes, parce que nous voyons le plus souvent ces organismes dans les mêmes conditions de vie et de nutrition. Mais ils possèdent des caractères que l'on peut appeler *latents*. Qu'une circonstance particulière se présente, que ce soit un changement brusque de milieu, l'attaque par un traumatisme ou un parasite ou toute autre cause, certains de ces caractères latents deviennent tangibles...[1] ».

L'une des qualités de l'homme d'État consiste précisément à savoir utiliser pour le bien de la communauté la plasticité relative que les conglomérats nationaux tiennent de la multiplicité de leurs origines, de la variabilité interne de leurs individus, et d'un grand nombre d'influences encore bien vaguement entrevues.

Toutefois — et cette restriction est d'une importance essentielle, car en elle réside le point diacritique de cette discussion — on doit reconnaître que cette plasticité n'est jamais bien grande et que, dans l'homme, tout ce qui touche à la psychologie, à la mentalité, comme on dit aujourd'hui, paraît aussi fixe que sa structure physique, surtout dans l'ordre sentimental. Et l'observation scientifique montre que pour obtenir entre des éléments ethniques divers, au point de vue moral encore plus que sous le rapport purement intellectuel, des soudures solides, des « combinaisons » stables et utiles, et non point des amalgames fragiles ou des mélanges d'un maniement difficile et dangereux, *il faut que les composants n'en soient pas éloignés les uns des autres*. Il faut, pour être féconds, dirait un naturaliste, qu'ils appartiennent non pas seulement au même genre, mais à la

1. Gaston Bonnier. *Le Monde végétal*, p. 333.

même espèce ou variété ethnique et politique, qu'il y ait entre eux, par leur sang, par leurs civilisations respectives, par une longue préparation morale, de suffisantes « affinités ».

Les sociétés incompatibles. — C'est ici, mais ici seulement, que les savants peuvent justement prétendre au rôle de conseillers et de guides des gouvernements ayant osé prendre charge de populations exotiques. Si l'on doit faire sur leurs théories et leurs inductions trop compréhensives et sur leurs généralisations excessives de prudentes réserves quand elles portent sur les races ou pour mieux dire les nations très voisines, de même famille et de même évolution civilisatrice, on peut et l'on doit en regarder les applications comme sûres et pleinement légitimes quand elles s'exercent sur des communautés très éloignées par le sang comme par la culture. L'histoire et l'observation directe démontrent que celles-là sont, en effet, incompatibles, réciproquement réfractaires à toutes les sortes d'assimilation.

Pour préciser davantage, nous dirons que toutes les variétés de la race européenne, par exemple, pourraient, en tant que nations ou Etats, fusionner sans difficultés insurmontables, mais que cette espérance est interdite lorsque l'on considère des hommes aussi éloignés que les Européens et les noirs d'Afrique ou les jaunes de l'Extrême-Asie.

Pour ces cas extrêmes, la distinction est bien facile. Mais il est loin d'en être de même pour les groupements intermédiaires, et il se présente des circonstances où la pratique seule, doublée d'une observation prévenue et attentive, est en mesure de montrer ce que l'on peut attendre de tentatives d'assimilation artificielle et de fusion sociale. Là, le tact, la finesse, le sentiment l'emportent de beaucoup sur la raideur scientifique. Il n'existe, à cet égard, aucun critérium pour les fondateurs de royaumes et l'empirisme est leur meilleur guide.

L'exemple des États-Unis. — Il est un exemple irréfutable, à la vérité unique au monde, mais bien embarrassant pour les systèmes anthropo-sociologistes trop synthétiques, de la possibilité pratique que présentent au fusionnement les nations composites, encore que d'une souche commune, de race blanche : c'est celui de l'Amérique.

Les Etats-Unis, qui ont eu d'ailleurs la chance de s'être développés sans voisins agressifs ni compétiteurs, ont pu refondre au creuset de leur activité économique et industrielle, urbaine d'une part, colonisatrice et rurale de l'autre, en l'espace de deux générations, ce qui paraïssait être un flot incohérent de tous les peuples de race blanche. Ils en ont tiré cette unité de vouloir, ce *consensus* qui sont l'essence d'une nation, d'une mutualité consciente d'elle-même, où chacun se regarde, avec satisfaction et avec fixité, comme partie intégrante d'une même raison sociale, comme ouvrier efficient et volontaire d'une même solidarité politique.

Mais en revanche, considérons ce qui s'est passé, instinctivement, et par des contradictions et des illogismes qui ne sont pas moins instructifs, chez cette même « nation » à l'égard des noirs. Au moment où se construisait le berceau de son empire, ayant absorbé, elle aussi, le poison des doctrines aprioristiques du temps, elle se déclarait résolue à regarder les noirs comme des frères et des égaux en droits. Pourtant, elle avait conservé l'esclavage et, par la suite, elle ne pouvait accorder qu'aux affranchis de cette race l'exercice des droits et de l'égalité politiques, situation que l'émancipation générale à l'issue de la Guerre de Sécession allait singulièrement aggraver. Aussi, que se passe-t-il?

Les blancs, en dépit de leurs déclarations solennelles, se voient contraints de repousser les noirs du sein de leur société comme éléments incompatibles et inassimilables, de les tenir prudemment en marge de leur existence. Ils en viennent donc à en corriger par les barbaries révoltantes de la loi de Lynch les impossibilités pratiques de la loi constitutionnelle.

Au lieu d'appeler ces répugnances et cet ostracisme un préjugé, on devrait peut-être voir dans la persistance de ces coutumes choquantes le résultat d'une sorte d'expérimentation scientifique venant corroborer le sentiment du danger que des métissages, illégitimes dans le vœu de la nature, feraient courir à une société supérieure encore artificielle, à son état moral, à son besoin d'activité, d'ordre et de régularité [1].

Les Antilles et la République de Libéria. — On sait ce qu'est devenue la « Perle des Antilles », Haïti, entre les mains des Africains. Et que dire de la Répu-

1. Il n'est pas inutile de noter que les écrivains de profession, sociologues et professeurs, sont en général fort mal placés pour l'étude de ce genre de problèmes. Il en est peu qui possèdent la fréquentation des choses et la préparation nécessaire. Sédentaires le plus souvent, ou n'ayant voyagé qu'en *globe-trotters*, ils sont enclins à juger les races étrangères par les spécimens isolés qu'ils voient en Europe, et qui, encadrés comme ils le sont et dépaysés, *semblent* parfaitement aptes à s'acquitter, comme nous, de toutes nos fonctions sociales, et dont les qualités d'intelligence et de mémoire peuvent être, et sont le plus souvent incontestables. Mais ce n'est pas d'intelligence ni de mémoire qu'il est ici question, et les exemples que l'on peut citer d'hommes de couleur, purs ou fortement métissés, se montrant aptes à toutes les professions libérales : fonctionnaires, médecins, officiers, avocats, politiciens, orateurs, — voire ministres d'État — ne prouvent absolument rien.

Cf. à ce sujet qu'il m'est impossible de développer ici comme il le faudrait, le chapitre XII de la *Psychologie de la Colonisation française*, de L. de Saussure, 1899 (*Cas individuels d'assimilation*), et Dr Corre : *Nos créoles*.

blique de Libéria? On n'ignore pas que cette communauté politique a été conçue par des philanthropes américains qui combattaient passionnément l'esclavage, qu'elle fut fondée par un repeuplement artificiel de libérés reconduits d'Amérique dans leur pays d'origine en vue, précisément, de constituer une démonstration expérimentale de la capacité des noirs à la civilisation. Entourée, à sa naissance, de soins paternels, dirigée pendant vingt années consécutives par des tuteurs animés des plus magnifiques intentions et qui, d'ailleurs, joignaient à l'idéalisme le plus transcendant le sens des réalités pratiques, cette tentative condamnée à l'avance, n'a pu aboutir qu'au *fiasco* le plus lamentable et le plus ridicule [1].

La communauté européenne. — Les Européens sédentaires, qui n'ont pu considérer les peuples occidentaux que chez eux et par une comparaison en quelque sorte intérieure, sont surtout frappés de leurs dissemblances. Ils s'appliquent, de préférence, et tout naturellement, à en faire ressortir l'importance, par l'analyse minutieuse de tout ce qui sépare ces peuples. Il serait certainement plus utile, aujourd'hui, d'entreprendre un travail inverse de synthèse, qui se proposerait d'établir les caractères distinctifs, psychologiques et politiques, de la race blanche par opposition au reste de l'humanité.

Pour les observateurs qui ont passé leur vie à tra-

1. Il a pu se rencontrer parmi les Libériens des individualités de valeur exceptionnelle, comme, dit-on, Roberts, leur premier président, ou M. Barclay, le président actuel. Mais ils ont été radicalement impuissants — et en ayant conscience — à imposer à leurs administrés autre chose qu'une imitation toute superficielle des pratiques extérieures de la vie américaine. (Voir, entre autres publications, toutes concordantes : *Un Etat nègre*, par M. Maurice Delafosse (*Bulletin de l'Afrique française*, 1909), et le *Traité franco-libérien*, de Jacques Chaumié (*Revue politique et parlementaire*, septembre 1906.)

vers le monde, sur la ligne même de contact des blancs avec les jaunes et les noirs et qui, par goût et par nécessité professionnelle, ont été conduits à étudier leurs rapports, les choses se présentent sous un jour plus conforme à la vérité. Ceux-là ne peuvent manquer de constater partout l'opposition tranchée qui se manifeste d'une manière naturelle entre les blancs formant corps et les sociétés exotiques. Dans toutes les circonstances normales, la tendance à une réaction commune contre le milieu « indigène » est frappante. Toutes les nationalités européennes et américaines, malgré leurs antipathies superficielles, leurs rivalités nationales, malgré les divisions particulières d'intérêts de chaque « colonie », forment bloc contre le milieu social qui les entoure. L'unité foncière de l'Europe éclate à leurs yeux avec une évidence irrésistible. Partout, en ces pays, et non seulement dans ceux qui sont indépendants, mais dans ceux qui nous appartiennent, l'habitude s'est instinctivement établie de diviser la population en deux catégories seulement : les « Européens » de toute nationalité, et les autres. Dans l'Inde, en Chine, au Japon, en Afrique, on ne dit pas dans le langage courant « les Anglais ou les Français, les Américains », mais « les Européens ».

Les Etats-Unis d'Europe ne se réaliseront jamais complètement, ou du moins, nul n'en doute, nous sommes encore à une distance astronomique, pour ainsi dire, de leur établissement permanent. Mais s'il n'y a que des Etats européens séparés, il est positif qu'il y a une *société* européenne capable déjà de groupements politiques momentanés : les croisades furent une manifestation de son existence; l'expédition contre les Boxers en est une autre.

C'est ainsi que, sans rien perdre de leurs sentiments propres, et même mis en situation, mieux que ceux qui n'ont jamais quitté leur pays d'origine, d'apprécier la douceur et la beauté de la patrie et l'utilité des idées que ce mot représente, ces voyageurs expérimentés peuvent se hausser à considérer les choses de très haut, et à apercevoir les guerres des Européens sous l'aspect de sortes de guerres civiles — mais on sait que les guerres civiles, parfois les moins déraisonnables, sont les plus acharnées — et à reconnaître qu'il y a « un patriotisme européen », suivant l'expression récemment employée par un de nos ministres des Affaires Etrangères. Ce n'est pas seulement un sentiment utopique bon à faire figure dans un discours d'apparat, et le célèbre tableau de l'empereur allemand traduit aussi une réalité. C'est un sentiment qui repose sur une base positive et que le besoin développera. Le moment approche peut-être où il devra se manifester sous des formes concrètes, pour empêcher la fraction supérieure du genre humain de déserter la route qu'elle a suivie victorieusement jusqu'ici et de manquer à sa destinée, qui est de commander aux autres races, de prendre leur direction, de les conduire, par étapes successives et mesurées, vers les perfectionnements possibles : *Tu regere imperio gentes, « Europa » memento.*

En résumé, sous les réserves et restrictions qui précèdent, lorsque les conquêtes, les acquisitions par échange ou par traité, etc., se font sur des populations de races et de culture apparentées, elles tendent à l'absorption de l'élément conquis ou annexé ; la domination s'atténue plus ou moins rapidement avec les progrès de la fusion, et lorsque celle-ci a atteint un certain degré, il n'y a plus de domination, mais acceptation d'une patrie commune et adoption d'un idéal commun sous le même gouvernement. Il y a *assimilation politique.* C'est ainsi que les choses se passent dans les conquêtes contiguës. Dans les conquêtes à grande distance, en d'autres termes coloniales, soit directes, soit sous forme de protectorat, la transformation de la domination en gouvernement national ne peut être qu'excessivement rare, et l'*assimilation* n'est possible que par l'effet de rencontres tout à fait exceptionnelles, comme celles qui se produisent parfois dans le monde moderne, entre nationalités affinées, au Canada, en Afrique du Sud, par exemple.

Au Canada, si le gouvernement britannique n'a pas pratiqué à l'égard des Français la politique de l'assimilation, il faut convenir qu'il est le seul au monde qui soit assez fort et assez habile, qui puisse être assez patient pour suivre cette conduite et en attendre les résultats.

En Afrique australe, l'assimilation des Boers et des Anglais d'origine ne saurait être douteuse. Les Pays-Bas ne sont pas capables de prêter aux premiers un appui quelconque ; leur faible rayonnement ne leur permet pas de maintenir en eux le tempérament néerlandais. Les colonies allemandes voisines ne sont pas non plus en mesure de faire pénétrer chez eux les influences germaniques. La fusion des Boers et des Anglais est donc fatale; mais elle se fera d'une façon assez particulière, par le développement d'une nationalité nouvelle qui sera probablement plus boer qu'anglaise, celle des *Afrikanders*. La formation s'en dessinait déjà avant les événements mémorables dont nous avons été les témoins, et dont les conséquences, loin d'arrêter la naissance de cette communauté politique, comme on aurait pu le croire, ne feront sans doute que la favoriser.

La fusion entre conquérants et conquis est encore la fin naturelle de l'annexion — sous l'apparence momentanée de protectorat — de la Corée par le Japon. Il existe, à vrai dire, des différences assez tranchées entre Coréens et Japonais, différences que l'orgueil japonais se plaît à exagérer et qui tiennent sans doute plutôt aux conditions générales des races en présence qu'à leur composition. Coréens et Japonais apparaissent, pour un observateur impartial, comme des cousins au premier degré. Il semble donc que la conduite qui s'imposera au Japon comme la plus rationnelle et la plus profitable c'est l'absorption des Coréens dans la nationalité nippone. Ils sont certainement assez proches les uns des autres ethniquement et leurs civilisations sont d'un type assez analogue pour que la fusion soit non seulement possible, mais avantageuse. C'est ce que l'on peut même souhaiter de mieux pour les Coréens eux-mêmes, qu'une résistance prolongée à la domination japonaise détruirait fatalement en détail.

Mais c'est la plus grande des erreurs et la plus fatale pour le conquérant et pour ses sujets de ne pas reconnaître qu'il y a des races et des sociétés supérieures de par la nature et par l'accumulation des circonstances évolutives, qu'il y en a d'autres moins favorisées, et que plus la distance qui les sépare est grande, et moins il est possible de les rapprocher par des lois communes et par les mêmes procédés de culture. Aucune société n'est immuable sans doute, aucune n'est capable de tirer d'elle-même et de son propre fonds tous ses germes de progrès, et l'histoire fait bien voir que le progrès s'accomplit presque toujours par des emprunts réciproques. Mais il faut distinguer entre le progrès matériel et le progrès sentimental, et c'est pour n'avoir pas su faire cette distinction capitale que les Européens en général et les Français en particulier ont commis tant de fautes, éprouvé tant d'échecs et répandu tant de maux dans le monde.

La plupart des « connaissances » qui relèvent de l'intelligence peuvent se communiquer par l'éducation et par l'imitation; tout ce qui est d'ordre moral et sentimental n'est transmissible que dans une mesure très étroite, et à ceux seulement qui, faisant partie de la même souche originelle, ont en outre subi les mêmes impressions séculaires et gravité dans le même cycle civilisateur. L'on ne peut élever des noirs ou des jaunes dans la hiérarchie sociale et politique que par une certaine accélération de leur marche et non par déviation du chemin ancestral qu'ils ont parcouru.

Ce sont ces convictions, dictées par l'observation des faits, qui doivent inspirer la conduite des Européens dans leur expansion lointaine, accomplie par la *domination* de peuples si différents d'eux-mêmes. Seule, leur application résolument désassimilatrice, systématiquement respectueuse de la constitution mentale de ces peuples, des organisations politiques et sociales qui sont la résultante de leurs besoins matériels et moraux, peut être profitable en même temps au dominateur et au sujet, et justifier ces vastes et difficiles entreprises.

CHAPITRE III

Origine et évolution du problème colonial moderne.

L'Europe et la recherche de l'équilibre. Les effets des grandes découvertes géographiques. Les conceptions coloniales du XVIe siècle au XVIIIe siècles. Richelieu, Colbert, Dupleix. Il n'y eut pas de vraie *politique* coloniale sous l'ancien régime Bonaparte. La politique mercantile, des galions et des épices. L'expansion britannique. Avantages de l'archipel britannique dans la concurrence européenne. L'apriorisme de la Révolution française. La politique coloniale de Napoléon Ier. Le duel anglo-français. Les puissances secondaires. Le bilan colonial de l'Europe avant la Révolution.

Les origines de notre renaissance coloniale. L'expédition d'Alger. Les conditions nouvelles de l'expansion coloniale par la Domination. La puissance *impériale*. L'incohérence de notre politique coloniale.

L'Europe et la recherche de l'équilibre. — L'histoire de l'Occident, depuis l'effondrement de l'Empire romain, n'est, en raccourci, que la recherche d'une certaine équivalence de forces entre des peuples ou des Etats qui dessinent assez promptement la figure politique de l'Europe moderne. Primitivement fondées en prenant pour noyaux, si l'on peut dire, les affinités naturelles des peuples et leur communauté de langue, ces nations se sentent assez semblables pour s'agréger en un certain nombre de groupements, mais trop différentes encore pour être capables de supporter l'hégémonie d'un seul pouvoir. Dès que la puissance du plus favorisé ou du plus habilement dirigé menace l'indépendance des autres groupes, on voit ceux-ci, sans jamais beaucoup tarder, se coaliser contre lui et, jusqu'ici, réussir à l'abattre. C'est ainsi qu'après l'essai de Charlemagne, trop prématuré et qui ne pouvait aboutir qu'à l'éparpillement féodal et à un lent travail de reconstitution, on assiste aux périodes successives des ambitions anglaises, espagnoles, françaises, allemandes de l'est, françaises encore, allemandes de l'ouest enfin, où nous sommes.

Ces antagonismes, toujours en alerte, interrompus seulement par de courtes trêves, s'ils ont trop absorbé nos activités, ont trempé le caractère des peuples européens en les dotant d'organisations combatives perfectionnées. C'est dans ces luttes séculaires que se sont affinées et fécondées leurs supériorités innées sur le reste de l'humanité.

Mais au moment où ces énergies risquaient peut-être de s'user et de se décourager devant la médiocrité des résultats, un champ nouveau s'ouvrait à cette éternelle compétition. La planète entière, subitement agrandie, devenait le théâtre immense de la concurrence des Etats européens : ils allaient chercher partout cette balance des forces qu'ils n'avaient pas trouvée chez eux.

Les conditions qu'offrait l'Amérique surtout à cette expansion inattendue, étaient tout à fait particulières. Pour que le transport de nos luttes ait pu y prendre la subite importance que l'on sait, il fallait que l'Amérique fût vide. Et quant au continent de l'Inde et aux archipels qui forment la ceinture de l'Asie orientale, très peuplés au contraire, il fallait que leurs habitants, dépourvus à un degré extraordinaire d'unité et de cohésion, se trouvassent hors d'état d'opposer aux Européens une résistance sérieuse.

L'Amérique, à proprement parler, n'était pas déserte. Mais elle n'était peuplée que par places, et par des hommes très mal équipés pour lutter avec les héritiers d'une civilisation militante. Une poignée d'aventuriers représentait, pour eux, une force irrésistible. L'envahissement de l'Amérique fut donc plutôt une occupation qu'une conquête. Si, au lieu de ces pauvres « Indiens », on eût rencontré en Amérique ce que l'on cherchait, c'est-à-dire la Chine et le Japon du XVIe siècle, l'histoire du monde eût été changée. Les mêmes compétitions auraient eu lieu, mais elles n'auraient pas présenté le même aspect brusque de violence et d'universalité. En face d'une opposition encore plus résistante en Extrême-Orient qu'au XIXe siècle à cause de l'infériorité comparative des moyens matériels, les rivalités extérieures, restées principalement économiques, se seraient peut-être exercées en commençant par l'Afrique. Pour entrer dans la période de la grande expansion extérieure, l'Europe eût probablement attendu la pleine époque de la vapeur, de l'électricité et du capitalisme. Mais aussi, sans doute, dans cette voie les progrès de l'Europe, privée du puissant stimulant qu'a jeté chez elle la concurrence du Nouveau Monde, eussent-ils été moins rapides.

Les conceptions coloniales du XVIe au XVIIIe siècle. — De nos jours, l'expansion coloniale, procédant *par conquête militaire lointaine*, comporte des efforts considérables et d'énormes dépenses. Elle ne peut donc résulter que de l'action des Etats. La conquête une fois commencée ne se limite pas à volonté. Pour être fructueuse, elle exige une persistance et une méthode qui ne peuvent être que le fait de gouvernements avancés, puissants ou au moins très riches. Les initiatives privées n'y ont qu'une part secondaire.

Dans les premiers temps de l'expansion, la *colonisation* des terres vacantes fut plutôt l'œuvre de l'énergie individuelle que celle de l'Etat. Il pouvait se borner à suivre ses sujets pour les défendre et les administrer et se passer, dans cette conduite, d'une politique arrêtée. Si la colonisation officielle existait dans une certaine mesure, elle n'était que décousue et partielle, entraînée par les circonstances, sans autre vue que celle des intérêts mercantiles.

Contrairement à l'opinion émise par un très grand nombre d'historiens et d'écrivains français [1] d'un talent incontestable, et malgré certaines apparences, il paraît bien certain que les puissances d'Europe en sont arrivées à se partager l'Amérique, l'Inde et même, — du moins, jusqu'à un passé qui n'est que d'hier, — l'Afrique, sans avoir eu une conception nette, prévoyante et appliquée avec suite du rôle politique des établissements d'outre-mer, ni des répercussions qu'ils ne peuvent manquer d'exercer, bien ou mal, sur les intérêts et la force des Etats.

Richelieu, Colbert et Dupleix. — Le seul politique français qui semble, sous l'Ancien Régime, avoir compris l'importance politique des colonies, c'est Richelieu. Il a parfaitement saisi le lien qui doit exister entre les colonies et la marine, l'appui mutuel qu'elles se fournissent et la valeur du *sea-power*. Mais l'impérialisme de Richelieu devançait trop son temps. Ses moyens d'action n'étaient point à la hauteur de son génie. Du reste, la situation de la France en

1. Pour ne citer que des auteurs contemporains d'ouvrages généraux, parmi ceux qu'a suscités la renaissance de l'expansion coloniale française : Gabriel Charmes. *La Politique extérieure et coloniale*, 1885. — Gaffarel. *Les Colonies françaises*, 1888. — Louis Pauliat. *La Politique coloniale de l'Ancien Régime*, 1887. — Pigeonneau. *Histoire du Commerce de la France*, 1885-1888. — Rambaud. *Histoire de la Civilisation française*, 1887. — Léon Deschamps. *Histoire de la question coloniale en France*, 1891. — Louis Vignon. *L'Expansion française*, 1891. — Marcel Dubois. *Systèmes coloniaux*, 1895. — Chailley-Bert. *Les Compagnies de colonisation sous l'Ancien Régime*, 1898. — Christian Scheffer. *La France moderne et le Problème colonial*, 1907.

Europe, les luttes extérieures et continentales où le grand ministre se trouvait engagé ne lui permettaient pas d'asseoir ses desseins sur la base qu'il leur eût fallu. L'opinion, trop étroite dans sa partie agissante, en dépit de ses efforts pour l'entraîner, était trop ignorante et trop égoïste pour le suivre et l'aider.

Après Richelieu, il faut attendre jusqu'à Bonaparte, général, consul et empereur, des idées d'ensemble sur l'utilité politique des colonies[1]. Colbert lui-même, quoi qu'on ait pu écrire pour tenter d'élargir ses vues, n'envisagea des colonies que les avantages commerciaux, et s'il voulut consciemment pousser au développement des colonies, ce ne fut qu'avec la pensée, juste en soi mais incomplète, qu'en enrichissant des particuliers ou des associations financières, en offrant des débouchés aux déclassés et aux ambitieux, elles multiplient les sujets, augmentent les facultés des contribuables et ainsi enrichissent la propriété du roi. Sa considération des colonies était celle qu'il avait de ses fondations de fabriques, de corporations privilégiées et de monopoles dans les provinces du royaume.

Dupleix, agent d'une compagnie de commerce plutôt que fonctionnaire du roi, ne fut peut-être pas le génie précurseur que nous ont révélé les Anglais, soucieux de relever leur gloire trop facile de toute la grandeur de leur ennemi tombé. Esprit éminent, Dupleix fut surtout un grand homme d'affaires, imaginatif et fastueux, aussi honnête, d'ailleurs, qu'on pouvait l'être de son temps et dans sa situation. Mais son ambition, rivée à la question des dividendes aux actionnaires et à la satisfaction des directeurs de la Compagnie des Indes, ne se haussait pas autant qu'on l'a dit jusqu'à la compréhension des intérêts généraux

1. Il faudrait faire certaines réserves cependant, en ce qui concerne les conceptions de Vergennes, au dire de M. Hanotaux.

de l'Etat, et ses vues ne semblent pas avoir dépassé l'Inde elle-même.

La politique des galions et des épices. — L'expansion de l'Europe se fit tout entière au hasard. Il est très peu de personnes, parmi les dirigeants, parmi les écrivains, les « philosophes », les « physiocrates », les économistes du XVIe au XVIIIe siècle, qui paraissent s'être posé les questions que ferait surgir chez nous, si mal faite que soit encore l'éducation de l'opinion, la découverte d'une terre immense et sans maîtres. Dans la révélation et l'occupation des continents nouveaux, on ne vit tout d'abord que des occasions de pillage et d'enrichissement immédiat, ensuite l'accaparement de produits rares et coûteux et de métaux précieux. C'est la politique des épices et des galions. La seule idée morale qui ennoblît un peu tant d'abus — comme aussi aujourd'hui le vocable si commode de « civilisation » — était l'idée religieuse.

Pour l'Espagne, ses vastes possessions, que ses soldats taillaient en chair vive à peu de risques, étaient comme des fermes gagnées à la loterie. Ne voulant pas diminuer ses bénéfices immédiats à les protéger et à les organiser, sa politique à leur égard fut celle du maître de la poule aux œufs d'or. Leur faiblesse et l'avidité de la couronne de Castille et de ses capitaines-généraux précipitèrent à la curée les autres nations.

On peut constater, d'ailleurs, qu'aucune des puissances maritimes de l'Europe n'eut prescience des changements qu'allait produire l'addition de tout un monde aux petits territoires où s'était jusque-là combattue la fraction privilégiée de l'humanité. On n'aperçut dans cet immense et compliqué problème que les équations commerciales, que la concurrence économique. Montesquieu résume à la perfection non seulement les vues de ses contemporains sur les colonies, mais celles des auteurs qui l'ont précédé et suivi jusqu'à la Révolution, notamment l'abbé Raynal — et celles de tous les gouvernements d'alors, lorsqu'il dit : « Les colonies d'Amérique sont les plus admirables, car elles ont des objets de commerce que nous n'avons pas ni ne pouvons avoir, et elles manquent de ce qui fait l'objet du nôtre ».

Les aperçus vraiment politiques, alors comme souvent encore aujourd'hui, c'est dans les rapports et mémoires des officiers de marine et des fonctionnaires coloniaux qu'il faut les chercher. Abandonnés ou tenus en suspicion par les bureaux ministériels qui se méfient de leurs initiatives, les agents locaux, observant sur place les choses et les hommes, méditant sur les voisinages, passionnés par leur tâche, se rendaient mieux compte que les sédentaires, dont ils dépendaient, de la grandeur du but à atteindre. Tel est ce gouverneur du Canada qui écrivait à Colbert : « La France peut en dix ans, et à moins de frais, s'assurer en Amérique plus de puissance réelle que ne sauraient lui en procurer cinquante années de guerre en Europe[1] ».

C'est ainsi que les guerres coloniales qui ensanglantèrent le XVIIe et le XVIIIe siècles ne furent que des manifestations de rivalité commerciale entre les Etats européens ou n'apparurent alors que comme un moyen de rendre les guerres continentales plus coûteuses et plus difficiles. Espagnols, Portugais, Hollandais, Français et Anglais se firent la guerre partout où ils avaient des sujets, des navires, des établissements, parce que leurs gouvernements étaient en guerre pour des questions européennes. Dans ces luttes universelles, la puissance « impériale » n'était qu'un enjeu indistinct. Au lieu de se battre dans une arène circonscrite à la Méditerranée, aux côtes de la

1. Louis VIGNON. *Op. cit.* p. 344.

Manche et de la mer du Nord, on se combattit sur toute la terre. On se disputait à coups de canon les épices, les plantations et les usines parce que la propriété ennemie devait se saisir partout, et parce qu'il est de principe naturel à la guerre de faire à son ennemi le plus de mal possible partout où l'on peut le rencontrer et lui ravir ses biens ou ses avantages[1].

C'est donc avec la plus grande raison que Lord Chatam (W. Pitt) a pu dire que c'était en Allemagne que son pays allait conquérir l'Amérique et que Macaulay a pu écrire cette phrase, qui n'est pas une boutade, mais l'expression stricte de la vérité : « Afin que Frédéric pût dépouiller un voisin qu'il avait promis de défendre, des hommes noirs se battirent sur la côte du Coromandel, et des hommes rouges se scalpèrent mutuellement autour des Grands Lacs de l'Amérique du Nord ».

A l'inverse du célèbre historien anglais Seeley on pourrait soutenir que les guerres de ce temps ne furent coloniales que par leur scène. Le brillant professeur de Cambridge, se plaçant naturellement, il est vrai, au point de vue anglais, a soutenu, comme on sait, avec une érudition, une puissance d'imagination et une dialectique très propres à faire illusion, que tous les conflits européens, depuis la découverte du Nouveau Monde jusqu'à la fin de la période révolutionnaire et impériale, n'ont été qu'une guerre coloniale unique, interrompue seulement par des trêves. Cette thèse, séduisante au premier abord, nous semble aller jusqu'au retournement de la vérité générale.

L'expansion britannique. — La Grande-Bretagne, qui devait si aisément recueillir les fruits de notre incapacité, fut longue, elle aussi, à démêler les privi-

1. « Il importait beaucoup moins aux métropoles, par jalousie commerciale, d'avoir des colonies que de les soustraire aux autres » (Raynal).

lèges de sa situation et à reconnaître les avantages qu'elle assurait tout d'abord à sa prospérité économique, ensuite les perspectives qu'elle offrait à sa gloire et à sa puissance universelle. Nous avions pris l'avance sur elle et « un prophète politique, comparant la situation de la France et celle de l'Angleterre au moment de la rupture de 1688, aurait trouvé que toutes les chances pour la fondation d'un empire extérieur étaient en faveur de la première » (Seeley). Pendant longtemps, la politique coloniale de la Grande-Bretagne ne se distingua de la nôtre ou de celle de l'Espagne ni par plus de perspicacité ni par plus d'ampleur.

Elle fut entraînée en Amérique par ses émigrants, obligés de se contenter des terres tempérées impropres à la culture de la canne à sucre et des épices, terres que leurs devanciers avaient dédaignées, et qui, par la suite, devaient se montrer bien autrement avantageuses. Ce furent notre faiblesse, notre mauvaise organisation, nos embarras continentaux, l'attention distraite que nous ne portions que par saccades à nos établissements, qui assurèrent le succès des Anglais, bien plus que le génie spécial que nous nous plaisons à leur attribuer. Toutes les circonstances, les défauts comme les qualités de nos rivaux, se réunirent pour favoriser leurs entreprises. La Grande-Bretagne subit le succès plus qu'elle ne le prépara.

Moins engagée dans les luttes du continent et admirablement placée pour les exciter et pour s'en servir, plus que nous déjà tournée vers les choses de la mer, elle eut l'inappréciable avantage de disposer, au moment le plus opportun, d'une émigration excellente, que lui valaient à la fois son activité religieuse et son intolérance, l'évolution naissante de l'industrie et du crédit, la transformation de la grande culture en pâturages. Ces Anglais fuyant leur patrie avec satisfaction pour s'établir sur les rivages d'Amérique étaient des caractères fortement individualistes, qui joignaient l'amour de liberté à l'ambition du gain, et se recommandaient, en général, par des qualités physiques et morales exceptionnelles. Le climat et le sol qu'ils rencontraient en permettaient le meilleur emploi et favorisaient la fondation et la multiplication des familles.

La constitution sociale anglaise de l'Angleterre servit cet exode colonial jusque par ses particularités anciennes : ses habitudes administratives décentralisées, l'intensité de sa vie locale, la tenure féodale de ses biens fonciers, le genre d'autorité de ses lords-propriétaires, son principe de non-intervention dans les affaires des particuliers, des familles et des associations, elle emporta tout cela dans ses colonies, et tout cela y était avantageux; tout cet ensemble d'institutions et de tendances invétérées prédestinait ses établissements au régime qui leur convient le mieux, soit, suivant les cas, celui de l'autonomie administrative, soit celui du *self-government*. C'est ce régime qui devait, par la suite, assurer la prospérité de ses dépendances, en dégageant aussi la métropole de responsabilités périlleuses et de dépenses épuisantes.

Tandis que la Grande-Bretagne préludait ainsi à ses magnifiques destinées coloniales, la France prolongeait, dans ses colonies, son régime de centralisation, préparant ainsi des résultats qui ne pouvaient manquer d'être finalement désastreux. Comme l'Angleterre, la France ne faisait que suivre les entreprises de ses sujets, de ses armateurs, de ses compagnies de commerce ou de colonisation, de ses soldats, de ses cadets déclassés, de ses aventuriers et de ses pirates même. Mais, outre que nous étions rivés aux contestations continentales, notre organisation administrative et sociale ne se prêtait pas aux transformations qui assurèrent leur solidité aux colonies britanniques. Avec la prétention des bureaux de tout réglementer de Versailles ou de Paris sur un plan uniforme et de ne laisser aux délégués du pouvoir aucune initiative, nous ne possédions pas le germe évolutif des institutions spécifiques, pour ainsi dire, du succès des colonies.

L'Angleterre eut encore, sur nous, une autre supériorité : s'en remettant plus que nous-mêmes, et avec plus de succès, aux compagnies privilégiées de commerce, elle en tira les plus grands profits. En effet, les agents de ces associations, très soigneusement choisis d'ailleurs, ne voyaient pas, comme les agents des compagnies françaises, le fruit de leurs efforts s'évaporer périodiquement dans les désastres des guerres d'Europe et sous les attaques de leurs rivaux. La maîtrise de la mer assurait aux établissements britanniques une pérennité et à ses agents une permanence qui manquaient aux nôtres. Les leurs pouvaient ainsi traverser les excès du pacte colonial avec une résistance qu'explique aussi le climat tempéré des plus importants d'entre eux, où le travail servile ne pouvait passer en valeur et en résultats qu'après celui des émigrants eux-mêmes, colons dans toute la vérité du terme.

La Grande-Bretagne put donc, peu à peu, puis brusquement, profiter de toutes les occasions que lui fournirent les querelles des peuples continentaux. A l'affût des occasions, elle ne tarda pas à devenir une grande puissance coloniale tropicale aux dépens de l'Espagne, de la Hollande qui avait elle-même dépouillé le Portugal, puis de la France. Quand elle eut, de cette manière, réuni les éléments de sa puissance extérieure, elle s'appliqua, systématiquement, à transporter dans le monde entier les compétitions où s'épuisait l'Europe continentale. Par la force des choses, et sans plan nettement préconçu de politique véritable, elle put, avec facilité, transformer en résultats coloniaux les conséquences de ces querelles qui restaient, pour nous, continentales. Et ainsi, développant et consolidant avec les circonstances cet empire immense, ce petit groupe d'îles accrochées au nord-ouest du continent européen, sans jamais négliger les bénéfices économiques de ses acquisitions, fit de la prospérité et de la force particulière de ses colonies l'instrument de sa fortune et le ressort de sa puissance universelle.

Les erreurs de l'ancienne France en matière coloniale. — Quant à nous, nous n'eûmes pour nos colonies aucune considération suivie de politique générale. Persistant jusqu'à l'effondrement final à ne voir en elles que des usines à sucre et des champs à épices, subordonnant toute leur vie à leur commerce et à l'exploitation de la main-d'œuvre noire, entravant leurs progrès par une réglementation jalouse, soupçonneuse au point d'y organiser à l'état de système le conflit permanent entre les délégués du gouvernement central, nous n'arrivâmes jamais à comprendre qu'en raison de notre situation européenne, leur sécurité vraie ne pouvait être fondée que sur leur force propre, et, agissant comme si nous les voulions toujours faibles, nous les tenions en lisières toujours tendues, sans aucune pondération entre les pouvoirs nécessaires des gouvernements et les libertés nécessaires des commerçants et des colons. Même après les exploits des corsaires des Iles de France et de Bourbon et les services que ces hommes intrépides nous avaient rendus au cours de nos guerres anglaises, nous restions incapables de comprendre l'utilité politique véritable de vos établissements. C'est de cette manière que nous arrivâmes, avec des restes d'empire déjà bien amoindris, à la veille de la Révolution française.

Les erreurs révolutionnaires. — Pour les hommes de la Révolution, les colonies furent surtout matière à déclamations dogmatiques, à rhétorique pompeuse et à raisonnements humanitaires mais profondément impolitiques. Si les gouvernants d'alors prirent intérêt aux questions coloniales, ce ne fut qu'au travers de leurs abstractions. Le mot si connu : « Périssent les colonies plutôt qu'un principe ! », bien que prononcé à propos de la suppression de l'esclavage et en un sens défendable, traduit exactement l'état d'esprit de ces assimilateurs forcenés. Pour ces théoriciens infaillibles, s'admirant dans le dévergondage de leur logique, et convaincus d'être les détenteurs d'une vérité absolue et universelle, qu'était-il besoin d'expérience, d'observation et d'étude ? Ne savaient-ils pas de source sûre que le bonheur et la vertu se décrètent par texte législatif, partout applicables à une humanité partout identique ? Ne leur apparaissait-il pas comme certain que ce qui était bon pour les Français triomphateurs des tyrans et rénovateurs du monde ne pouvait qu'être excellent pour les Africains les plus primitifs ?

On peut prétendre aujourd'hui qu'il ne faut retenir de cette emphase bien intentionnée que son côté généreux, que les décisions coloniales des assemblées révolutionnaires ont été sans importance, et qu'au point où nous en étions et après tous les événements qui ont suivi, nous aurions sans aucun doute, et dans les hypothèses les plus favorables, perdu pareillement ce qui nous restait de nos colonies.

On peut dire aussi que leurs membres les plus réfléchis, tout en jugeant à leur valeur ces métaphysiques, ont jugé qu'il était sans danger, dans la situation générale de notre pays, de laisser dériver sur nos petites îles le courant des préjugés à la mode. Mais nous voyons à présent que si nous avons pu nous refaire un empire colonial, nous n'avons pas pu le soustraire à la prolongation de ces erreurs, qui restent la pierre d'achoppement de nos entreprises extérieures.

La politique coloniale de Napoléon. — Napoléon avait de la politique extérieure des idées trop nettes et des intuitions trop profondes, il était trop « romain » pour limiter dans son esprit le rôle des colonies à la fourniture de quelques denrées tropicales. Sans pourtant écarter de ses préoccupations leurs avantages économiques, on constate qu'il fut à peu près le seul de nos chefs dirigeants, réserve faite pourtant, comme il a été dit, pour Richelieu — à saisir l'importance politique de nos colonies et surtout dans nos conflits avec la puissance britannique. Mûrissant une simple velléité de la Convention, il se persuada, dès 1801, que c'était dans l'Inde qu'il fallait frapper son implacable et insaisissable adversaire. On sait que l'Orient hanta toujours son imagination. Embrassant le monde entier dans ses combinaisons démesurées, il n'eut jamais le temps ni les moyens de les exécuter.

La cession de la Louisiane, si critiquée qu'elle ait été, ne fut qu'une conséquence de ses conceptions de politique coloniale; cette résolution, à son point de vue profondément justifiée, était tout autre chose qu'un expédient. Il n'avait pu manquer de reconnaître que les Français, dont il faisait par ailleurs une si effroyable consommation, ne se multipliaient pas assez rapidement pour être en mesure d'exploiter utilement les immenses territoires de la Louisiane. Prévoyant le développement des Etats-Unis et la conduite que cet accroissement de force et de richesse devait leur dicter, et autrement sage que ne le fut son neveu au Mexique, il vit que la possession d'un territoire d'une pareille étendue ne pouvait qu'être pour la France non pas seulement une vanité sans profit, mais une cause de faiblesse et un danger. Aussi, sans prendre le moindre souci des déclarations de 1790 sur l'indivisibilité de la *patrie*, il vend purement et simplement la Louisiane pour une somme qui pouvait paraître dérisoire, mais qu'il considérait comme une libération. C'était un sacrifice nécessaire, qui nous évitait l'humiliation assurée d'être expulsés par la force et, par surcroît, l'inimitié certaine des Etats-Unis.

Il voulait substituer à cette périlleuse Louisiane, comme base politique et commerciale, la possession insulaire de Saint-Domingue. S'il échoua dans cette entreprise, en y déportant, pour ainsi dire, et en y laissant se décimer les frondeurs incorrigibles des vieilles bandes républicaines, il la concevait, du moins, comme un devoir de gouvernement ayant pour objet de rendre les noirs de Toussaint-Louverture à leur subordination fonctionnelle et de rétablir sur eux l'autorité naturelle de leurs maîtres.

Il fallait Trafalgar et l'Espagne pour réduire à néant ces rêves d'une politique coloniale qui manquait toujours de base effective : la maîtrise de la mer.

Les puissances secondaires. — Le duel de la France et de la Grande-Bretagne domine toute l'histoire de l'expansion coloniale sous l'ancien régime. Par suite, il ne semble pas nécessaire, dans une revue synthétique aussi rapide des rivalités extérieures de l'Europe, de s'arrêter aux vicissitudes coloniales des puissances secondaires. Celles-ci ne furent guère que les auxiliaires, les comparses ou les victimes de la lutte anglo-française. Toutes se comportèrent, d'ailleurs, de la même façon à l'égard de leurs possessions d'outre-mer, en ne leur demandant que des revenus immédiats et des utilités mercantiles.

Mais il faut, ici, établir une distinction importante. Parmi ces puissances, l'Espagne conservait encore une base continentale trop large pour n'être pas tentée de prétendre à une politique universelle, et, au point de vue colonial, ce fut son écueil, comme c'est aujourd'hui et plus que jamais précisément le danger et la difficulté de notre propre tâche.

D'autres Etats, comme la Hollande et le Portugal,

obligés de renoncer à jouer dans le monde un rôle que leur petitesse ne comportait pas d'une manière normale, n'avaient plus qu'à se faire un rempart de leur faiblesse même et une arme de leur modestie. Il leur était dès lors loisible, à la différence des puissances de premier ordre, d'organiser leurs possessions, uniquement ou par-dessus toute autre considération, en vue de leur rapport économique. Mais il fallait, d'une part, s'enrichir par ces possessions sans porter ombrage aux grandes puissances et sans exciter leur jalousie, et, de l'autre, éviter cependant que ces opulents domaines exerçassent une répercussion trop pesante sur la vie politique intérieure de la métropole. Seuls, les Pays-Bas surent procéder avec une habileté et une conformité aux données naturelles du problème qui expliquent et justifient leur succès. Sauf des erreurs communes à tous les peuples, et certains abus qu'ils ont corrigés par la suite, ils peuvent, au point de l'exploitation du sol et de la conduite à tenir à l'égard des indigènes, servir de modèle à toutes les nations et à la Grande-Bretagne elle-même.

« Une guerre de trente ans avec l'Espagne, dit Seeley, lui donna un empire, qui lui donna la richesse. » Et si cet empire ne pouvait procurer à la Hollande une puissance, que d'ailleurs elle ne cherchait plus à conquérir, il augmenta, par sa valeur propre, l'intérêt que l'Europe presque tout entière avait à sa conservation nationale et coloniale. L'héritage en eût été d'une dispute trop dangereuse et trop aléatoire pour les compétiteurs; le *statu quo* devenait d'un poids important dans l'équilibre de l'Europe et du monde, au profit de cette petite métropole.

Le bilan colonial de l'Europe avant la Révolution. — L'Europe avait acquis ses colonies sans plan arrêté, sans méthode définie, et les résultats politiques qu'elle en tira sont le fait du hasard et de conséquences qu'elle n'avait point aperçues. Quant aux résultats commerciaux des colonies, et spécialement des colonies tropicales dites de plantation, si, en général, ils ont été rapidement assez satisfaisants, ce fut surtout grâce à la fertilité d'un sol vierge, à l'énergie et à l'ardeur des colons, à l'importation d'une main-d'œuvre noire abondante et peu coûteuse, ainsi qu'à la cherté des produits coloniaux. On peut affirmer aujourd'hui, à la lumière de l'expérience et de l'observation, que les progrès des colonies auraient été bien plus grands si les gouvernements n'avaient pas « handicappé », pour ainsi dire, leur activité par l'application du Pacte colonial. Dans une certaine mesure, le Pacte colonial pouvait bien favoriser les planteurs de canne et de café et quelques armateurs fabricants et marchands métropolitains. Mais, en s'opposant à la formation de sociétés normales et viables, pourvues des divers organes nécessaires à leur développement régulier, le Pacte colonial, nuisible à l'ensemble de la nation, frappait à mort le développement économique naissant des colonies. Obligées de tirer tout du dehors, n'ayant pas la permission, sans s'exposer à des pénalités fort dures, de fabriquer un clou ou un fer à cheval, les colonies ne pouvaient vivre que d'une vie artificielle et précaire, que le moindre incident, un retard dans les arrivages, une crise monétaire, non moins que les risques toujours imminents d'attaques extérieures, menaçaient de tourner en désastres.

Témoins et victimes de l'égoïsme obtus de la métropole, de son indifférence à leurs maux, des tiraillements entre les autorités locales réglementées pourtant à l'excès, vexés dans leurs intérêts de tout genre, et malgré les dérogations que l'usage et la nécessité évidente apportaient à ce régime étrange avec l'introduction de certaines libertés, rebutés et dégoûtés, les colons pratiquaient, tant qu'ils le pouvaient, l'absentéisme. Si bien que peu à peu on put voir leurs sentiments patriotiques, exaspérés de rancune, se muer en un particularisme plus ou moins accentué selon les régions, et capable d'aller même, là où les habitants se trouvaient assez nombreux et assez forts, jusqu'au séparatisme et à la révolte déclarée, comme chez les « Insurgents » d'Amérique.

Les origines de notre renaissance coloniale. L'expédition d'Alger. — En face d'un domaine colonial misérable, dont la petitesse ne comportait pas une administration spéciale et n'inspirait pas le besoin de réformes, la Restauration se borna à peu près à continuer les traditions d'autrefois, fondées sur le pacte colonial.

Pourtant, elle eut, avec M. de Villèle en particulier, quelques velléités de grande politique coloniale, mais sans oser les traduire en fait. Comprenant mal que les circonstances européennes se prêtaient admirablement à un nouvel effort, les gouvernements de Louis XVIII et de Charles X hésitèrent, tâtonnant de divers côtés, reculant aux premières difficultés. Leurs projets à Madagascar, leurs essais d'intervention en Annam, l'attention qu'avec Portal ils accordaient au Sénégal indiquent cependant l'éclosion d'un nouveau principe d'action, dont l'application, inspirée par la nouvelle distribution du monde, convient mieux que l'ancienne pratique à l'état de notre société : c'est la conquête indigène, qui allait désormais prendre la première place dans notre œuvre extérieure.

On doit dire, toutefois, que l'expédition d'Alger ne peut, à titre d'affaire coloniale proprement dite, être portée au bilan de la Restauration. Préparée par elle, elle avait pour origine première le sentiment de l'honneur national, pour aiguillon le besoin de ne pas laisser à l'Angleterre le soin humiliant et dangereux de mettre l'ordre dans la Méditerranée. Mais personne, en France, n'apercevait ses conséquences coloniales. Ce n'était qu'une « opération de police » et de représailles. Le fameux coup d'éventail du dey d'Alger est pourtant le point de départ d'une ère nouvelle dans l'expansion française, caractérisée par la prise en tutelle administrative de populations de races et de civilisations différentes, facteurs premiers du succès de ces entreprises.

Les conditions nouvelles de l'expansion coloniale. — Dans le passé, notre expansion ne s'opérait, sauf exceptions d'importance secondaire, que par colonisation, c'est-à-dire par la mise en valeur du sol, soit par exploitation directe, là où le climat le permettait, soit en utilisant ailleurs, sous les tropiques, les forces généralement serviles de travailleurs agricoles importés. Là où nous possédions des territoires peuplés d'indigènes, les parties que nous en occupions réellement étaient minimes, et nous nous bornions, le plus souvent, à y faire du commerce, sans chercher à exercer sur les habitants une action directrice, économique et morale, vraiment efficace.

Les Anglais et les Hollandais seuls, ayant devancé les autres nations dans cette voie nouvelle, pratiquaient déjà sur une vaste échelle, aux Indes, le régime de la domination et en avaient l'expérience pratique, sans avoir acquis encore, pourtant, la claire conscience des obligations qu'impose ce mode d'action, non plus que des objectifs élevés qu'il doit se proposer.

Mais, à partir du rétablissement de la paix européenne et avec la longue période de tranquillité relative qui s'ouvre avec la chute de l'Empire français, toute l'expansion des Etats civilisés ne peut plus s'accomplir, comme désormais la nôtre, que par conquête et par domination, et la colonisation blanche ne trouve plus guère à s'exercer qu'à titre de perfectionnement ou d'achèvement d'œuvres abordées depuis longtemps en des pays plus ou moins anciennement possédés, comme le Canada ou l'Australie.

Les seuls territoires qui restassent *res nullius* se trouvaient ou trop petits ou trop éloignés des autres terres ou des parcours commerciaux, ou soumis à des conditions climatériques trop rigoureuses — par exemple dans le nord du continent américain[1]. — Les Amériques, qui avaient été, aux siècles précédents, le grand terrain de déversement des Etats européens, s'étaient entièrement transfigurées. Les Etats-Unis, après avoir conquis leur indépendance de vive force, étaient en train de devenir une grande puissance, et toute l'Amérique espagnole et portugaise s'était répartie en plusieurs Etats, plus ou moins bien organisés, plus ou moins détériorés par métissages, d'un équilibre très imparfait encore, mais de type européen, et que nulle ambition extérieure ne pouvait plus songer à déposséder. Ceux de ces vastes pays qui sont placés sous la zone tempérée ou qui ont chance de présenter de hautes altitudes continuaient à attirer l'émigration blanche et à servir de déversoir aux Européens insatisfaits de leur sort. Mais cette émigration, dont la valeur économique et même sociale restait d'ailleurs considérable, autant peut-être pour les Etats qui la fournissaient que pour ceux qui la recueillaient, était individuelle ; elle ne profitait pas assez vite, pratiquement, aux Etats dont elle était originaire. Il fallait donc recourir à d'autres procédés. Il ne s'agit plus de coloniser, mais de conquérir et de dominer.

Au lieu de chercher des terres désertes ou peu peuplées, ou garnies de populations sans organisation

1. Il faut naturellement excepter de ces considérations d'ensemble les possessions asiatiques de la Russie, où l'extension de la métropole se fait dans des conditions de *contiguïté* qui ne peuvent se rencontrer nulle part ailleurs dans le monde, ainsi que nous l'avons précédemment fait observer.

ni résistance, l'esclavage étant d'ailleurs supprimé ou sur le point de l'être partout, on va s'adresser aux pays les plus abondamment pourvus d'habitants; et les races les plus actives et les plus intelligentes apparaîtront comme préférables à toutes les autres, car ce sont ces sociétés qui deviennent l'élément prépondérant du succès de la conquête. Beaucoup trop éloignées des races et des sociétés dominantes pour être assimilables, il devient nécessaire, pour tirer des aptitudes et des qualités de leurs individus ou de leurs communautés le parti le meilleur, de donner à chacune de ces sociétés assujetties l'organisation la mieux appropriée à leur état particulier, c'est-à-dire de leur laisser leurs lois propres en les dégageant seulement de leurs abus et de leurs désordres.

Il apparaît alors de plus en plus que le but de l'expansion ne doit pas être le profit commercial, et que, dans la concurrence universelle, au-dessus des avantages économiques, ce que les Etats doivent chercher dans ce mode d'expansion, c'est l'élargissement de leur puissance politique et de leur sécurité. La conquête de la puissance redevient, pour les nations les plus avancées, comme aux premiers temps du monde et, dans les sociétés primitives, la raison de leur agrandissement.

Mais en synthétisant à ce point le tableau, on ne peut éviter de lui donner une apparence qui ne correspond pas à la réalité des faits. Il serait profondément inexact et mensonger de prétendre que les gouvernements ou les nations, en s'attaquant ainsi à de plus faibles qu'eux, l'aient fait avec le sens politique déterminé que nous semblons attribuer après coup seulement, à leur conduite qui n'est, au fond, que l'instinct de conservation de soi-même et de sécurité. L'entraînement réciproque des Etats et des peuples, entraînement instinctif, et par cela même irrésistible, y a eu, comme auparavant, la plus grande part. Comme de tout temps, on a conquis plutôt pour empêcher les autres de prendre que pour prendre soi-même, et souvent, on a pris contre son gré, et avec une hâte qu'explique, sans la justifier toujours, à quelque point de vue que l'on veuille se placer, la forme industrielle et financière des sociétés modernes.

On ne peut même pas dire, du moins jusqu'en ces derniers temps, que les hommes d'Etat responsables aient su traduire en actes utiles et coordonnés les aspirations vagues de la communauté nationale. Il est assez rare, surtout dans une nation comme la nôtre, qu'ils cherchent, avant d'agir, à peser le pour et le contre, en se livrant à des investigations consciencieuses pour deviner les conséquences lointaines des actes qu'ils paraissent seulement décider. Dans les déterminations qui nous occupent, on les voit donc agir pour ainsi dire au hasard. Généralement, ils profitent, sans ligne de conduite arrêtée, des opportunités qui s'offrent dans telle ou telle partie du monde pour s'établir en un point quelconque, désigné d'ordinaire à l'attention publique par quelque circonstance inattendue, quelquefois aussi par l'imagination d'un voyageur enthousiaste ou par l'initiative d'un officier de marine, ou par les convoitises, aussitôt inquiétantes, de nations rivales.

Après un premier débarquement, le pays occupé, il est impossible de s'en retirer. On y reste parce que l'on y est, parce que l'on veut alors se persuader que la poursuite de l'affaire est possible désormais sans grands efforts, parce que l'on ne veut pas perdre le bénéfice escompté des sacrifices déjà accomplis, parce que l'on est retenu par la considération des intérêts nationaux et indigènes qui s'attachent aussitôt à ce genre d'entreprises, parce qu'enfin l'honneur des armes et le prestige du drapeau, parfois l'existence des cabinets, s'y trouvent engagés.

Ce n'est que par la suite, plus tard, que l'on en

arrive à se demander, au travers des complications qui surgissent, quel parti on peut tirer de l'acquisition nouvelle. A ce moment seulement, on commence à s'interroger sérieusement sur les conséquences de l'action commencée et encore pas toujours.

Il faut arriver jusqu'à nos jours, jusqu'à ce que se fût délimité plus étroitement le champ des compétitions possibles, pour rencontrer en France, et chez nos rivaux également, des actions coloniales exécutées conformément à un plan préconçu et à des idées de quelque précision. Le grand plan britannique du « Cap au Caire » lui-même, l'une des plus vastes conceptions qu'ait enfantées la politique contemporaine, n'est pas, quoi qu'on en puisse croire, le résultat d'une pensée longuement méditée par des dirigeants de génie; c'est le produit d'une illumination subite que les circonstances ont fait apparaître tout à coup comme réalisable, puis comme avantageuse et puis, en définitive, comme urgente, par l'approche de la menace des concurrences, et, dans ce cas particulier, celle de l'Allemagne. Seulement, la Grande-Bretagne est bien plus à l'aise que toutes les autres puissances pour se mouvoir dans un opportunisme extérieur profitable et dans un empirisme permis.

La France, toujours inquiète, toujours pressée d'en finir et de récupérer la disposition de ses forces, de ses troupes, de ses navires et de ses moyens financiers, toujours tiraillée dans son opinion publique et son gouvernement entre diverses politiques, ne sut ou ne put que rarement proportionner ses efforts au but entrevu ni marcher franchement, quand il le fallait et comme il le fallait, à la poursuite de son objectif. De là les « petits paquets » les déploiements d'une énergie brusque et peu durable, de là tant d'incidents désagréables ou de succès incomplets ou trop chèrement obtenus, de là Fachoda, le Maroc.... De là, rappelons-le pour qu'on garde présente à l'esprit cette remarque de capitale importance, la nécessité, plus impérieuse pour la France que pour toute autre nation, d'une organisation coloniale qui sépare le sort de la métropole de celui de ses établissements.

Jusqu'à ces dernières années, ce n'est guère qu'en Afrique Occidentale et à Madagascar qu'on peut saisir en France un plan coordonné. Partout ailleurs, les événements se succèdent, la plupart du temps, en sortant les uns des autres. Jules Ferry, lui-même, ne fut qu'un continuateur, et non pas un initiateur. Il n'eut pas une politique d'ambition, mais de préservation d'œuvres antérieures : c'était la conservation de l'Algérie et de la Méditerranée par la Tunisie, la conservation, par le Tonkin, de notre situation en Cochinchine et de notre influence politique et économique en Extrême-Orient. Mais cette conduite, quand elle est poursuivie avec méthode, avec une persévérante énergie, méprisante des calomnies et des passions, est alors bien une politique, et cette réflexion est aussi éloignée que possible de l'intention de diminuer le mérite de cet éminent homme d'Etat, ni de déprécier le caractère, le courage et le patriotisme de ce bon et grand Français.

Mais, quelles que soient les origines profondes, les causes accessoires et les particularités de ces modifications, ce qu'il importe maintenant de montrer, ce sont les différences qui caractérisent les deux genres de phénomènes, l'ancienne expansion avec la *Colonisation* proprement dite, dont le caractère était principalement d'ordre économique, la nouvelle avec la *Domination*, qui, et surtout pour la puissance menacée qu'est la France, doit poursuivre des résultats politiques, ou n'envisager les résultats économiques que comme un support, un moyen de force et de préservation nationale.

CHAPITRE IV

Le problème colonial contemporain : la Colonisation et la Domination.

La classification des Établissements coloniaux. Confusions des termes et des idées. Leurs conséquences. La signification vraie des mots : *colonie*, *colonisation*, *colon*. — Distinctions caractéristiques entre les *Colonies* et les *Dominations*. L'évolution des colonies vers le *self-government* et la séparation. La liberté et ses institutions représentatives. — Caractère de la Domination.

Classification des établissements coloniaux. — Après réflexion, il ne m'a point paru que l'étude détaillée de la classification des colonies pût entrer avec avantage dans le cadre des présentes observations. Le sujet est trop vaste, et il est d'ailleurs assez connu. Rappelons seulement que ces classifications, nombreuses, peuvent se ramener à la distinction des établissements extérieurs en colonies de peuplement, colonies de plantations, colonies d'exploitation, colonies de commerce, avec certaines catégories spéciales : colonies militaires et « points d'appui », colonies pénitentiaires, etc.

Comme ce sont, chez nous en particulier, des économistes qui se sont le plus attachés à l'examen de cette question, ils ont trop souvent laissé inaperçu ou négligé le côté politique et administratif du problème, devenu cependant, pour la France moderne surtout, le plus important. La préoccupation dominante de leurs travaux reste la production de la richesse agricole par le colon européen et l'étude du régime foncier y tient la première place; tout ce qui touche à l'organisation civile et militaire du gouvernement et à la politique indigène se trouve relégué au second plan.

C'est ainsi que jusque dans les dernières éditions de son ouvrage, si justement classique d'ailleurs, *La Colonisation chez les peuples européens*, M. Paul Leroy-Beaulieu réunit dans une même classe, celle des « colonies à monopoles », l'Australie et les Antilles, la première parce qu'elle a le monopole de la laine, les secondes parce qu'elles possèdent le monopole des denrées tropicales.

Parmi les essais de classification plus modernes et plus scientifiques, il convient de signaler celle d'un Allemand, M. Schäffle, qui prend pour base le rapport du degré de civilisation des colonies à celui de leur métropole. Comme il reconnaît cinq degrés de civilisation, il en résulte un très grand nombre de catégories. Il est évident que ce tableau, d'ailleurs arbitraire — qu'est-ce exactement que la civilisation et comment la graduer? — ne présente qu'une valeur théorique.

Quant aux Anglais, toujours *matter of fact*, et à part leur classification officielle et bien connue en Colonies de la Couronne et Colonies à régime plus ou moins représentatif, ils se contentent volontiers de dire : sont colonies britanniques les Etablissements qui dépendent du *Colonial Office*. Dans ce système, l'Inde n'est pas une colonie, ce qui, du reste, est, à notre point de vue, parfaitement exact. Mais Ceylan en est une... Les Iles de Man et du Canal (Iles Normandes), qui dépendent du *Home Department*, sont cependant, remarquons-le bien, gouvernées comme des colonies.

Complexité du problème moderne. — Le problème

colonial est si complexe que la question est en effet embarrassante. C'est l'art du gouvernement tout entier, mais avec cette difficulté singulière que gouvernants et gouvernés n'appartiennent pas, comme dans les modes anciens d'expansion, à la même race ni à la même formation civilisatrice et sociale. Au lieu d'être fils d'une même mère et citoyens du même drapeau, les uns sont des conquérants étrangers, les autres des *sujets*. Il ne s'agit plus, pour les dirigeants, d'administrer des hommes qui pensent comme eux, mais des populations vivant dans un milieu matériel très différent et dans un monde d'idées qui leur reste fermé et qui sont elles-mêmes incapables de saisir la manière de penser de leurs maîtres.

En face d'un pareil problème, dont le cerveau le plus encyclopédique ne saurait, même en se bornant à l'étude d'une seule région, embrasser que quelques parties, il serait évidemment nécessaire, tout d'abord, de disposer d'une terminologie exacte, avec des expressions définies, s'appliquant à des objets distincts et à eux seulement. La politique coloniale aurait besoin, non moins que la science, d'une langue bien faite, et nous sommes bien loin de posséder ce précieux instrument[1]. Non seulement le grand public, mais ceux-là mêmes, qui ont la prétention de diriger l'opinion, habillent des mêmes termes des concepts parfois opposés. De là tant de discussions vaines, de préjugés tenaces, d'expériences mort-nées, de dilapidations de forces et de bonnes volontés, d'erreurs coûteuses et longuement malfaisantes...

1. N'est-il pas surprenant que les Anglais, le peuple pratique par excellence, aient si bien reconnu cette nécessité qu'ils ne manquent pas, dans leurs *Acts* législatifs, dans leurs règlements, dans leurs contrats privés ou publics, de commencer par définir les objets ou les personnes dont il est question, tandis que les Français, le peuple superlativement « logique », et qui se pique de tant aimer la clarté, négligent de plus en plus cette précaution ?

De même que le mot « République », introduit par préjugement dans notre langage politique, par des associations d'idées verbales et superficielles, et pour n'avoir pas établi les distinctions nécessaires, a conduit nos pères à des assimilations illégitimes et à des erreurs dont nous supportons toujours les conséquences, de même ce mot « colonie », appliqué sans discernement à tous les établissements fondés au loin et qui n'ont de commun que leur métropole, apparaît comme une explication des embarras où nous continuons à nous débattre.

Désignant indifféremment des territoires ou des personnes, des sociétés et des organismes, des modes d'activité sans commune mesure et n'ayant avec les *coloniæ* antiques aucune ressemblance, il a encore, par dérivation, soumis aux mêmes confusions, en les aggravant et en les enracinant davantage, les mots de « colons » et de « colonisation », avec toutes les idées qu'ils représentent. Ces expressions ont acquis une telle généralité qu'en vérité elles ne veulent plus rien dire.

C'est ainsi qu'aujourd'hui on emploie le mot « colonisation » pour traduire toute action, de quelque nature qu'elle soit, exercée soit par un Etat sur un peuple conquis ou sur un territoire dépendant, soit par des individus ou des groupes indépendants d'une nationalité quelconque en des pays parfaitement indépendants. On parle couramment de la « colonisation » française ou anglaise dans la République Argentine, de la « colonisation » allemande au Chili ou en Orient, de même que de la « colonisation » française en Afrique occidentale ou de la « colonisation » britannique dans l'Inde. On appelle « pays colonisés », populations « colonisées » des pays conquis, des populations dominées, où il se peut que l'on ne compte pas un seul colon, et où il n'existe pas trace de colonisation véritable.

On confond ainsi des faits ne relevant que des Etats avec ceux qui ne résultent que de la libre initiative des particuliers et des modes d'activité les plus différents, exercés dans les conditions les moins comparables. Le terme « colonisation » est devenu synonyme d'expansion et sert de prétexte ou de base à des controverses *in vacuo*, que l'on retrouve invariablement dans tous les livres sur les colonies et qui reparaissent à chaque occasion à la tribune législative, avec des divagations lamentables ou grotesques[1].

Il est certain qu'il n'y a pas de comparaison à établir entre un *colon* véritable défrichant avec ses bras et ses outils, avec l'aide de sa famille et d'autres Européens, le sol canadien, par exemple, et un débitant et un coiffeur de Dakar, un banquier de Calcutta, un entrepreneur de Hanoï, l'agent d'une compagnie de navigation de Saigon, un *ship-chandler* de Singapore. Les nécessités de leur milieu, les conditions de leur travail, les objectifs que les uns et les autres poursuivent ne présentent pas le plus léger rapport.

Ces ignorances des faits et des principes les plus

1. Sur cette confusion, entre autres exemples, se fonde l'éternelle discussion sur les peuples « colonisateurs » ou non. La vérité, c'est que les peuples sont plus ou moins *colonisateurs*, selon les circonstances et selon leur situation démographique et économique, et plus ou moins *dominateurs*, ce qui dépend surtout de leur caractère, de leur outillage, de leur système de gouvernement et de leur régime administratif. Partout où nous avons pu trouver l'occasion de coloniser, au Canada, par exemple, nous avons fait preuve de qualités colonisatrices égales ou supérieures à tous les autres Européens. Ce qui nous a manqué, ce ne sont point les qualités individuelles propres à ce rôle, mais le nombre et la sécurité. En revanche nous avons moins réussi jusqu'ici comme dominateurs que les Anglais ou les Hollandais, non sans doute par incapacité foncière, mais par les vices, les ignorances et les incompréhensions de notre gouvernement métropolitain et par les entraves qu'il a toujours opposées, à son réel détriment, aux conditions primordiales de la domination.

élémentaires sont malheureusement profondes jusque dans les assemblées parlementaires, jusque chez certains titulaires même du portefeuille des Colonies. On a trop fréquemment l'occasion de constater combien sont tenaces de vieilles idées, entretenues par le mauvais emploi de mots surannés, ne répondant plus à la transformation subie par les choses. Les discours des interpellateurs, les rapports officiels du gouvernement, les statistiques, la masse des livres et des articles écrits sur les questions coloniales montrent à quel point on continue à se méprendre sur le rôle, sur l'utilité des territoires nouvellement acquis, sur le but à assigner à nos plus dispendieuses entreprises. On entend toujours prêcher l'émigration, la « colonisation » des terres chaudes, vitupérer notre infériorité d'émigration aux colonies, recommander à notre prolétariat la fondation de familles dans les pays les plus malsains, en préconisant cette utopie comme remède à la stagnation de notre natalité. On persiste à considérer les possessions tropicales comme des lieux où l'on peut émigrer, où l'on doit envoyer des « colons », des compatriotes, qui n'ont, du reste, aucune raison de s'expatrier, et qui, une fois débarqués, ne trouvent sur place, la plupart du temps, que le déclassement, la misère et la ruine, souvent la mort.

C'est qu'il y a, en cette matière, des distinctions essentielles à faire et qui valent qu'on y insiste.

Colonisation et Colons. — Il faut réserver le nom de *colonisation* à l'appropriation, à la mise en œuvre et à l'exploitation du sol, et, à un certain degré, du sous-sol immédiatement utilisable. Coloniser — de *colere*, cultiver — c'est, essentiellement, exploiter un terrain ou un territoire, soit jusque-là sauvage ou à l'état de nature, soit déjà en partie aménagé, mais néanmoins toujours en posture économique trop médiocre pour fournir une production régulièrement avantageuse.

C'est aussi placer les parties diverses de ce territoire en des conditions telles qu'il soit de mieux en mieux soustrait aux accidents des irrégularités saisonnières, qu'il soit assuré d'une main-d'œuvre permanente de quantité et de qualité nécessaires, et mis en communication rémunératrice avec l'extérieur. En d'autres termes, pour coloniser, il faut que l'occupant soit à même de transformer en richesse réelle, circulante et indéfiniment renouvelable une valeur qui n'était précédemment que virtuelle ou rapidement épuisable.

La colonisation, en lui donnant ainsi le sens le plus large possible, comprend donc non seulement la culture et l'exploitation de la terre superficielle et à la rigueur certaines industries extractives simples portant sur le sous-sol facilement accessible, mais les opérations préparatoires ou complémentaires qui peuvent rendre cette exploitation fructueuse.

Les *Colonies* sont des pays que l'Européen colonise, et où la colonisation est principalement l'œuvre spontanée des colons immigrés. Dans les *Dominations*, — c'est-à-dire dans les possessions équatoriales déjà pourvues d'une population native plus ou moins nombreuse — elle sera, sauf exceptions à déterminer, l'œuvre des indigènes et de l'Etat. Les Européens n'y prennent, du moins pendant longtemps, qu'une part restreinte. Si l'on est porté à croire le contraire, c'est parce que l'on confond, dans le langage vulgaire comme dans la langue officielle, sous la dénomination unique de colonisation, des opérations qui sont autre chose, et sous celle de colons la plupart des Européens, résidant à titre plus ou moins temporaire dans la Possession, quelles que soient leurs occupations. Tout le monde s'y intitule colon, sauf les fonctionnaires.

Un Européen obtient, par achat ou par concession, des terres incultes ou déjà cultivées. Il les loue à des indigènes en imaginant diverses combinaisons d'entreprises, de métayage, d'association partiaire ou d'avances de fonds, de semences, d'animaux, d'instruments, constructions, etc... Il se croit un colon : il n'est que capitaliste ou spéculateur.

Un autre résidant européen achète aux producteurs indigènes, en vue de la vente ou de l'exportation, des céréales, du riz, du maïs, des arachides, ou tout autre produit brut ou ayant subi déjà quelque transformation, comme le jute, le coton, la soie, etc... Il ne colonise pas; il n'est pas colon, mais commerçant. Commerçant aussi celui qui se procure par achat, par échange ou *traite* les produits de la chasse, de la pêche ou de la cueillette : peaux, plumes, gommes, résines, fruits à graisse ou à huile, caoutchouc, etc.

Industriel, non pas colon, celui qui opère sur des matières brutes ou travaillées pour leur incorporer sur place une nouvelle valeur spécifique. S'il se transporte en une localité éloignée pour y exploiter des forêts, façonner des bois coupés, les expédier ensuite aux lieux de vente, il devient entrepreneur et négociant. Il a beau vivre isolé au milieu des indigènes et partager leur rude existence, il ne serait un vrai colon que s'il employait ses bûcherons à replanter des parties de la forêt abattue, ou à les défricher pour la culture.

Et ce mot de « colonisation », devenu à la mode et bien porté, en arrive ainsi à couvrir les actes les plus déplorables. Les *Compagnies concessionnaires* du Congo, dont les abus ont déjà fait quelque bruit, et qui s'intitulent Compagnies de colonisation, *ne sont autre chose que des monopoles de commerce et d'exploitation des indigènes*. Elles ne font pas de plantations, ou si peu que ce n'est pas la peine d'en parler. Mais, maîtresses des dix-neuf vingtièmes du territoire et de la population, se considérant comme propriétaires non seulement du sol mais de tout ce qui y vit et y croît, elles consentent bien à payer — en marchandises majorées de 200 p. 100 et au taux de quelques sous par jour — le travail des indigènes, mais refusent de payer le caoutchouc et l'ivoire apportés par eux, s'en prétendant possesseurs. Et ce qu'il y a de plus fâcheux, c'est que l'Etat se fait l'associé de ces Compagnies. Recevant 30 p. 100 de leurs bénéfices pendant trente années et une redevance fixe, il est malheureusement obligé, faute d'autres ressources, de fermer les yeux sur certains agissements dont il vaut mieux ne point parler; et les forces de police mises à la disposition des Compagnies pour assurer la paix publique, ne sont, en réalité, que les pourvoyeuses des concessionnaires.

Ce système est le contraire de la colonisation. Sauf quelques honorables exceptions, et malgré des progrès très sensibles, il ruine le pays au lieu de l'enrichir; il maintient l'indigène dans son abrutissement et l'exaspère. Il est une honte pour notre gouvernement et un danger pour notre nation, car, outre des inconvénients intérieurs, il nous expose à des humiliations venues du dehors, qu'un petit pays comme la Belgique ne peut faire autrement que de supporter, mais qui présenteraient, pour la politique et les amitiés françaises, des périls évidents[1].

Sans parler de cet autre abus de langage qui, dans nos Dépendances, fait qualifier de colon l'aubergiste et le marchand au détail, on devrait donc, en résumé, réserver cette appellation aux *planteurs*, en accep-

1. Nous regrettons de ne pouvoir aborder qu'incidemment ce très intéressant sujet, sur lequel, il est vrai, on a beaucoup écrit et discouru. V. l'excellente et courageuse *Conférence* du 5 juin 1904, sur les concessions africaines, de Pierre Mille. Mais il serait injuste d'englober tout le monde dans ces réprobations.

Nous nous plaisons d'ailleurs à rappeler que le régime des concessions vient, au cours de l'impression de ce livre, de recevoir des améliorations très importantes, avec le concours des concessionnaires eux-mêmes, qui ont compris que leur intérêt réside dans l'intérêt, la multiplication et le surcroît d'activité des indigènes.

tant, dans une certaine mesure, variable suivant les lieux et les conditions, de l'étendre à la petite industrie extractive n'exigeant ni capitaux considérables ni emploi de forces artificielles.

Le colon peut d'ailleurs réunir les qualités d'entrepreneur, de commerçant et d'industriel; mais il ne mérite vraiment le nom de colon que s'il prend une part active et personnelle à la colonisation, en faisant, par lui-même et avec ses salariés, valoir son bien, qu'il en soit propriétaire, au sens plein du mot, concessionnaire conditionnel ou locataire, et si c'est là sa principale occupation. Dans les Possessions tropicales il ne s'agit pas, d'ailleurs, de la culture manuelle de l'Européen, généralement impossible, mais de la direction et de la surveillance immédiates qu'il exerce sur les employés ou engagés indigènes, payés par lui-même avec son argent ou celui de ses bailleurs de fonds.

Les Colonies et les Dominations. — Ayant ainsi précisé les attributions du colon et les limites de la colonisation, les caractères des *Colonies* proprement dites apparaîtront avec plus de netteté en s'opposant à ceux des *Dominations*.

Par convention ou par commodité, et pour respecter certains usages déjà presque acceptés — surtout depuis la publication de notre *Introduction* au livre de Sir John Strachey sur l'*Inde* — nous remplacerons souvent l'appellation de « Dominations » par celle de « Possessions », bien qu'en réalité nous considérions tous les établissements extérieurs, quelle qu'en soit la nature, comme des « propriétés » possédées par l'Etat métropolitain, et non comme faisant partie de la patrie indivisible[1].

1. Nous emploierons aussi, dans le sens le plus général, les mots « Établissements », « Dépendances ». Ce dernier terme aurait nos préférences, comme marquant bien la subordination

Il est vrai que ces deux termes, « Colonies » d'une part, « Dominations » ou « Possessions » de l'autre, correspondent à peu près à ceux de la classification commune et ancienne de « Colonies de peuplement » et « Colonies d'exploitation ». Il semble donc que l'on pourrait se contenter de ceux-ci sans faire appel à des néologismes. Mais, de même que les expressions fautives sont fréquemment la cause de ces erreurs pratiques contre lesquelles nous avons à nous mettre en garde, de bonnes expressions sont un obstacle permanent et un remède efficace contre la déviation des idées, contre les préjugés dont nous redoutons les effets.

La nomenclature binaire que nous venons de rappeler ne sépare pas assez radicalement deux catégories d'établissements qui n'ont guère de commun que leur dépendance par rapport à la métropole, encore que cette dépendance ne soit pas du même degré. Le mot « colonie » n'a pas une valeur générique. Il ne convient pas à des entreprises si profondément différentes, et deux expressions bien distinctes nous paraissent préférables, tant au point de vue doctrinal qu'à celui de la pratique du gouvernement et de l'administration. Par elles-mêmes, elles se posent comme un enseignement continu, nécessaire au public français comme à nos dirigeants eux-mêmes. D'autres nations peuvent se passer facilement de pareilles précautions contre l'influence des mots et faire peu de cas de ces artifices. Mais ils sont pour notre genre d'esprit, notre inexpérience et nos routines d'une importance essentielle.

On réservera donc l'appellation de *Colonies* aux

politique de ces territoires à la métropole. S'il nous arrive de continuer à nous servir accidentellement du mot « Colonie » sans spécification, ce sera par simple conformité aux usages, par commodité de style, ou pour éviter certaine apparence de pédantisme.

pays où les Européens immigrés, *citoyens* de l'Etat successivement fondateur, gouvernant, protecteur ou suzerain, sont l'instrument actif et permanent de la prospérité de l'entreprise. Ce sont des *pays à colons :* tout s'y organise en vue des besoins et des objectifs des colons.

On appellera *Dominations*, ou, par convention, *Possessions* des pays conquis sur des indigènes pratiquement inassimilables, devenus des *sujets* de l'Etat dominateur, et facteurs prépondérants, sous sa direction et son administration, du succès de cette œuvre d'Etat. Tout s'y trouve subordonné aux besoins matériels, aux conditions d'activité, aux satisfactions morales des indigènes et aux nécessités de la domination.

La France n'a plus de Colonies ; elle n'a que des Dominations, ou du moins elle n'a plus de colonies vraies. La seule que l'on puisse regarder comme telle, la Nouvelle-Calédonie, encore que les Canaques soient loin d'y être quantité négligeable, est trop mal placée, trop éloignée de la métropole pour pouvoir jamais — si l'on admet que la France réussisse à la conserver, en s'y appliquant par point d'honneur national — jouer dans son empire un rôle de quelque importance[1].

Du reste, la France n'a pas lieu de se désoler de cette constatation. Elle n'est pas en mesure d'avoir des colonies, et surtout des colonies prospères et solides, et ne peut regretter d'en être privée. Les Etats qui doivent ou qui auraient dû ambitionner des colonies — car aujourd'hui il est trop tard — sont ceux qui disposent, avec un peuple prolifique,

1. On pourrait aussi donner le nom de colonie au petit archipel de Saint-Pierre et Miquelon. Mais ce territoire insulaire, sans aucune production agricole possible, tirant tout de la mer environnante et du dehors, n'est en réalité qu'une *station de pêche*, d'un sort ultérieur d'ailleurs assez incertain.

d'un fort courant d'émigration et qui voudraient pouvoir lui assurer des débouchés sur des territoires lui appartenant, plutôt que de le voir se perdre et se dénationaliser en des régions qui dépendent d'autres Etats, rivaux ou éventuellement hostiles. Les Dominations conviennent bien mieux à notre situation démographique et à notre politique.

Mais si nous n'avons pas de vraies colonies, nous avons des établissements mixtes, et par cela même d'une direction particulièrement difficile. Conduite par hasard sur la côte septentrionale de l'Afrique, la France y a fondé la partie de beaucoup la plus importante de son empire extérieur, en des conditions telles qu'il en est résulté un établissement à la fois Colonie et Domination, colonie surtout dans le nord, d'abord limitée au Tell proprement dit et s'étendant aujourd'hui jusqu'aux Hauts Plateaux, et pourtant Domination partout. C'est là une cause d'embarras considérables.

De même, les Antilles (et aussi, quoique dans une situation ethnique meilleure, la Réunion), anciennement colonies de plantations à esclaves, sont à quelque degré des Colonies. Cependant, par la coexistence et la juxtaposition de deux races numériquement et moralement très inégales et foncièrement inassimilables l'une à l'autre, ces établissements tiennent bien plus du caractère des Dominations. En fait, et malgré les prétentions excessives que nos fautes et nos imprudences ont permis à leur majorité noire d'affecter, il faudra bien en arriver, si nous les voulons prospères et tranquilles, ou si nous prétendons simplement les conserver, y instituer un régime conforme à ces conditions particulières, c'est-à-dire se rapprochant de celui qui convient à la domination.

Caractères et conditions générales de la Colonie. — La « Colonie », dont le Canada et l'Australie, la Nouvelle-Zélande et les Etats-Unis de l'Amérique du Nord, à leurs débuts, offrent les types les plus parfaits, est un pays tempéré ou à la rigueur subtropical, où l'Européen immigré, retrouvant à peu près les conditions de son milieu d'origine, peut se livrer aux travaux de plein air, vivre une existence d'une durée normale, se fixer sans esprit de retour, multiplier sa famille sans déchéance pour sa postérité. L'élément introduit est, en grande majorité, formé de citoyens d'une même métropole. Ceux-ci admettront toutefois volontiers, sollicités par de grands besoins et par l'amplitude du nouveau domaine, le renfort d'autres immigrants, à la condition qu'ils soient de la même race européenne et, comme tels, qu'ils aspirent à la fusion complète avec eux, en adoptant leurs mœurs et leur langage, et en devenant des compatriotes dans toute la vérité du terme.

Cette immigration se constitue ainsi en une société normale, c'est-à-dire d'une homogénéité suffisante à sa stabilité politique et à son équilibre sentimental.

Il peut s'y trouver des indigènes, de race et de civilisation inférieures, barbares ou sauvages. Mais ceux-ci en nombre relativement faible et en l'état de dispersion qu'exige leur manière de vivre, loin de pouvoir être considérés comme des auxiliaires du développement de la fortune publique, ne sont qu'une gêne et un danger : inadaptables aux conditions nouvelles, ils tendent à la disparition.

On doit les traiter avec bienveillance et charité, mais socialement ils ne comptent pas ; économiquement, ils sont une charge. La conduite la plus sage à leur égard consistera en général à les refouler dans les régions encore inutilisées par la colonisation, où, sous une étroite surveillance policière, ils rencontreront encore quelque moyen de subsister, avec une certaine utilité, d'occupations convenant à leur genre de vie : la chasse, la recherche des fourrures, la cueillette des produits naturels.

Les plus modifiables d'entre eux peuvent pourtant arriver, si les circonstances s'y prêtent, à former par métissages une classe inférieure de la population active, et qui finit par prendre une certaine part à la colonisation. Mais alors, ce sera presque toujours au détriment de la race supérieure, qui s'abaisse de son côté et voit à des degrés divers se rompre son équilibre mental, en même temps que s'altère le type « colonial » de l'établissement. C'est le spectacle que présentent les Amériques espagnole et portugaise.

Aussi les colonisateurs les plus vigoureux et les plus politiques s'appliqueront-ils à préserver leur communauté de ces mélanges compromettants ; et c'est la conduite que la nécessité, nous l'avons dit, a pour ainsi dire imposée à la société *yankee*, où la psychologie instinctive des foules, se substituant à l'utopisme des lois, a recours aux moyens les plus radicaux pour la conservation des qualités innées de la race supérieure.

Il est arrivé cependant, par rare exception, comme aux Maoris de la Nouvelle-Zélande, que la race locale, supérieure en son genre, devenue d'ailleurs très peu nombreuse en comparaison des envahisseurs, soit assez bien douée pour que ses débris, individuellement capables de la civilisation étrangère, se montrent résorbables dans la population blanche, sans dommages sensibles pour celle-ci, au bout de quelques générations.

L'évolution de la colonie vers le self-government. — Gladstone, parlant des *colonies* britanniques, disait que « le grand principe de l'Angleterre, c'est la multiplication de la race anglaise par la propagation de ses institutions ». « Vous rassemblez, ajoute-t-il, un certain nombre d'hommes libres destinés à fonder un Etat indépendant dans un autre hémisphère à l'aide d'institutions analogues aux vôtres. Cet Etat se développe par le principe d'accroissement qui est en lui, protégé par le pouvoir métropolitain contre toute agression étrangère, et ainsi avec le temps se propageront votre langue, vos mœurs, vos institutions, votre religion jusqu'aux confins de la terre ». On ne saurait mieux définir et présenter l'évolution de la colonie.

Et, en effet, l'immigration, apportant avec elle tout l'ensemble de ses besoins matériels et moraux, importe aussi les lois qui en sont la résultante avec les réglementations administratives qui leur correspondent et le gouvernement qui les exécute. Aussi, au début des fondations coloniales, tous les gouvernements colonisateurs sont-ils assimilateurs. Il n'est pas possible qu'il en soit autrement, et les administrations qui se croient les plus révolutionnaires sont encore nécessairement conservatrices et imitatrices. L'administration ne s'invente pas, elle se fait par adaptations progressives aux changements du milieu administratif.

Mais, pendant toute la période d'enfance et de jeunesse de la Colonie, le rôle d'un gouvernement tout fait, simple extension du gouvernement métropolitain, est d'une importance si visible pour tous les membres de la communauté que personne ne songe à critiquer ses erreurs de détail. Tous les esprits sont tendus, toutes les activités sont absorbées par des préoccupations matérielles, et le gouvernement, avec ses fonctionnaires, ses juges, sa force armée de terre et de mer, ses facultés financières au service d'une prévoyance que seul il peut posséder, apparaît comme une providence immédiate.

Mais cette situation réciproque n'est que provisoire. Les vieilles sociétés réussissent à s'accommoder d'une foule de survivances inutiles ou nuisibles qui, transportées sur un terrain neuf, ne peuvent y prendre racine et doivent s'atrophier. La communauté en formation qu'il s'agit de gouverner et d'administrer, déjà sélectionnée par l'émigration même, est composée de personnalités énergiquement trempées et poussées à l'action, et dont le genre de vie et d'ambition va développer fortement l'individualisme. Les classements anciens y sont bouleversés ou anéantis; chacun y est de plus en plus le fils de ses œuvres, et ressent intensément le besoin de liberté et d'égalité.

En fait, toutes les sociétés coloniales se font remarquer par leurs propensions démocratiques, et plus elles se sentent vigoureuses et à l'abri des dangers extérieurs, plus aussi elles sont homogènes et dépourvues de populations inassimilables, c'est-à-dire plus elles se rapprochent de la colonie typique, et plus cette orientation s'accentue avec rapidité et, d'autre part, plus l'action d'un gouvernement extérieur y devient progressivement pénible à supporter.

Si le gouvernement a introduit avec lui ses lois, les immigrants ont apporté avec eux les droits inhérents à leur qualité de citoyens, et ils en réclament l'exercice. Ils se contentent d'abord des droits et de la représentation de nature municipale, qu'aucune métropole n'hésite beaucoup à concéder. Leur application dégage les fonctionnaires d'un travail inutile, leur abandon ne choque aucune susceptibilité, et cette autonomie restreinte apparaît, sans hésitation, comme aussi profitable à la colonie qu'à la métropole. Mais, bientôt jugés insuffisants, ces droits ne tarderont pas à s'élargir jusqu'à la représentation provinciale, avec tendances au fédéralisme, puis à la représentation politique totale : une nouvelle nationalité, un nouvel Etat se trouvera constitué.

L'autonomie, le self-government et la représentation parlementaire. — La colonisation de la première heure s'est scindée en une multitude de métiers et de professions qui réclament leurs satisfactions particulières; la vie intellectuelle s'est développée, et, l'âge adulte approchant, les enfants devenus grands entendent voler de leurs propres ailes. Tout en restant citoyens de la métropole, où la plupart ont conservé des liens de famille, à mesure qu'ils cessent d'être des immigrés pour devenir des habitants, les individus deviennent inconsciemment, puis volontairement de plus en plus citoyens du pays où ils se sont fixés. Ce nouveau pays prend dans leur for intérieur le caractère d'une « patrie ». Le gouvernement est obligé de céder à la pression de ces sentiments.

A l'autonomie administrative et financière résultant des premières transformations, qui sert les intérêts du gouvernement métropolitain autant que ceux de la colonie et qui n'a aucune correspondance avec l'indépendance politique, se superpose ainsi le *self-government.*

Le *self-government* n'est pas une concession entièrement spontanée de la métropole; c'est encore plus une conquête de la colonie sur la métropole. Il ne faut pas faire de nécessité vertu, ni croire, comme nous le faisons généralement en France, et comme les Anglais ont réussi à se le persuader à eux-mêmes, que ce soit par libéralisme et par application de doctrines politiques préconçues qu'ils ont « octroyé » à leurs colonies le régime du self-government. Ils n'ont fait que s'incliner devant les exigences de phénomènes sociaux naturels, sans prendre l'initiative de les devancer. L'expérience et la méditation des faits aidant, ils ont su, du moins, se garder de leur opposer une résistance dangereuse, et ont fait alors preuve, dans leur conduite, d'autant d'habileté que de prudence.

La guerre d'Amérique leur fut, en ce sens, d'un grand profit.

Ne voulant pas que l'ubiquité de son expansion coloniale lui fît perdre les bénéfices de son insularité, la Grande-Bretagne, en cela d'une clairvoyance bien supérieure à celle de la France, n'avait plus fait aucune difficulté pour laisser à ses colonies d'Amérique leur autonomie intérieure. Mais elle n'entendait pas en élargir les conséquences jusqu'à la liberté commerciale, et, subissant l'influence de préjugés universels, elle ne comprenait pas encore que le succès d'une entreprise coloniale, quelle qu'elle soit, n'a d'autre mesure, pour le bien de la métropole elle-même, que la prospérité de l'établissement fondé. Les « insurgents » se chargèrent de le lui apprendre. Reconnaissant que l'étroitesse de ses vues économiques allait compromettre la sagesse de son égoïsme politique, et faire de ses colonies des poids morts pour sa politique intérieure et universelle, elle se montra, dès lors, beaucoup plus accommodante à leurs sentiments. Dégagée de cette intransigeance bureaucratique qui nous perd, elle consentit, à s'incliner devant la nécessité, et à reconnaître à ses colonies le droit de devenir, suivant l'expression de Gladstone rappelée tout à l'heure, des « Etats », mais des Etats d'autant plus indépendants qu'ils sont plus forts. Partout où elle n'y fut pas obligée, elle n'a accordé la liberté politique qu'avec des restrictions proportionnées aux facultés de résistance des colonies. C'est ce qui explique toutes les différences qui distinguent, à ce point de vue, ses innombrables établissements, s'échelonnant pour ainsi dire à tous les degrés du régime représentatif. Tandis que les grandes colonies, sous le nom de « Dominion » ou de « Commonwealth » sont de véritables Etats, tendant même à s'exonérer de la protection militaire de la métropole, les autres n'ont encore que la liberté réduite aux affaires municipales.

Mais partout l'autonomie administrative a suffi pour préserver ces colonies du désir de mêler leur existence à celle de leur métropole, et l'idée de revendiquer une participation directe à la discussion des intérêts britanniques proprement dits ne leur est jamais venue[1].

La marche vers la séparation. — Le self-government, une fois établi, ne peut manquer d'aboutir à la séparation, en passant par une série de phases sortant les unes des autres et qui se succéderont tantôt plus vite, tantôt plus lentement, suivant un grand nombre de conditions variables, tant intérieures qu'extérieures, dont l'étude ne pourrait être que très longue. La suprême sagesse d'un gouvernement expérimenté consiste à relâcher progressivement les liens de l'union et à les amincir jusqu'à leur disparition totale, pour que cette fin naturelle se produise sans douleur subite ni violences. Il doit donc s'appliquer non seulement à s'y préparer lui-même, mais à y préparer son rejeton. La séparation peut alors se comparer justement à ces processus physiologiques par lesquels s'accomplit celle de l'enfant et de l'organisme maternel, ou, suivant une image classique, se détache le fruit de l'arbre qui l'a porté et nourri jusqu'à sa maturité.

Il ne nous est pas possible d'entrer dans le détail de ces phénomènes, dont l'histoire coloniale offre, dans le passé, tant d'exemples heureux ou funestes, et dont l'avenir tient encore plusieurs autres en réserve assurée. Il suffit de dire que les rapports du gouvernement de la métropole avec sa colonie prennent, dans les circonstances les mieux conduites, successivement la forme du protectorat, de la suzeraineté, de l'alliance et de l'hommage, tandis que le gouvernement local, de son côté, devient successivement protégé, feudataire, allié, pour ne plus conserver, en définitive, à l'égard du premier, qu'un

1. V. Chap. XIV. *La Représentation parlementaire coloniale.*

loyalisme bénévole, et des sentiments de déférence platonique. Chez les citoyens, la piété filiale se réduit à un simple cousinage où la communauté d'origine, altérée par les idées puisées dans les intérêts nouveaux et les métissages, ne va point sans quelque défiance. « Blood thicker than water » est l'une de ces formules où la force de l'affirmation ne réussit pas entièrement à déguiser l'inquiétude.

La séparation peut être retardée, quoique toujours entrevue, lorsque la métropole et la colonie, ayant lieu toutes les deux d'en redouter les effets, travaillent de concert au maintien de leur alliance : la coexistence interne de deux races supérieures, le contact immédiat d'une grande puissance envahissante, comme au Canada, par exemple, peuvent imposer aux deux parties intéressées des prudences particulières. De même, l'accession à l'impérialisme de puissances voisines subitement grandies est-elle de nature, comme en Australie, à faire différer des résolutions redoutées, mais pourtant fatales. Il arrive toujours un moment où la sécession s'impose d'une manière inéluctable. Des artifices impérialistes à la Chamberlain, des fédérations douanières, des propositions de parlements intercoloniaux semblent d'une réalisation bien difficile. Quels que soient le prestige, la valeur et l'expérience des hommes d'Etat qui s'en font les défenseurs, en dépit du poids et de la grandeur des intérêts à sauvegarder, il est à craindre que des essais de ce genre, en excitant et en approfondissant les divergences matérielles et morales, ne fassent que précipiter les événements qu'ils prétendent conjurer.

Le but final à poursuivre consiste donc, en réalité, à faire en sorte que la nationalité nouvelle, par ses habitudes, sa langue, ses mœurs, ses relations commerciales établies, reste une cliente économique de la métropole et continue, quoique entièrement séparée, à conserver avec elle, sur le pied d'égalité, un certain sentiment de solidarité morale.

On sait que ces réflexions ne sont pas neuves, et qu'elles avaient suscité en Angleterre, vers le milieu du siècle dernier, toute une école d'économistes politiques, qui préconisaient l'abandon volontaire des colonies et de toutes les dépendances lointaines de la Grande-Bretagne.

Mais les choses ont bien changé depuis cette époque, et l'apparition de conditions politiques nouvelles a fait que ces opinions conservent chez nos voisins peu de partisans. Pourtant il existe toujours chez eux, comme le fait observer Seeley, des pessimistes et des « bombastiques » coloniaux. Les enthousiastes ne voient que les beaux côtés de l'expansion et s'exaltent à la pensée de cet Empire, « où la diane nationale, suivant la course du soleil et tenant compagnie aux heures, entoure le globe d'une sonnerie ininterrompue de batteries guerrières ». (Macaulay.) Mais les autres, plus frappés des dangers que l'impérialisme fait courir à l'archipel britannique que convaincus de ses avantages, ne songent pas toutefois à appuyer leur manière de voir sur ces arguments d'ordre sentimental et ces considérations abstraites qu'affectionnent nos socialistes, et où la « civilisation », « l'humanité », les « droits de l'homme », l'influence du « militarisme » et de la « haute banque » tiennent tant de place. Les considérations qu'ils font valoir sont des considérations politiques. Ils représentent les colonies comme un fardeau et un danger sans compensations certaines équivalentes, et, au point de vue économique, ils soutiennent qu'il n'est pas nécessaire d'encourir tous les risques attachés à la possession de dépendances pour commercer chez les autres.

Toutefois, en ces derniers temps, la concurrence germanique, les impérialismes américain et japonais ont réduit considérablement les rangs de cette phalange attardée. Aujourd'hui, ceux qui comptent du moins, ne parlent plus de rendre aux Africains ou aux Asiatiques une indépendance dont ils ne sauraient user et qui se convertirait promptement en une reconquête au profit de rivaux redoutés. Ils se bornent donc à prêcher la répudiation des responsabilités que fait encourir à la métropole l'existence presque fictive des liens qui la rattachent aux grandes colonies de peuplement, et à en réclamer la rupture accélérée. Mais le développement du protectionnisme universel est venu porter le dernier coup à ces opinions qui n'ont plus, aux yeux de l'immense majorité, qu'un intérêt d'école et de pure théorie.

Tous ces phénomènes politiques, économiques et sociaux mériteraient assurément, par eux-mêmes et pour l'intérêt particulier qu'ils présentent, un examen plus détaillé et plus approfondi. Mais comme nous n'avons plus de colonies véritables, et, comme d'ailleurs l'expansion contemporaine des Etats ne peut plus guère s'accomplir que d'une manière et par des procédés différents, c'est-à-dire par la domination, la question se ramène, pour nous, à des termes plus simples. Ce qui nous importait surtout, c'était de faire ressortir les contrastes entre les Colonies et les Possessions ou Dominations.

Dans les deux cas, l'objectif du gouvernement de la métropole est le succès de ses établissements. Mais, dans les Colonies, ce succès ne peut être obtenu que par l'activité d'une population blanche immigrée et par les transformations qu'elle est à même de faire subir à un territoire où elle peut se développer, se fixer et se multiplier. Les évolutions du gouvernement extérieur se traduisent par son affaiblissement progressif et aboutissent à son élimination sans que celle-ci soit une faillite.

Dans les Dominations, le problème se trouve retourné. L'émigration blanche n'y joue qu'un rôle secondaire. La prospérité de l'entreprise et la durée de la conquête dépendent de la population indigène conquise. Le gouvernement local, obligé de rester toujours fort, de vaincre ou d'être vaincu, doit s'organiser en se conformant aux nécessités de sa situation de conquérant et aux besoins de la population conquise, inassimilable, en renonçant à transporter dans ce milieu les principes constitutifs des sociétés européennes et leurs méthodes administratives.

CHAPITRE V

La Colonisation tropicale et la Domination.

Difficultés de la colonisation européenne dans les Dominations tropicales.
Obstacles politiques : Les prétentions des colons et les droits des indigènes. L'esprit colon. Les devoirs des administrateurs. Le conflit universel des intérêts des colons et des indigènes.
Obstacles physiques : L'acclimatement, le paludisme et les infections tropicales. Importance sociale et rôle des *sanitaria* d'altitude. La permanence et la tradition.
Obstacles économiques : La concurrence indigène et le problème de la main-d'œuvre. Etat économique et mental des populations primitives. Les disponibilités et les tares du travail indigène. La main-d'œuvre importée.
Démonstration expérimentale universelle de ces difficultés. L'enquête du *Comité Dupleix.* La colonisation militaire. La colonisation pénale. La petite colonisation.
Conditions pratiques du succès de la colonisation européenne dans les Dominations. Il faut qu'elle soit tardive, restreinte, spéciale.
Le vrai colon c'est l'indigène, et le grand colonisateur c'est l'Etat.

Ayant montré les caractères d'ordre politique et économique qui distinguent les *Colonies* véritables, nous voudrions maintenant examiner les conditions de la *colonisation* proprement dite dans les *Dominations.*

A part l'Afrique mineure — où le problème de la colonisation, par suite du mélange des Européens et des indigènes, prend un aspect tout particulier — notre empire colonial est tout entier dans la zone torride, et, de ce fait, la colonisation européenne y rencontre, en outre de difficultés politiques, des obstacles considérables, les uns économiques, les autres physiques et climatologiques.

Difficultés politiques. — Les difficultés politiques ne sont pas les moins importantes. En effet, les agents des gouvernements locaux, quelles que soient les théories et les idées dont ils arrivent imbus en prenant possession de leur charge, ne tardent pas à reconnaître que le succès de l'entreprise tout entière repose sur l'indigène, générateur prépondérant du budget, élément capital de la fortune du pays, et que la fonction essentielle de ce gouvernement, c'est la protection de l'indigène et l'emploi de ses activités développées et favorisées.

Les tentatives des colons européens, si dignes d'encouragements qu'elles soient assurément, leur apparaissent comme incapables de servir, au même degré que la productivité indigène, à la politique d'enrichissement, qui doit être la tâche la plus pressée et la plus impérieuse de la domination.

Sans doute, il peut arriver que l'intérêt de l'indigène coïncide avec celui du colon ; mais c'est une rencontre malheureusement rare. Généralement, en pays agricole, ils se trouvent en opposition. L'idéal du colon correspond à un état d'esprit tout spécial, quoique bien naturel de sa part. N'a-t-il pas « le droit de posséder la terre par concession gratuite, la main-d'œuvre par corvée, et le bénéfice par primes d'encouragement? » (G. Deherme.) N'est-il pas membre de la nation supérieure? N'a-t-il pas, d'ailleurs, bien souvent reçu avant son départ les excitations du gouvernement métropolitain? En « s'expatriant », n'a-t-il pas donné à ses concitoyens, si blâmés pour leur indolence casanière, un exemple méritoire d'initiative et d'énergie? N'est-il pas autorisé, par suite, à compter sur des privilèges particuliers? En les réclamant, il est donc, de très bonne foi, convaincu de ses « droits »; et, en même temps, sa lutte de tous les jours contre l'indigène et ses vices, les déboires inhérents à son rude travail et à son genre de vie, développent chez lui cette « indigénophobie », en quelque sorte forcée, cet état mental que l'un appelle « l'esprit colon », et qui est d'observation universelle.

D'autre part, l'administrateur fidèle à ses devoirs et désireux de s'en acquitter en conscience est conduit fréquemment à s'élever contre les prétentions du colon et à combattre ses tendances usurpatrices. Sa fonction, qui est celle de sentinelle de la paix publique et de protecteur des indigènes, lui en fait une obligation. Cette attitude n'est point, comme on le dit souvent, le fait des mauvais fonctionnaires seulement, d'esprit étroit et soupçonneux, paresseux, défiants, jaloux des vanités de leur situation, et redoutant la surveillance des Européens. Elle est aussi celle des meilleurs de nos agents et des plus dévoués, de ceux qui comprennent le mieux la nature de leurs fonctions. C'est dans la divergence inévitable et naturelle des points de vue et des intérêts que réside la cause de ces conflits dont toutes les possessions européennes sont le théâtre, et qui, dans les conditions ordinaires de la vie coloniale, dégénèrent, avec une regrettable facilité, en querelles de personnes.

Le colon estime que c'est pour lui et pour son genre d'entreprises que la conquête a été faite. Il s'en croit le meilleur et le plus précieux ouvrier. Il est persuadé que l'administrateur a pour premier devoir de mettre ses pouvoirs au service du colon contre l'indigène, d'obliger celui-ci à lui obéir militairement. Mais l'indigène — par bêtise ou méchanceté, suivant le colon — ne veut pas reconnaître qu'il y ait intérêt pour lui à servir le colon, comme employé ou salarié, et s'y refuse. L'administrateur, qui a pour mission de trancher le différend, conclut généralement en faveur de l'indigène, en tenant un juste compte de sa vie économique, de ses besoins et de ses ignorances, et des exigences de la politique du gouvernement.

La Cochinchine, à ses débuts, nous a fait assister, sur ce terrain, à des expériences très utiles. Sa conquête n'avait pas été suivie d'un grand enthousiasme colonisateur : la mode n'était pas à la colonisation lointaine, et, du reste, la configuration du pays, très malsain en beaucoup d'endroits et d'une habitabilité pénible partout, très irrégulièrement peuplé, adonné presque exclusivement à la culture du riz, ne s'y prêtait guère. Cependant l'auteur de ce livre y a vu les indigènes, en certains arrondissements, arracher leurs cannes à sucre plutôt que de les apporter, sur les ordres venus de Paris, à une usine construite à grands frais et dont il ne resta bientôt plus que des ruines. Ailleurs et un peu plus tard, ils préféraient laisser à l'abandon leurs champs de mûriers, au lieu d'en livrer les feuilles, à prix fixé dans les mêmes conditions.

Quand il y a peu de colons, qu'ils sont assez éclairés pour comprendre la situation, assez riches pour changer leur fusil d'épaule et recommencer autrement leurs essais, les choses peuvent finir par s'arranger. Mais lorsqu'ils arrivent en nombre, qu'il y a parmi eux trop de « petits colons », ayant plus de « recommandations » et d'illusions que de connaissances et de capitaux, ces difficultés deviennent beaucoup plus sérieuses. Elles peuvent prendre un caractère de gravité politique et d'immoralité qui dépasse leurs inconvénients économiques lorsque le gouvernement, par ignorance généralement, se laisse aller à la pratique des *concessions* foncières.

Au lendemain de l'extension forcée au Tonkin et en Annam de notre domination cochinchinoise, on a vu se multiplier en ces pays, prématurément et outre mesure, les essais de colonisation européenne, et il n'est pas niable aujourd'hui que, malgré tous les efforts du gouvernement et de ses administrations, les résultats obtenus ne sont point en rapport avec l'énergie et les capitaux dépensés en ces tentatives, non plus qu'avec les embarras qu'elles ont causés.

Après la conquête, et même pendant qu'elle se poursuivait, sous l'influence d'événements qui ont eu sur notre politique intérieure, et par elle, de si fâcheux retentissements, mais qui faisaient à l'Indochine, par les discours parlementaires, par la presse, par les livres, la plus puissante des réclames, il s'est produit vers ce pays une émigration d'une certaine importance. Un assez grand nombre de Français, encouragés tout d'abord par l'inexpérience du gouvernement, vinrent y apporter, avec leurs ressources quelquefois considérables, les mirages de leur imagination.

La pacification était alors si incomplète, l'état des communications fluviales et terrestres si rudimentaire qu'il n'était pas possible de concéder aux Européens d'autres terres que celles qui se rencontraient immédiatement aux alentours des forts et des agglomérations urbaines, dans le Delta ou dans son voisinage immédiat, en profitant des vides que la conquête avait faits parmi les populations épouvantées et parmi les propriétaires du sol. La sécurité était encore trop précaire pour permettre à l'Administration de laisser nos compatriotes s'engager un peu avant dans l'intérieur, où leur présence eût exigé l'établissement de postes militaires et où la lenteur et la cherté des transports eussent rendu par ailleurs l'écoulement des produits impossible.

Les « concessions » étaient donc d'une terre excellente et qui n'avait rien coûté; l'écoulement des produits était assuré par la proximité des marchés d'exportation. La main-d'œuvre, réputée très bon marché, paraissait d'autant plus abondante que la guerre avait semé de grandes misères sur le peuple et que la colonisation, en répandant sur les indigènes des salaires assurés et relativement élevés, semblait devoir seconder l'une des premières tâches d'une administration commençante, celle qui consiste à fixer au sol les populations déracinées par les violences inséparables de l'action militaire en améliorant leur situation matérielle.

Les colons comptaient fermement sur l'Administration pour les aider à trouver cette main-d'œuvre indigène qui, malgré ces apparences, manquait à leurs entreprises. Convaincus de la toute-puissance du gouvernement et la regardant comme tout entière à leur service, leur déception ne pouvait manquer d'être très vive lorsqu'ils voyaient les fonctionnaires, interprétant autrement qu'eux leur devoir, s'efforcer de défendre les indigènes contre leurs prétentions abusives. Aussitôt, ils les taxaient de mauvaise volonté systématique et d'animosité personnelle contre la colonisation française, en expliquant par les plus bas motifs leur conduite inattendue.

Ces mécontentements, avec les manifestations irritées qu'ils provoquent, les appels à la presse, aux associations coloniales et aux Parlements, mieux pourvus de bonnes intentions que de connaissances, ne nous sont point particuliers. L'écho s'en retrouve dans toutes les Dominations européennes, même dans celles qui sont les plus anciennement pacifiées[1]. Mais

1. La presse anglaise et hollandaise est remplie de plaintes et de protestations de ce genre, relatives à la partialité ou à l'indifférence des administrations à l'égard des colons européens et de leurs entreprises. Et les Allemands eux-mêmes, malgré leur respect inné de l'autorité, ne tarissent pas en réclamations contre leurs fonctionnaires coloniaux, que les intéressés accusent tout simplement de trahison. En Afrique orientale, le conflit est permanent, et c'est en partie cette situation qui a motivé naguère le voyage du Ministre des Colonies, M. Dernburg, désireux de se convaincre sur place des conditions de la colo-

c'est chez nous que ces protestations prennent le caractère le plus aigu et le plus exalté, soit en raison de notre tempérament émotif, soit à cause de nos préjugés spéciaux. C'est surtout par l'ignorance et par la confusion des conditions très différentes de la colonisation dans les Colonies de peuplement et dans les Dominations que s'expliquent le plus souvent ces interventions passionnées des hommes politiques en des questions dont ils ne connaissent pas le premier mot. Jusqu'ici, beaucoup d'entre eux, et principalement parmi les partis d'avant-garde, en restaient toujours à l'idée que « les colonies », toutes pareilles, ne sont faites que pour les colons nationaux et ne peuvent se justifier que par la colonisation nationale, ne se doutant pas des tyrannies et des cruautés d'une part, des pertes d'argent et d'énergie de l'autre, et dans tous les cas du nombre et de l'étendue des maux qu'entraîne cette erreur capitale, sur laquelle on ne saurait trop insister.

Aussi, est-ce avec une grande satisfaction que l'on

nisation allemande et de mettre son autorité au service de la raison. Il constatait ensuite *ex cathedra* que l'agriculture indigène produit à beaucoup moins de frais que la colonisation allemande, que celle-ci est incapable de donner aucun bénéfice, qu'elle fait courir aux capitaux des risques considérables. Il appréciait d'une façon sévère les procédés des colons : « Sur une centaine de planteurs, disait-il, il y en a soixante-quinze qui n'agissent pas de bonne foi. Leur seul but est de gagner tout de suite le plus d'argent possible en payant le moins possible les travailleurs indigènes. Ils revendiquent des monopoles et voudraient que le Gouvernement fît défense aux noirs de planter ce qu'ils veulent et de pratiquer les mêmes cultures que les Européens. *Nous ne sommes pas allés en Afrique orientale pour fonder trois ou quatre cents plantations, et si intéressants que soient les planteurs, le Gouvernement ne peut pas compromettre la paix et la prospérité de la colonie entière pour leur donner satisfaction.* « Nos colonies, a dit encore M. Schultz, sont des colonies *de plantations pour et par les indigènes; leur avenir dépend totalement du développement cultural des indigènes.* »

enregistre les symptômes d'une meilleure éducation. Ils se dessinent un peu partout et sont déjà assez prononcés pour autoriser l'espoir de prochains progrès. « Le colon, écrit M. Dubief, ancien ministre, ne représente que des intérêts restreints et passagers. L'administration de l'indigène représente les intérêts généraux et permanents de la métropole et des colonies ». Voilà ce qu'aucun « radical » n'aurait osé dire, il y a seulement une dizaine d'années, en supposant qu'il ait été capable de le penser.

Les « colons » et les concessions de terres soi-disant vacantes. — On peut encore ranger au nombre des obstacles politiques qui s'opposent à la colonisation proprement dite les difficultés très grandes qui existent pour l'Administration locale à trouver des terres réellement vacantes et désertes pour y tailler des concessions. La plupart du temps, le Gouvernement de la colonie est obligé d'ignorer les propriétaires des terres qu'il concède. Mais comme ces propriétaires existent, un jour ou l'autre ils font entendre des protestations. Telle est l'origine des conflits où les indigènes, les colons, l'Administration se trouvent engagés. La colonie est obligée soit de subir des procès très onéreux de la part des concessionnaires, soit de maintenir ces usurpations et de s'obstiner dans des dénis de justice nettement caractérisés. L'histoire de notre domination en offre un certain nombre d'exemples. Les atteintes portées à la propriété de l'indigène sont tout ce qu'on peut imaginer de plus contraire à la politique que nous devons poursuivre par intérêt comme par conscience.

Il est rare, en effet, même dans les régions qui semblent désertes ou abandonnées, même dans les pays à mœurs violentes et tout à fait barbares, comme en Afrique occidentale, comme au Congo, que la terre cultivable soit absolument sans propriétaire, *res nullius*. A notre point de vue de droit strict, certainement la propriété en est souvent incertaine. La tenure la plus habituelle du sol dans ces sociétés primitives de collectivisme familial ou tribal est un sérieux obstacle à la détermination exacte et précise du droit réel, au départ entre le droit du chef ou du roi, propriétaire éminent ou propriétaire effectif de la terre, et pas toujours libre d'ailleurs d'aliéner sa propriété d'un côté, et de l'autre le droit de l'individu, de la famille ou du clan. Bien souvent l'individu n'est qu'un serf, un simple usufruitier occupant à titre précaire ou indéfini un fonds qui ne lui appartient pas en toute propriété.

Obstacles physiques. — La question de l'acclimatement définitif et confirmé des blancs sous la zone tropicale, sans apports intercurrents de sang européen nouveau ni métissages, est généralement tranchée aujourd'hui dans le sens de la négative, hormis peut-être en de petites îles montagneuses[1]. En tout cas,

1. Le principal ennemi de l'Européen y est toujours, beaucoup plus que la chaleur, le paludisme et quelques autres maladies infectieuses. Il se peut donc que dans l'avenir la colonisation européenne réelle y devienne moins difficile qu'à présent, lorsque les progrès de la biologie et de l'hygiène auront pu concourir à faire disparaître des pays torrides à coloniser les causes les plus actives de débilitation permanente des organismes humains.

Mais en écartant toute cause pathogénique, il semble que la chaleur constante soit par elle-même une cause active de dégénérescence physique et morale pour la race blanche. Ne pouvant entrer à ce sujet dans des détails et faire valoir des considérations qui seraient ici hors de propos, il convient toutefois de rappeler que l'on tend aujourd'hui à attribuer les effets les plus nocifs du soleil tropical à la composition de ses rayons lumineux, plutôt qu'à la température élevée qu'il communique à l'air et au sol. Ce seraient les radiations courtes, *actiniques* (ultra-violet du spectre) qui rendraient l'action solaire destructrice du protoplasma et perturbatrice du pigment cutané, particulièrement dangereuse surtout pour les blancs à chevelure blonde.

l'impossibilité où se trouvent les Européens d'y travailler eux-mêmes le sol, en dehors de points très limités ou de circonstances d'une démonstration douteuse, dresse à la colonisation blanche véritable des obstacles qui semblent pratiquement insurmontables. La culture maraîchère des légumes, celle des fleurs ou de quelques fruits d'Europe peut, à la rigueur, être pratiquée au voisinage des villes où sont établis des Européens; mais ce n'est là qu'une branche très modeste de la colonisation et encore n'est-elle qu'accidentellement possible[1]. L'élevage du bétail, des chevaux, quelquefois théoriquement assez sédui-

La pigmentation bronzée des peaux blanches exposées au soleil ne serait qu'une fonction de défense, bien incomplète, de l'individu. Mais cette protection, dans les limites de l'observation scientifique, ne se transmet pas de l'individu à sa descendance.

Si ces théories sont exactes, l'usage des vêtements blancs et des casques coloniaux de cette couleur serait une erreur, et il conviendrait d'adopter des vêtements sinon noirs, du moins jaunes ou orangés : la teinte *khaki* répondrait assez bien à ces indications.

1. La *petite colonisation*, dans les climats tropicaux du moins, car dans les pays tempérés ou chauds comme l'Afrique du Nord, elle rencontre des conditions bien différentes, est à peine de la colonisation : c'est du jardinage. C'est une entreprise qui peut réussir, temporairement, à titre de service annexe d'un corps d'occupation et d'un rassemblement de fonctionnaires, mais elle s'évanouit invariablement ou se transforme dès que les conditions anormales d'où elle est née ont disparu ou se sont atténuées. Il est évidemment très appréciable — et tous ceux qui ont participé aux débuts de nos conquêtes le savent bien — de pouvoir varier un ordinaire monotone avec quelques légumes d'Europe et parer sa table de quelques fruits de France. On emploie généralement à la production de ces friandises de braves soldats pris parmi les mieux préparés à ce rôle. Mais ces petits travaux sont sans portée économique; ils ne peuvent durer que par la demande momentanée d'une agglomération européenne immédiatement voisine et hors d'état de se procurer autrement ce complément agréable d'alimentation; ils disparaissent en fait, avec les progrès de la pacification, devant la concurrence des maraîchers indigènes.

sant, pourrait constituer des entreprises de colonisation plus importantes. Malheureusement, c'est une occupation qui exige, en général, beaucoup d'argent pour être réellement profitable et qui comporte beaucoup de risques. Sans parler des épizooties fréquentes, des fléaux, comme celui de la mouche *tsétsé*, en Afrique, l'élevage n'est guère possible en grand, dans les pays tropicaux, que sur des terrains vides, d'une certaine altitude, et qui sont le plus souvent éloignés de la côte. Ces conditions entraînent des difficultés pratiques considérables en augmentant les frais d'exploitation et d'écoulement des produits. Malgré l'ignorance et le manque de soins des indigènes, il est donc bien difficile, la plupart du temps, aux Européens de lutter contre le bas prix de leur production barbare qui ne donne, il est vrai, que des animaux de qualité inférieure, mais dont l'élevage ne coûte à peu près rien.

D'une manière générale et sauf exceptions, même dans les régions tropicales les plus saines, dans celles qui sont le plus indemnes de l'infection dite paludéenne, l'Européen ne peut guère, au sens exact et restreint du terme, « coloniser ». Telle est la vérité.

Les conditions physiques d'existence auxquelles il se trouve soumis sont essentiellement défavorables à ce genre d'activité. Même si on met hors de cause la question du travail manuel, interdit sûrement au colon, les fatigues constantes qu'exigent les plus modestes entreprises agricoles, les stations prolongées au soleil ou à la pluie, les soucis, l'irritation continue, la tension d'esprit qu'entraînent la surveillance et le maniement des indigènes, ruinent les tempéraments les plus résistants. La vie du colon dans les possessions tropicales est une vie pénible et anormale. Ordinairement sans famille, sans distractions, sans relations sociales, toujours menacé par la maladie, le colon ne peut avoir qu'un but : faire fortune le plus rapidement possible et rentrer en Europe, et rien n'est plus légitime et plus raisonnable. Mais cette rapidité fébrile est à l'opposé de tout travail agricole et incompatible avec la nature même de la colonisation, qui est affaire de longue haleine : ses conditions fondamentales sont l'attente patiente des résultats, l'expérience accumulée, l'autorité personnelle qui résulte de la connaissance de l'indigène et de sa langue.

Il arrive trop souvent que le colon ne puisse atteindre même un commencement de récompense : terrassé par le climat et par toutes ces causes d'insuccès, ou bien il est obligé de liquider précipitamment et d'une manière désastreuse, ou bien il meurt à la tâche, et tous ses efforts n'ont servi à rien. L'histoire de la colonisation tropicale est remplie de drames de ce genre.

A ce point de vue, l'institution systématique et généralisée des *sanitaria*[1] ou stations d'altitude est un bienfait de haute importance. Il est fâcheux que nous ne soyons pas encore parvenus à le comprendre, et nous regrettons de ne pouvoir nous étendre ici sur cet important sujet, qui intéresse, non seulement la colonisation, mais la stabilité sociale et administrative de nos dominations.

Ce n'est qu'avec des sanitaria bien installés, en des emplacements bien choisis, après études complètes,

1. Je préfère l'emploi du terme *sanitarium*, comme plus général et mieux construit étymologiquement, à celui de *sanatorium*, qui tend à prévaloir. Les *sanitaria* (de *sanitas*, santé) sont, dans les pays chauds et malsains, des endroits où l'Européen va passer des périodes plus ou moins longues pour y entretenir sa vigueur ou y restaurer sa santé quand elle est encore peu compromise. Le *sanatorium* est un hôpital, un établissement destiné à soigner des maladies confirmées et à les guérir. Dans un *sanitarium*, qui ne peut être sous les tropiques, pour répondre à son but, qu'une *station d'altitude*, on peut avoir, comme on le voit dans l'Inde, un ou plusieurs *sanatoria* (de *sanare, guérir*).

de manière à correspondre en même temps aux besoins de l'hygiène, de l'administration, de la défense et de la politique, que l'on peut arriver à constituer dans ces régions des sociétés européennes normales « créoles », avec la cohabitation continue des familles régulières, avec les moyens d'éduquer leurs enfants sur place et sans dégénérescence. Ce n'est qu'avec leur secours que l'on peut pratiquer l'économie des fonctionnaires et des garnisons, éviter les recommencements indéfinis, substituer la permanence au provisoire perpétuel et l'évolution naturelle au catastrophisme, conserver le capital d'expérience péniblement acquis par les colons, par les fonctionnaires, par les officiers et le transformer en traditions originales et fécondes, au lieu de le voir, comme à présent, se disperser à tous les vents.

Ce sont les stations d'altitude qui ont transformé les mœurs européennes de l'Inde britannique encore plus que le raccourcissement des traversées et les facilités de communication entre les ports de ce pays et ceux de la métropole[1].

Obstacles économiques. Le problème de la main-d'œuvre. — De tous les obstacles qui entravent la colonisation européenne dans les dominations tropicales, le plus important après le climat vient de la main-d'œuvre. C'est malheureusement, en dehors de l'esclavage, une difficulté à peu près insoluble.

Dans les régions tropicales, la vie de l'individu et celle de la famille sont généralement misérables, et

1. La rapidité et le bon marché des communications deviennent telles aujourd'hui, malheureusement pour l'Inde à ce point de vue, que l'importance des *hill's stations* tend à y diminuer. On voit les fonctionnaires utiliser des congés d'un mois pour passer une dizaine de jours en Angleterre, et le nombre des « Anglo-Indiens », fonctionnaires retraités ou de professions indépendantes qui s'installent dans l'Inde à titre définitif est aussi en décroissance.

l'on pourrait croire que l'offre de travail doit être abondante. Pourtant, il n'en est rien, et ce phénomène, étonnant au premier abord, s'explique par la mentalité de l'indigène et par ses conditions d'existence. Il a peu de besoins, par suite peu de prévoyance ; il n'éprouve pas le désir de changer son sort, et l'insécurité dont il a souffert pendant des siècles n'a fait que renforcer son apathie naturelle. Même dans les régions surpeuplées en apparence, le colon, ou l'étranger en général, éprouve longtemps les plus grandes difficultés à se procurer la main-d'œuvre nombreuse et régulière dont il a besoin.

Et si l'on comptait sur les perfectionnements économiques que l'action d'un gouvernement ordonné et prévoyant ne peut manquer d'introduire avec le temps dans ces milieux arriérés, il se pourrait que le calcul fût démenti par l'expérience, comme on le voit d'ailleurs dans certaines des possessions européennes les plus anciennes. Il y a des chances pour qu'avec la naissance d'une vie plus large et plus assurée, ou l'apparition de besoins nouveaux, mais toujours moindres et plus facilement satisfaits sous les tropiques que dans les climats tempérés, avec l'appréciation de la valeur du temps et du capital, l'indigène continue à trouver plus avantageux de travailler pour lui-même qu'en qualité de salarié d'un colon ou d'un maître étranger.

C'est que nous avons une propension, naturelle du reste, à prêter aux indigènes les idées de nos propres ouvriers et à leur attribuer les mêmes motifs de conduite. L'ouvrier civilisé veut gagner de l'argent, le plus possible et le plus régulièrement possible, pour assurer son entretien et celui de sa famille, pour la satisfaction d'une foule de besoins compliqués, mais impérieux, et aussi pour s'élever, lui et les siens, dans la hiérarchie sociale. Son salaire lui apparaît comme toujours insuffisant. Il est loin d'en être ainsi pour l'indigène. Sans être indifférent au taux de son salaire, il ne ressent pas les mêmes incitations à en obtenir l'augmentation, *parce qu'il n'en a pas l'emploi*, surtout pas l'emploi vraiment utile, et que ses besoins sont minimes et irréguliers. Sa consommation est toujours restreinte, et, sauf bien rares exceptions, il est assuré de ne pas mourir de faim. La nature, sa petite industrie, son ingéniosité lui fournissent presque toujours le nécessaire, qui peut, sans être pour lui la misère, se réduire à un minimum que l'Européen le plus sobre a peine à s'imaginer. Quelques bambous et quelques bottes d'herbes ou de feuilles de palmier suffisent à l'abriter; un morceau de cotonnade l'habille, une poignée de riz ou de mil, avec une pincée de condiments et une bouchée de poisson le nourrissent. Le bien-être pour lui, c'est la non-souffrance et la sécurité physique. D'ailleurs, s'il réalise un gain quelconque il ne le conserve pas. Il le dépense en jeu, en débauche, en fêtes rituelles, en objets de toilette, de fantaisie ou d'ostentation. Il n'y a pas de milieu pour lui entre le strict indispensable et le luxe[1].

1. C'est ce qui explique comment des populations très misérables à nos yeux peuvent consommer en quantité relativement importante des produits coûteux et qui n'ont rien d'indispensable, comme l'alcool ou l'opium.

Il est curieux d'observer avec quelle facilité des indigènes, ne possédant à peu près que leur personne — et même pas toujours, — se passent des fantaisies de grand seigneur. Au Siam, j'ai été souvent frappé de voir, par exemple, les derniers des coolies, au moment de l'apparition des premiers *durians*, fruit très recherché et toujours cher, s'offrir sans hésitation cette primeur à des prix exorbitants, si quelque aubaine vient de garnir leur escarcelle. C'est à peu près comme si un ouvrier européen se mettait à manger du melon en hiver. Mais le Siamois, toujours pauvre, ne se trouve pas plus pauvre après s'être permis cette prodigalité, et il n'a pas à penser à tous les besoins qu'il aurait pu satisfaire avec plus de raison pour lui-même et pour les siens. Il ne souffre pas physiquement de son imprévoyance et sa conscience de chef de famille n'en est pas oppressée.

L'épargne est ignorée, si ce n'est sous forme de bijoux qui constituent l'encaisse portative de tous les peuples primitifs.

Le travail régulier, en second lieu, chez l'indigène, n'a aucune dignité ; on ne le voit prescrit nulle part comme un devoir civique ou personnel ; quant au travail pour les autres, c'est la marque de la servitude ou le stigmate de l'incapacité. Il n'y a pas de division du travail : chacun fait tout, le fait assez mal, il est vrai, mais d'une manière suffisante aux goûts et aux besoins de l'individu et de son entourage. Hors des villes, personne n'éprouve le besoin d'apprendre un métier ; tour à tour et en même temps, agriculteurs, constructeurs, terrassiers, pêcheurs, transporteurs, bateliers, petits commerçants, bûcherons, suivant les saisons, les circonstances et les occasions, tous s'ingénient, en utilisant à temps perdu les forces et les facultés de la famille et en s'aidant entre voisins, à produire sans dépenser la presque totalité des objets, des outils, des étoffes, des aliments d'un usage journalier. Cette variété d'occupations sans suite, fantaisistes, coupées par des repos fréquents, et qui produisent un gain difficilement appréciable mais suffisant à leur genre de vie, convient à l'esprit de barbares ou de gens peu raffinés, déprimés par une longue négation du droit individuel, très ignorants et incapables d'une attention soutenue.

Croire cependant que l'indigène soit dans tous les pays incapable de tout travail prolongé serait une erreur ; seulement, l'indigène, pour s'y livrer, a besoin d'un mouvement uniformément cadencé qui rende son effort musculaire inconscient et purement réflexe : l'attention voulue ne peut y avoir aucune part. On prétend que le mouvement régulier et le bruit rythmique des machines facilitent beaucoup l'emploi des bras indigènes, au Japon, dans les usines montées à l'européenne. Pour ceux qui ont eu l'occasion de voir de grêles Laotiens pagayer dans une pirogue, en remontant de violents courants pendant des journées entières, tout nus sous un soleil implacable ou sous une pluie diluvienne, sans autre repos que quelques heures de nuit sur un sol détrempé, avec une petite boule de riz pimenté pour toute nourriture, et recommencer le lendemain gaiement la même besogne, conviendront qu'il est injuste de dire que tous les indigènes sont des paresseux. Leur existence est assez souvent, au contraire, rude et laborieuse; mais ils tiennent en tout cas à travailler à leur guise.

On conçoit alors dans ces conditions comment, même dans les endroits où la population se présente sous un aspect très dense, le régime de la location journalière ou hebdomadaire n'attire pas les indigènes, et comment les salaires offerts, fussent-ils sensiblement plus élevés que ceux dont ils ont besoin, et qu'ils gagnent entre eux, n'offrent pas à leurs yeux un attrait suffisant pour vaincre leurs répugnances. Ils redoutent l'Européen, son contact, ses impatiences et ses emportements, la rudesse de ses gestes, s'effarent de ses ordres incompris, et, par surcroît, éprouvent une peine très réelle à se servir d'outils et d'instruments qui ne sont pas les leurs, quand bien même ils en reconnaissent l'incontestable supériorité. Aussi, l'indigène, pressé par le besoin de travailler plus qu'il ne le fait aujourd'hui, préférera-t-il, pendant longtemps au moins, travailler pour lui plutôt que pour le colon européen.

D'ailleurs, mises à part les causes particulières à la psychologie de l'indigène, les disponibilités réelles, utilisables, de la main-d'œuvre sont faibles. Certaines occupations locales absorbent souvent la plupart des travailleurs. En pays noir, le transport des objets et des marchandises par portage mobilise une foule d'indigènes. En Asie, ce sont aussi les transports à dos d'homme, quoique d'un mode plus perfectionné, et la petite batellerie, qui détiennent des quantités énormes d'individus pendant un total considérable d'heures. De multiples occupations contribuent à gaspiller le temps et les forces des indigènes, par exemple la décortication et l'écrasement des grains au pilon et au mortier, le tissage des étoffes, la préparation, à la main ou avec des outils primitifs et d'un rendement infime, d'une quantité de produits qui sont chez nous l'œuvre de la machine.

Le colon ne peut donc pas, en général, se procurer à bon compte, tout évalué, la main-d'œuvre soit nombreuse, soit attentive et régulière qui est la condition *sine qua non* d'une exploitation agricole. Si cette difficulté pèse aussi sur les entreprises commerciales et industrielles de l'Européen, celles-ci ont cependant plus que la colonisation des moyens de l'atténuer.

Il ne faut pas, en effet, considérer uniquement le prix brut du salaire payé, mais — comme on le sait bien quoiqu'il ne soit pas inutile de le répéter — son rendement, c'est-à-dire le rapport du produit au salaire, en évaluant la quantité et la qualité du travail, et en introduisant en outre dans le calcul les frais accessoires liés à la nature particulière et aux conditions des entreprises coloniales : l'éloignement, les frais considérables de transport, de fret et de voyages, de maladies, d'assurances, le loyer élevé de l'argent, etc.

Or, en tenant compte de ces divers éléments, de sérieuses recherches et de consciencieuses expériences tendent à démontrer que le prétendu bon marché de la main-d'œuvre indigène est illusoire, ou pour le moins fort exagéré.

L'incertitude et l'inconstance du travail des indigènes sont encore à compter parmi ses tares les plus fréquentes. En raison de leur genre de vie et de leur état social ou économique, ils ne comprennent pas l'importance de la régularité. La tâche déterminée, à heure fixe, leur est antipathique et, à la première contrariété ou par caprice, ils désertent le champ ou l'usine sans souci des engagements les plus librement contractés.

Les *contrats de métayage*, là où il est possible d'en faire, et dont on a trop vanté les effets, n'offrent guère au colon, l'expérience l'a prouvé, le remède qu'il cherche aux défectuosités de la main-d'œuvre indigène. Pour expliquer les échecs de ces tentatives sur lesquelles il est impossible de s'étendre comme le sujet le comporte, il n'est pas nécessaire d'invoquer les erreurs des employeurs européens ou les conditions léonines qu'ils imposent à leurs métayers : l'ensemble des considérations précédentes suffit pour en donner la raison.

La main-d'œuvre importée. — La main-d'œuvre locale est si difficile à recruter et, quand on a pu tant bien que mal la rassembler, elle est si capricieuse et aléatoire, d'un maniement si malaisé, d'un rendement si peu satisfaisant que les colons, s'ils ont les moyens et le courage de persister dans leurs entreprises, ou s'ils sont séduits par l'excellence de leur concession et le calcul de ce qu'ils en pourraient tirer dans de meilleures conditions, se décident souvent à faire appel à la main-d'œuvre importée. En Indochine on est à proximité d'un réservoir de *coolies* qui semble inépuisable et c'est aux Chinois que l'on s'adresse ; ailleurs on recherchera des Hindous, des Néo-Hébridais, des noirs, même des Japonais.

La main-d'œuvre agricole étrangère — quoique l'on éprouve à ce sujet parfois de durs mécomptes, car ce ne sont pas ordinairement tant des Chinois ou des Hindous agriculteurs qui s'expatrient que de misérables déchets des agglomérations urbaines — présente, à côté de certains dangers, des avantages incontestables. Elle est en général plus robuste et elle se spécialise davantage ; elle se compose de gens qui, appréciant mieux la valeur de l'argent, émigrent avec le ferme vouloir d'en gagner. L'isolement du travailleur immigré, son dépaysement rendent aussi sa surveillance moins difficile ; il a en outre des répondants et un contrat d'engagement qui offrent à l'employeur certaines garanties dont il est trop dépourvu à l'égard des indigènes. La main-d'œuvre importée en somme et malgré ses inconvénients politiques et sociaux, dont le colon n'a pas à s'occuper directement, constitue le meilleur procédé que l'on ait trouvé pour remplacer la main-d'œuvre servile des anciennes colonies de plantation. Ce dernier mode de travail était certainement choquant pour nos mœurs et nos idées, mais on ne doit pas perdre de vue qu'il était tellement bien approprié à l'exploitation par la race blanche des terres tropicales, que les colonies où on l'employait n'ont jamais pu, depuis la suppression de l'esclavage, recouvrer leur prospérité d'autrefois, à quelque subterfuge que l'on ait eu recours. On a dit que ce régime de l'engagement en était un « habile plagiat »[1]. C'est vrai, en dépit de certaines différences que les règlements se sont attachés à mettre en lumière. Sans doute, le coolie n'aliène sa liberté qu'à titre temporaire, et s'il le fait c'est volontairement : au fond le système de travail reste analogue, mais il est onéreux. En effet, les frais de transport et de rapatriement, ceux d'assistance médicale obligatoire, etc., inhérents au principe même du contrat d'engagement, viennent grever de dépenses parfois importantes les entreprises agricoles ou industrielles des Européens.

Néanmoins, telle qu'elle est, la main-d'œuvre étrangère rend de grands services aux colons, à l'Etat

1. P. Leroy-Beaulieu.

et même aux indigènes dont elle permet d'attendre une meilleure préparation et dont elle contribue à faire l'éducation par l'exemple. Au total, la somme de ses avantages dépasse assez sensiblement celle de ses inconvénients pour que le colon européen y ait recours dans toute la zone tropicale, surtout pour les cultures soignées et de produits riches. C'est ce que l'on constate même en certains pays où la main-d'œuvre indigène, très abondante et déjà bien éduquée, comme à Java, semblerait à première vue d'un emploi plus avantageux.

La démonstration par les faits. — Pour toutes les causes précédemment indiquées et bien d'autres que nous passons sous silence, on voit combien la colonisation européenne en pays tropical et de domination indigène est chose difficile et peu rémunératrice, combien il importe de montrer le danger des engouements prématurés et des enthousiasmes irréfléchis, et de combattre des ignorances encore beaucoup trop répandues pour le bien général de nos entreprises comme pour l'intérêt de nos compatriotes. Ils ont presque toujours mieux à faire dans nos possessions. Ils y trouveront un meilleur emploi de leur argent et de leur courage, et ils ont plus de chances de faire œuvre utile et patriotique en essayant de coopérer d'une autre manière au développement de nos conquêtes.

L'on ne va pas jusqu'à nier qu'il soit impossible de citer des exemples de colons qui y aient réussi dans des entreprises de pure colonisation. Mais ces exemples sont si rares qu'ils n'infirment pas la règle, et, en les examinant de près, on verra que la plupart du temps, c'est que la colonisation vraie n'a été dans la vie de ces favorisés qu'un accessoire, et que c'est bien plus comme spéculateurs, comme industriels ou comme commerçants que comme colons qu'ils ont atteint la fortune. Du reste, il y a des hommes qui sont capables de réussir partout où la généralité ne recueille que des échecs et des déboires ; mais on peut dire de ceux-là que, s'ils ont obtenu des succès, ce n'est pas parce que colons, mais quoique colons.

Ces opinions ne sont pas des opinions théoriques et personnelles. Etablies sur des observations précises et des expériences répétées, elles sont déjà acceptées par les « colonists » de tous les pays qu'inspirent seulement le souci de l'utilité nationale et le respect de la vérité. Mais, comme il est possible qu'elles surprennent certains lecteurs et leur semblent entachées de parti pris, il est facile de les abriter sous l'autorité d'autrui.

La Compagnie de l'Inde Orientale, compagnie de commerce et qui ramenait toutes ses considérations à la question de ses bénéfices et des dividendes à distribuer à ses actionnaires, non seulement ne favorisait pas la colonisation européenne dans l'Inde, mais l'interdisait strictement. C'est qu'elle avait très vite reconnu qu'une domination étrangère, exploitant à ses dépens un territoire étendu, peuplé d'hommes assez civilisés et généralement agriculteurs, a plus de pertes, de soucis et de responsabilités à encourir que de profits et d'avantages à récolter en colonisant elle-même. Elle jugeait donc préférable d'acheter l'indigo, les céréales, le coton, la soie, l'opium aux producteurs indigènes que de les faire ou de les laisser cultiver par des Européens.

On peut objecter que la Couronne, plus libérale que ces marchands, s'est départie de ce rigorisme et que les plantations étrangères sont aujourd'hui assez nombreuses dans l'Inde. Elles le sont cependant beaucoup moins qu'on le croit ; elles occupent comparativement peu d'espace, surtout dans les plaines, et portent, en général, sur des végétaux d'acclimatation : café, thé, quinquina, cacao, caoutchouc. Les céréales, le coton, le jute, l'opium, l'indigo (avant que la culture de cette plante n'ait reculé devant l'indigo de synthèse chimique) étaient et sont restés le lot des cultivateurs natifs.

L'île de Java, qui se présente sous des conditions topographiques et ethniques si avantageuses, n'est vraiment colonisée à l'européenne que depuis peu, et cette colonisation, là aussi, s'effectue surtout sur des plantes introduites et donnant des produits spéciaux. Auparavant, elle n'était que de la surveillance administrative et réglementée de l'activité indigène.

Je notais tout à l'heure les appréciations des Allemands les plus autorisés sur la colonisation européenne de leur Afrique. L'Allemagne y porte la peine de l'erreur qu'elle a commise en ne se rendant pas compte de la nature du problème à résoudre et en cherchant sous les tropiques un déversoir à ses excédents de population.

Mais pour rester chez nous, notons que les livres, les brochures, les articles où nos colons racontent leurs déboires ne se comptent plus, et si l'on n'était forcé d'être aussi bref, on pourrait en donner des citations par douzaines.

Voici la phrase qui résume l'opinion d'un écrivain, qui s'est donné la peine d'aller étudier sur place la question et qui a consigné le résultat de ses observations dans un livre d'une haute valeur : « La colonisation agricole est impossible en Afrique occidentale. Il n'y en aura jamais..... Il n'y a pas de place, en Afrique occidentale, pour le colon proprement dit[1]. »

L'un de nos gouverneurs les plus instruits et les plus estimés, M. Rodier, n'a pas craint de dire, devant le Conseil colonial de la Cochinchine, « qu'il ne connaît *pas une seule* concession ayant répondu aux espérances fondées sur elle ».

1. Georges Deherme. *L'Afrique Occidentale Française*, 1908.

Bien plus, une association indépendante, fondée, sous l'inspiration de l'illustre explorateur G. Bonvalot, expressément en vue d'exciter les Français à l'utilisation de notre domaine colonial, le *Comité Dupleix*, a trouvé de son devoir d'instituer une enquête générale sur cette question. En voici les résultats :

Sénégal. — On ne peut y faire ni grande, ni petite colonisation.

Haut Sénégal et Niger. — L'Européen ne peut y entreprendre aucune colonisation. Le véritable colon doit être l'indigène.

Guinée. — La colonisation est très difficile.

Côte d'Ivoire. — La grande colonisation se heurte au manque de main-d'œuvre. La petite colonisation n'est pas davantage possible.

Dahomey. — Les Européens ne peuvent pas songer à la colonisation.

Gabon. — L'Européen ne peut que s'occuper de la direction d'entreprises agricoles indigènes.

Madagascar. — La grande colonisation n'offre pas de bons résultats. La petite peut tenir une certaine place auprès des centres.

Inde française. — Aucune colonisation n'a chance d'aboutir.

Indochine, en général. — Il n'y a qu'à commercer avec les indigènes. On ne pourrait faire une concurrence victorieuse à l'agriculture indigène qu'avec des procédés arbitraires tout à fait inadmissibles.

Annam. — On pourrait faire de la grande colonisation « avec les indigènes ».

Tonkin. — En l'état présent, des difficultés sans nombre attendent le colon.

Cambodge. — La colonisation ne pourrait se réaliser que par l'importation de main-d'œuvre asiatique étrangère.

La colonisation militaire. — Frappés par ces difficultés, les chefs de nos expéditions coloniales se sont souvent flattés de les surmonter par l'emploi de la main-d'œuvre militaire. L'expérience, même entreprise dans les meilleures conditions en pays non tropical, en Algérie, et sous la direction d'un homme de guerre célèbre, le maréchal Bugeaud, qui avait pris pour devise : *Ense et aratro*, a complètement échoué, et, à plus forte raison, dans nos Possessions de la zone torride, à Madagascar, en Indochine. Il est à souhaiter que l'on ne renouvelle point ces essais, si ce n'est à titre de distraction salutaire à fournir aux troupes inoccupées ou pour varier un peu l'ordinaire des postes et des camps.

D'ailleurs, d'une manière générale et sans prétendre aucunement traiter cette question, observons en passant qu'il n'y a jamais eu, nulle part, au vrai, de colonisation militaire de quelque étendue, ou, quand elle a réussi, ce ne fut qu'une étiquette et les colons n'avaient de militaire que le nom. Il s'agissait d'ordinaire, comme en Russie ou en Autriche, de populations agricoles stables depuis de longues années, jouissant héréditairement de terres concédées à charge de certains services militaires ou parfois de surveillance des populations locales[1].

1. La colonisation militaire romaine, souvent encore citée en exemple, était dans le même cas. Les « colonies » romaines n'étaient pas des colonies militaires, comme un officier de notre armée l'a récemment démontré. V. Capitaine Condamy. *Etude sur les différents Systèmes de Colonisation militaire*, Paris 1908 (Lavauzelle).

Ces colonies étaient composées de citoyens ayant porté les armes pendant plusieurs campagnes, mais qui n'étaient plus soldats. On sait d'ailleurs que le service militaire romain ne ressemblait pas au nôtre : le Romain ne servait qu'en temps de guerre, et les campagnes étaient en général très courtes. C'était une milice civique jusqu'à la fin de la République. Les colonies étaient fondées dans le pays même et *avec des habitants du pays*, et les colons militaires ne participaient pas à la colonisation. Quand il y eut des armées romaines de métier, après les

La colonisation pénale est une faute d'une importance et de conséquences beaucoup plus grandes, et l'on ne peut s'étonner que d'une chose, c'est qu'il nous ait fallu tant d'années, tant de discussions, tant d'expériences malheureuses promenées sous les climats les plus divers, alternativement les pires et les meilleurs, pour commencer seulement à nous convaincre de notre erreur. Par quelque côté qu'on la considère, la transportation des criminels, appliquée à la colonisation, est injustifiable. Elle ne correspond d'ailleurs à aucune théorie pénale : elle n'a jamais amendé un coupable et elle est incapable de le faire. D'autre part, il est amplement démontré que l'emploi du travail des forçats, déjà très coûteux dans les bagnes européens, augmenté des frais accessoires produits par le transport au loin des hommes et du matériel, et par les nécessités, locales et internationales de leur surveillance, est ruineux aux colonies.

Ou l'on fait choix, pour la transportation, de colonies plus ou moins tempérées et à climat sain, et susceptibles de colonisation véritable par peuplement libre, et alors on en arrête ou l'on en compromet gravement le succès, et, si la colonie est assez forte, c'est elle-même qui oblige le gouvernement

expéditions lointaines et prolongées de Lucullus en Arménie, de Pompée en Espagne et en Asie, de César en Gaule, etc..., les vétérans sortant des classes inférieures, et qui s'étaient faits soldats pour vivre et pour piller, étaient parfaitement incapables de se transformer en colons, de prendre goût aux choses agricoles. Mais comme, après la guerre, il fallait bien récompenser leurs services, le moyen le plus facile à trouver consistait à leur distribuer des terres et des esclaves, c'est-à-dire la vraie richesse d'alors. Généralement ils s'empressaient de les « réaliser », ou s'ils restaient, c'étaient les esclaves qui colonisaient pour eux.

Je n'ai cité cette question que pour montrer le danger des comparaisons mal étudiées, et comme elle n'a pas un rapport direct avec le sujet qui nous occupe, il n'y a pas lieu d'y insister davantage.

central à la débarrasser de cette tare ou qui se charge de l'expulsion des convicts. Ou bien l'on prétend utiliser, pour la relégation de ces immondices humaines, des dépendances tropicales plus ou moins dédaignées et insalubres, comme si en des pays où l'Européen libre, entraîné, soutenu par l'espoir du gain est incapable de travailler le sol, le criminel des villes, misérable, dépourvu de préparation, anormal d'esprit et de corps, affaibli par la débauche et des hérédités vicieuses, et se sachant assuré de vivre aux frais de l'Etat, allait mieux réussir. Et si l'on entend compter hypocritement sur les effets meurtriers de ce régime pour éliminer définitivement les déchets sociaux sans exécution sanglante, on commet une très vilaine action.

La seule pratique admissible, si cette solution, paradoxale pour le temps présent, n'était choquante pour nos idées, consisterait à déporter ces épaves sur quelque île déserte suffisamment fertile et salubre, et assez isolée pour rendre les évasions très difficiles, et à les y abandonner à leur sort, avec les vivres indispensables pour attendre les premières récoltes et les outils nécessaires pour les obtenir, et avec le nombre de femmes que réclamerait cette agglomération. Ce serait une curieuse expérience, dont les résultats, il est vrai, sont assez faciles à prévoir : les plus faibles succomberaient tout de suite, et les survivants, les plus forts et les plus intelligents, ne tarderaient pas non plus à périr misérablement, probablement non sans s'être massacrés entre eux.

Ce qu'il y a donc de mieux à faire, à l'exemple des peuples les plus abondamment pourvus de possessions coloniales et les plus aptes à profiter de leur expérience, c'est de garder nos criminels dans nos bagnes, ou de les employer, chez nous, aux travaux les plus durs et les plus dédaignés, dans les parties les plus déshéritées de notre territoire, marais ou déserts de pierre et de sable qui nous restent à coloniser nous-mêmes.

Il faut surtout défendre à l'Etat — qui malheureusement a eu la légèreté d'y songer — de transporter les professionnels du crime dans nos Dominations et d'étaler à la vue de nos sujets ces abjections de notre société. C'est déjà beaucoup trop que de mettre au contact de nos Arabes, sous l'uniforme militaire, des individus trop flétris pour figurer *de plano* dans les rangs de notre armée qu'ils contamineraient, mais qu'ils compromettent ainsi tout entière aux yeux des indigènes. C'est encore une faute politique d'importance que de compléter le recrutement de nos troupes coloniales par l'admission dans leurs rangs d'êtres profondément corrompus et déshonorés. L'armée coloniale, organe politique de civilisation, devrait être une élite dans l'élite de la nation.

Pour dire toute notre pensée, la *colonisation* pénale est, économiquement, une absurdité ; colonialement, c'est un scandale ; moralement, c'est un crime.

Conditions pratiques de la colonisation tropicale. — Dans les possessions équatoriales, la colonisation européenne n'est pas toutefois indéfiniment ni radicalement impraticable ; mais il faut qu'elle obéisse à certaines conditions, qu'elle soit tardive, qu'elle soit restreinte, et porte seulement sur des cultures particulières.

Il faut qu'elle soit tardive. — Le colon européen, pour tenter avec chance de succès ses difficiles opérations, doit savoir attendre son heure : elle ne sonne que lorsque la pacification est partout complète et la supériorité du conquérant reconnue et acceptée, quand le Gouvernement étranger, ayant pu définir et assurer la propriété foncière, a largement avancé son œuvre d'aménagement du sol, en le sillonnant de routes, de chemins de fer et de canaux, en l'assainissant, en l'ouvrant ainsi à une circulation économique et sûre. Alors, l'Européen peut venir. Il connaît l'indigène et l'indigène le connaît. Entre eux, la division du travail s'est effectuée; le commerce et l'industrie des étrangers ont déjà créé des débouchés aux produits indigènes. Le natif, de son côté, a pris certaines habitudes de travail régulier, acquis avec des besoins nouveaux la faculté d'apprécier la valeur du temps et les avantages de la fixité des salaires.

Mais, même à cette phase du développement de la possession, le colon — le planteur — ne doit pas se faire d'illusions : il aura toujours à lutter contre de redoutables obstacles. En un pays mieux approprié et plus sûr, l'indigène, plus éclairé, plus riche, individuellement plus ambitieux, est devenu plus capable d'opposer sa concurrence au travail de l'étranger, et c'est sur le terrain agricole que cette concurrence sera toujours le plus efficace. L'industriel et le commerçant, avec leurs capitaux, leurs machines, leurs relations étendues, profiteront bien mieux que le colon des perfectionnements introduits, ainsi que de l'abondance et de la variété des produits que la domination aura fait naître ou se développer.

Elle doit être restreinte. — Pour augmenter ses chances, le colon devra borner son action, la rendre intensive, en laissant aux indigènes l'extensivité de la production agricole dans les plaines torrides et noyées. Il fera choix de terrains d'altitude, moins accessibles aux ressources modestes de l'indigène et à ses habitudes culturales. Armé de ses connaissances, de son argent et de son matériel puissant, il pourra mieux que son rival tirer parti des expériences scientifiques instituées par l'Etat, qui seul a le moyen d'y persévérer sans espoir de gains immédiats. Sur les hauteurs seulement, il trouvera un climat et un ensemble de conditions naturelles qui donneront à ses travaux la durée dont ils ne peuvent se passer, et qui leur permettront de se « créoliser » en fondant sur place une famille normale, héritière de ses efforts et de ses gains.

La constitution de centres de colonisation bien choisis sur les plateaux de l'intérieur ou dans les montagnes permet d'entrevoir la fondation, au cœur de nos Dominations tropicales, de petites *colonies* européennes. En grandissant, ces agglomérations, qui tendraient à grouper en leur voisinage les villes administratives et militaires permanentes, dans ces *sanitaria* auxquels nous avons déjà fait allusion, deviendraient les soutiens les plus sûrs de la permanence et de la sécurité de nos conquêtes.

La colonisation européenne doit être spéciale. — La colonisation européenne doit encore se porter de préférence sur un certain nombre de végétaux dont le produit exige, pour acquérir toute sa valeur qualitative, une série de manipulations soigneuses ou des traitements d'ordre chimique plus ou moins inaccessibles aux indigènes. Ces conditions, qui rapprochent du reste ce genre d'exploitation agricole de celles de l'industrie et du commerce, exigent que le colon fasse en général choix d'espèces ou de variétés de plantes d'origine étrangère, dont il appartient à l'Etat colonial, dans ses institutions agronomiques, d'expérimenter l'acclimatation.

Le vrai colon, c'est l'indigène. — Reconnaissons donc que dans les Dominations tropicales, où la population est presque exclusivement agricole, le véritable colon, c'est l'indigène, et le grand colonisateur, c'est l'Etat.

La politique de l'Etat conquérant est une politique de production : elle s'exerce d'une part sur le sol, de l'autre sur ses habitants.

Sur le sol, pour en étendre la surface accessible et économiquement exploitable, par les travaux publics, par les chemins de fer et les routes, les canaux d'irrigation et d'assèchement, les ponts, les ports, les communications rapides et étendues, les études agronomiques, la géographie et le cadastre.

Sur les habitants, pour en multiplier le nombre et l'activité, par une administration juste, honnête, ménagère et prévoyante, par un bon système fiscal, par l'éducation, par l'assistance, par l'hygiène publique, qui met entre ses mains avec la microbiologie et l'asepsie, des moyens d'une puissance insoupçonnée de nos devanciers et qui ne promet nulle part autant de résultats que sous les tropiques.

On prête au prince de Bismarck un mot qui montre bien, s'il est authentique, que le génie lui-même ne saurait se passer de certaines connaissances élémentaires. « L'Angleterre a des colonies et des colons; l'Allemagne des colons et pas de colonies; la France des colonies et pas de colons. » A la lumière des faits précédemment indiqués, cette phrase, où tout est confondu, apparaît comme la preuve de la plus complète ignorance. Et cette ignorance, dont les Allemands commencent à se corriger, est encore si répandue parmi nous, que c'est un devoir, pour ceux qui ont vu et qui croient savoir, de tâcher de la dissiper, car le mal qu'elle fait est grand.

CHAPITRE VI

Le Gouvernement de Domination.

I. — LA POLITIQUE INDIGÈNE

L'immoralité de la conquête. — La nécessité est son excuse, la supériorité morale est son droit, la force son fondement. — Importance d'une bonne politique indigène. — Les responsabilités morales du conquérant. — Le conquérant cherche l'utilité de la conquête dans l'utilité du sujet conquis. — La *politique d'association* et ses conditions. — Le contrat d'association. — Sa réalisation. Ses dangers. — L'exemple de l'Inde britannique.

Instituer et maintenir une bonne *politique indigène*, c'est à ce problème que se subordonnent tous les autres, et dans la domination, la meilleure politique sera celle qui utilisera le mieux le peuple conquis, d'une part en le faisant le moins souffrir, de l'autre en lui procurant le plus d'avantages. Ce sera celle qui arrivera à créer entre les intérêts du conquérant et ceux du sujet des liens tels que tout ce qui sert au second serve aussi au premier, et *vice versa.*

On a tout dit sur le droit du plus fort et sur son exercice par la conquête. Mais quelque explication que l'on en donne et quelques arguments que l'on puisse invoquer en sa faveur, il faut convenir qu'au point de vue strictement moral ce ne sont que des circonstances atténuantes. Il est certain que ravir à un peuple son indépendance est en soi une mauvaise action, que le soumettre violemment, la plupart du temps sans motifs irréfutables, est une immoralité. Mais il est certain également que c'est une immoralité forcée. C'est une des manifestations de cette loi universelle de la lutte pour la vie, à quoi nous sommes tous voués non seulement par la nature qui nous condamne à périr ou à vaincre, mais encore par notre civilisation. Elle ne peut permettre que de vastes et fertiles régions du globe soient perdues pour nous et pour l'humanité par l'incapacité de ceux qui les détiennent et par le mauvais usage qu'ils en font tant qu'ils restent livrés à eux-mêmes.

Les deux idées de domination et de force, ou tout au moins de contrainte, sont corrélatives ou complémentaires. Suivant les lieux, les circonstances et les procédés, la force peut être plus ou moins effective ou modérée, patente ou dissimulée, mais son emploi ne peut jamais disparaître. Le jour où il n'y aurait plus contrainte, il n'y aurait plus domination : c'est qu'il n'y aurait plus qu'une seule société, une seule communauté politique; c'est qu'une nouvelle nationalité serait née, confondue avec celle du conquérant. Et c'est ce qu'il est impossible d'espérer et même de concevoir dans les conditions où s'opèrent les entreprises qui font l'objet de ces réflexions. Œuvre d'Etat, s'exerçant sur des races trop différentes de celle du conquérant pour se rapprocher d'elle intimement, la domination offre un caractère étranger indélébile. Les deux éléments en présence sont irréductibles, ou, comme nous disons, inassimilables.

Le conquérant ne doit donc se faire aucune illusion. Quelles que soient sa sagesse, son expérience, l'habileté de sa conduite et l'excellence de son gouvernement, il n'inspirera jamais à ceux qu'il prétend ainsi diriger, après les avoir vaincus et soumis, les sentiments d'affection instinctive et de solidarité volontaire qui font une nation. Ceux-ci ne peuvent s'obtenir que d'hommes peu différents les uns des autres par le sang et par la culture historique, par les mœurs et par l'idéal.

Même après une occupation séculaire, après que des périodes prolongées de paix et de sécurité auront amené les transformations désirables et désirées, et lié, dans toute la mesure où ils peuvent l'être, les intérêts des deux communautés juxtaposées, ce serait folie au conquérant de penser qu'il puisse être aimé, de s'aveugler au point de croire que la société dominée subira sa direction avec satisfaction et s'y abandonnera avec une entière confiance.

On ne saurait citer aucun exemple, et l'on peut hardiment assurer qu'il ne s'en présentera jamais, d'une conquête accomplie comme celles-ci sur des peuples séparés par des océans et des continents et qui, par suite, n'ont avec leurs vainqueurs aucune espèce de communauté, qui soit acceptée par eux sans arrière-pensée. Si faibles ou si dégradés, si barbares que l'on suppose les vaincus, si mauvais que soient leurs chefs naturels, ou, au contraire, aussi civilisés à leur manière, aussi intelligents, ou bien aussi dépourvus de sens ethnique ou de patriotisme, de loyalisme féodal ou religieux à l'égard de leurs princes qu'on puisse se les imaginer, ils considéreront toujours le départ ou la disparition du pouvoir exotique comme une délivrance, et même, presque toujours et presque tous, le remplacement d'un maître étranger par un autre comme une espèce de libération.

C'est une vérité qu'exprimait récemment le *Times* à propos des troubles dont l'Inde offre aujourd'hui le spectacle et la leçon après une si longue expérience de la domination, poursuivie dans les conditions les plus exceptionnellement favorables, lorsqu'il écrivait : « Après tout, c'est par l'épée que nous avons conquis l'Inde, et c'est par l'épée que nous la garderons. »

C'est une fatalité inexorable, contre laquelle aucune politique ne saurait prévaloir et qu'aucune rhétorique ne saurait masquer. Il faut que le conquérant, si hautes que soient ses ambitions et ses inspirations, ait le courage de s'y résigner. C'est le châtiment de sa violence, la tache de sang que rien ne peut effacer de ses mains.

Mais l'expansion par conquête, si nécessaire qu'elle soit, apparaît particulièrement injuste et inquiétante à la conscience des démocraties. La domination, difficilement compatible avec leurs principes égalitaires, est un régime *ipso facto* aristocratique dans ses modes d'action; elle exige un gouvernement absolu. Le conquérant, par cela seul qu'il est conquérant et étranger, se constitue en aristocratie, en corps privilégié et à fonctions réservées, et son gouvernement, par essence et pour remplir avec fruit les devoirs de sa situation, ne peut être qu'un gouvernement patriarcal, un pouvoir exclusif de l'égalité et par conséquent de la liberté politique, car cette liberté n'est qu'une forme et une manifestation de l'égalité. Il doit être le « bon tyran », intelligent, doux, éclairé, prévoyant et charitable, compréhensif et tolérant, mais fort; au demeurant et quoi qu'il fasse, il reste toujours un aristocrate et un usurpateur.

Inscrire sur les actes publics et sur les monuments la devise républicaine, passe encore. Mais vouloir transporter en de pareils milieux les institutions démocratiques est un non-sens et une aberration; les sujets ne sont pas et ne peuvent pas être des citoyens au sens démocratique de ce mot.

La France a tenté de résoudre cette antinomie par l'assimilation, qui a pour base la foi préconçue en l'égalité de tous les hommes et leur rapide perfectibilité. L'observation, l'expérience et la science ont convaincu tous ceux qui ne consentent pas à se payer avec des mots de l'inanité, de la stérilité et des dangers de cette chimère et des souffrances qu'elle entraîne pour ceux-là mêmes que l'on voudrait en faire bénéficier.

Le moment est venu de substituer à ces utopies des conceptions moins généreuses peut-être, mais assurément plus utiles et plus fécondes, car elles sont seules conformes à la nature des choses.

Le droit à la domination fondé sur la supériorité morale. — Il faut donc accepter comme principe, prendre pour point de départ qu'il y a une hiérarchie des races et des civilisations, et que nous appartenons à la race et à la civilisation supérieures, mais en reconnaissant aussi que, si cette supériorité confère des droits, elle impose en retour de grands devoirs.

La légitimation foncière de la conquête indigène, c'est cette conviction de notre supériorité, non pas seulement mécanique, économique et militaire, mais surtout de notre supériorité morale ; c'est en elle que réside notre dignité et que se fonde notre droit à la direction du reste de l'humanité ; la puissance matérielle n'en est que l'outil.

Les peuples qui n'ont pas cette croyance et cette sincérité envers eux-mêmes ne doivent pas chercher à conquérir, et la politique qui leur convient est celle de Siméon Stylite. Qu'ils restent chez eux quoi qu'il en puisse advenir. Autrement ils préparent inévitablement la ruine de leur domination et la rendent malfaisante, parce qu'entre leurs mains incertaines et irrésolues elle n'est jamais franche ni jamais sûre du lendemain. Incapables de la prolonger et de la maintenir, ils se montrent indignes à l'avance du rôle qu'ils s'arrogent indûment et qui exige, pour être avantageux à la métropole en même temps qu'à l'indigène, l'usage ininterrompu de la force, de la discipline, et du genre de justice que comporte le « commandement », l'*imperium*.

Les responsabilités morales. — Les conquérants d'autrefois, et ceux mêmes de naguère, ne cherchaient dans la conquête que leur avantage. Les nations modernes, en implantant au loin leur domination, à grands risques et à grandes dépenses d'hommes et d'argent, poursuivent sans doute le même objectif, mais avec un idéal qui manquait à leurs devanciers et qui s'est éveillé dans leur conscience depuis assez peu de temps. Il est bien entendu qu'elles travaillent toujours pour elles-mêmes et qu'elles se promettent de tirer de leurs sacrifices des profits divers. Mais à ces intentions elles se sont mises à joindre autre chose; un « impératif » nouveau inspire leur conduite. Elles obéissent à un sentiment à peu près inconnu de ceux qui nous ont précédés et qui est celui des responsabilités morales qu'impose la conquête.

Sans doute elles ont en vue leurs utilités propres; mais elles considèrent ces utilités sous un autre jour et veulent les atteindre par des voies différentes. Elles conçoivent que, si la conquête est autorisée par leur supériorité, si elle s'excuse par la nécessité, elle n'en reste pas moins une action d'une immense gravité, un abus de la force qui peut trouver son absolution seulement dans le bien qu'elle procure à ceux qui doivent la subir. Se rendant bien compte que s'il ne peut en tous les cas tirer de sa possession un parti avantageux que par l'intermédiaire de l'indigène — c'est la politique d'exploitation — le directeur étranger comprend aussi que le travail de l'indigène deviendra de plus en plus productif, à mesure que celui-ci sera mis à même d'en mieux saisir les conditions, que son esprit s'élargira, que ses instruments se perfectionneront et qu'il saura plus utilement les manier, qu'il sera plus prévoyant, qu'il deviendra, *nolens volens*, un collaborateur efficace des bienfaits de la domination et qu'il sera forcé d'apprendre à en juger la valeur. — Et c'est la *politique d'association ou de coopération.*

La politique d'association. — Utilitaire encore dans ses résultats, elle ne produit tous ses effets et ne devient le meilleur de tous les calculs que si elle est vivifiée par des inspirations d'ordre moral et par la conviction que le conquérant, en assumant la tutelle des populations, prend aussi charge de leurs âmes, de leurs besoins intellectuels et de leurs sentiments ataviques, et l'engagement de les satisfaire, qu'il se fait leur initiateur, le μαιευτες de leur esprit.

La politique d'exploitation intégrale, pour ainsi parler, c'est l'esclavage et ses formes mitigées, le servage agricole ou industriel, où l'individu, lié à la terre ou à la factorerie, mais sans propriété personnelle sûre, n'est qu'un instrument, d'un rendement toujours médiocre, que le maître possesseur du fonds ne considère qu'à titre de machine et comme individu séparé de ses congénères. La politique d'association, loin de rompre la solidarité des divers groupements indigènes, prétend la consolider pour s'en servir, mais pour servir aussi les sujets en les faisant participer consciemment à son œuvre.

Mais il sera bien permis au signataire de ces lignes d'insister quelque peu sur ce sujet. Lorsqu'il a mis pour la première fois en circulation l'idée[1] que

1. 1887. *Conférence à l'Association du Centenaire de 1789, l'Indo-Chine française.* « Si nous comprenons bien notre tâche... nous devons donc prendre toute cette race annamite avec ses mœurs, ses institutions, sa supériorité relative, pour en faire en quelque sorte notre compagne de fortune et notre associée (p. 26)... Ce n'est qu'en associant nos ambitions présentes à ses ambitions passées et futures que nous pourrons prétendre

pour être avantageux, tout en devenant moraux, les rapports du conquérant et du conquis doivent s'établir comme une association, il ne se doutait guère, tant elle lui paraissait naturelle, de la fortune qui l'attendait. Toutefois, en devenant une formule générale, elle a eu le sort de toutes les formules de ce genre. Mal comprise, mal pratiquée, elle a pu être interprétée par chacun dans le sens qui convenait à ses tendances ou à ses opinions et d'une manière parfois opposée aux observations et aux réflexions qui l'avaient dictée. On a pu notamment s'en servir comme d'une arme perfectionnée en faveur de l'assimilation, en essayant de refaire ainsi à cette vieille passion une virginité nouvelle.

Son application. — L'association, entendue comme principe économique et comme guide moral, est d'une application, il est vrai, assez générale. Mais comme instrument politique, elle ne trouve ses pleines conditions que lorsqu'est échue au conquérant la direction d'une population homogène et cohérente, d'une civilisation originale assez avancée, ayant une certaine conscience de sa personnalité et possédant un héritage historique, c'est-à-dire qu'elle vise justement les circonstances où la domination rencontre les obstacles les plus grands et l'opposition la plus difficile à réduire.

Cette politique, dans mon esprit, concernait surtout la race annamite et nous pouvons l'étendre encore

au rôle de missionnaires d'une civilisation nouvelle (p. 27.)... »

1891. *Introduction à « l'Inde »* de Sir John Strachey : « Il faut... attacher à nous les Annamites par l'intérêt, non seulement par l'intérêt matériel, mais par les intérêts moraux... Nous avons arrêté ce peuple en plein essor, mais il faut arriver à ce résultat que peuple conquérant et peuple conquis forment une association véritable, renouant la chaîne des traditions que la conquête a pu rompre, mais qu'elle n'a pu faire disparaître (p. XIV). »

avec de précieux résultats aux Arabes, car elle est de nature à résoudre la grande difficulté de notre possession méditerranéenne, à la fois colonie de colonisation européenne et domination de race, en nous aidant à concilier autant qu'ils peuvent l'être les intérêts malheureusement opposés de nos colons et de nos sujets arabes et berbères. Elle est d'une portée moins large et moins ambitieuse, lorsqu'elle a pour objet des races arriérées et morcelées, comme la plupart des peuples et tribus de l'Afrique tropicale. Cependant elle enseigne toujours la tolérance et le libéralisme dans l'autocratie; elle prescrit partout le respect scrupuleux des mœurs, des coutumes et des religions; elle substitue partout l'entr'aide à l'exploitation pure et simple des forces des indigènes et à l'usurpation de leurs biens et de leur propriété foncière. Elle incite à leur développement intellectuel. Voulant rendre leur travail plus personnel et plus intéressé, elle tend à le rendre plus productif. Cherchant le rapprochement des esprits et leur union dans le rapprochement des intérêts, elle facilite la soumission.

Mais la politique d'association réaliste et sage réserve avec une inébranlable fermeté tous les droits de la domination et tient compte de toutes ses exigences. Elle n'entend pas du tout préparer et réaliser une égalité à jamais impossible, mais établir une certaine équivalence ou compensation de services réciproques. Bien éloignée de laisser s'énerver la domination, elle veut la renforcer en la rendant moins froissante et moins antipathique.

Le « contrat » d'association. — Sans tomber dans les rêveries à la Jean-Jacques, on doit faire remarquer que qui dit association dit contrat et l'on conviendra que cette idée, en ne la prenant guère d'ailleurs que comme une « illustration », est beaucoup plus acceptable, lorsque, au lieu de l'appliquer, comme le faisait Rousseau, à une société unique, formée par des procédés naturels, elle envisage la coexistence et la coopération de deux sociétés profondément différentes venues en contact d'une manière aussi brusque qu'artificielle. Voici comment l'on pourrait imaginer les termes de cette implicite convention.

Le conquérant européen apporte l'ordre, la prévoyance et la sécurité dans une agglomération humaine, qui tout en aspirant ardemment, dans chacun de ses membres et dans son ensemble, à ces biens fondamentaux, sans lesquels aucune communauté ne peut progresser, n'est pas apte à les faire sortir elle-même de son sein. Elle végétait, au jour le jour, dans la crainte universelle, étiolée sous le poids des abus et des injustices. L'Etat européen lui communique, avec la paix publique et particulière, la puissance mécanique, l'argent, le crédit, la science, l'hygiène qui vont vivifier les activités latentes de ces populations, multiplier leur nombre en transformant leur sol. Avec les instruments matériels et intellectuels qui leur faisaient défaut et dont il les arme, il leur procure l'idée et l'ambition d'une existence meilleure et les moyens de la réaliser.

Nous vous respecterons, disent les sujets, si vous commencez par vous montrer respectables; nous vous obéirons si vous pouvez réussir à nous convaincre de toutes les supériorités de cette civilisation dont vous avez plein la bouche, et nous démontrer qu'en nous imposant votre direction, vous ne poursuivez pas uniquement votre intérêt, comme vous nous l'assurez sans cesse. Nous voulons bien travailler pour vous, mais à la condition que nous y trouverons d'abord notre avantage et parce que nous ne pouvons pas ne pas reconnaître que sous votre surveillance le travail, devenu plus nécessaire, est aussi devenu plus fructueux et plus sûr, et que nos propriétés sont mieux garanties. Vous êtes profondément antipathiques à notre nature. Cependant, nous subirons votre direction, à la condition aussi que notre genre de vie n'en sera pas bouleversé, que vous ne prétendrez pas nous imposer des idées et des institutions que nous ne pouvons pas comprendre, nous forcer à consommer des produits dont nous n'avons pas besoin, que nous n'aurons avec vous que le moins de contacts possible, que la plupart d'entre nous ne s'apercevront de votre action que par ses résultats.

Nous paierons les impôts que vous exigez de nous, mais à la condition que nous prissions constater qu'ils nous servent et que le produit en reste chez nous, qu'ils n'entraînent pas pour notre misère des renchérissements factices, qu'ils ne se dissipent pas en luxes qui nous sont inutiles et incompréhensibles et qui, insultant à notre pauvreté, vous montreraient à nos yeux comme des parasites et des menteurs.

Nous oublierons tout ce que nous avons souffert comme soldats, en luttant contre votre conquête et nous vous défendrons et mourrons à côté des vôtres, ici et même hors de nos frontières, si cette servitude profite à la nation que nous sommes, nous préserve de nos voisins, dont nous avons peur, haine ou mépris, et à l'occasion nous en venge.

Nous vous servirons avec fidélité, disent les chefs et les classes supérieures, si vous servir ne nous déshonore pas, si au lieu de nous accabler de vos dédains, de nous ruiner dans notre fortune et notre orgueil, de vouloir faire de nous des complices, traîtres à nos compatriotes, vous nous admettez à prendre notre part, suivant nos lois, à l'administration de notre pays en y conservant le rang social que nous avons acquis.

Nous vous aiderons ou nous vous laisserons faire, disent les princes, si vous compensez, par des avantages matériels appréciables et par des illusions consolantes pour notre vanité, la diminution de pouvoir que vous nous infligez, et si vous nous persuadez que votre protection, que nous n'avons pas demandée, nous offre la seule chance de survie qui nous reste. Nous nous résignerons à votre domination si elle est forte et si elle se montre meilleure pour notre pays et notre peuple que toutes celles que notre faiblesse nous permet encore d'espérer ou de craindre.

Tel est le *schéma* de la politique d'association. Elle ambitionne de rendre la domination mieux opérante et plus productive d'utilités réciproques, tout en la rendant plus supportable, et de réduire ainsi au *minimum* l'usage toujours stérile et coûteux de la force.

Elle veut améliorer l'indigène de toutes les façons, mais de toutes les façons qui lui sont profitables, en le laissant évoluer dans son propre plan, en maintenant chacun à sa place, à sa fonction et à son rôle, en ne touchant que d'une main très légère aux habitudes et aux traditions des sujets, en se servant au contraire de leur organisation pour atteindre ses objectifs. Elle est donc la répudiation systématique de l'assimilation et tend à substituer au régime nécessairement rigide et oppressif de l'administration directe celui de l'administration indirecte, avec la conservation, mais mieux surveillée et mieux dirigée, des institutions du peuple soumis, et avec le respect de son passé.

D'une application beaucoup plus délicate, sans doute, que l'exploitation brutale et le caporalisme administratif, elle implique une parfaite connaissance des indigènes et de leur psychologie, une expérience approfondie de leurs mœurs et de leurs idées, expérience et science qui ne peuvent s'acquérir que par une préparation spécialisée, par une fréquentation prolongée du milieu, par la permanence des fonctions, toutes conditions qui ne peuvent être remplies que par l'organisation particularisée des Possessions. Et l'on voit ainsi que le concept de l'association nous ramène pratiquement à cette autonomie que nous avons tout d'abord montrée comme plus urgente pour la France que pour les autres Etats expansifs en la déduisant des nécessités qui conditionnent sa politique générale.

L'ordre, base de la Domination. — Si le fondement moral de la conquête coloniale est la foi du conquérant en sa supériorité, la base expérimentale de l'association est le fait que ce qui manque aux sociétés indigènes les plus avancées et les plus perfectibles, ce n'est pas tant l'intelligence que la faculté interne de l'ordre et de la discipline. Ces peuples ont des besoins assez grands et assez variés déjà pour apprécier et rechercher les bienfaits de la sécurité, mais cette sécurité n'est réalisable que sous des gouvernements solides et bien organisés, capables d'assurer la distribution régulière de la justice et l'intègre perception de l'impôt. Leurs chefs ne sont dépourvus ni de l'idée ni de l'intention du bien public. Mais ils n'ont pas la possibilité de la longue attente des résultats et ils manquent d'ailleurs des réserves de capital et des connaissances scientifiques sans lesquelles on ne peut maîtriser une nature débordante et fantasque. Sans même parler des dangers extérieurs qui peuvent les paralyser, ils sont obligés, rien que par les difficultés et les désordres intérieurs, de vivre au jour le jour. Ayant parfois des lois théoriquement excellentes, traduisant et synthétisant parfaitement leur évolution, ils n'ont pas le moyen de les appliquer, et cette impuissance contribue à les démoraliser. Découragés par une tâche supérieure à leur force, ils en arrivent à ne plus chercher dans le pouvoir que des avantages personnels, s'ingéniant seulement à perpétuer les abus dont ils vivent et qui finissent par envahir le système du gouvernement tout entier.

Sous ce régime où la violence et la faiblesse, l'arbitraire et le laisser-aller se mélangent, le peuple, de son côté, travaille à vide. Son activité, déjà contrariée et réduite, ne laisse presque rien au gouvernement et le mince produit obtenu se disperse encore en route. Non seulement il n'y a plus entre l'intérêt des administrés et ceux des administrateurs cette concordance sans laquelle il n'y a pas de bon gouvernement possible, mais ces intérêts s'opposent. La concussion et la corruption deviennent universelles, et le désordre est irrémédiable.

Les effets de l'ordre dans la Domination. — Seul un gouvernement étranger, fort et ordonné, est en état de faire sortir de ce cercle vicieux les populations et les pays de ce genre. Rien qu'en pénétrant dans ce chaos, avec sa régularité, son honnêteté et le désintéressement personnel de ses agents, il exerce une action dont les résultats apparaissent promptement comme extraordinaires.

Ces populations nous semblaient endormies, nonchalantes, résignées à un dénûment que le climat fait supportable : elles étaient en effet tout cela, mais plutôt par circonstance et par conviction de la stérilité de l'effort que par nature. Laborieuses pourtant, mais écrasées d'impôts aléatoires, jamais sûres de la conservation du profit, la prévoyance et le désir du lucre sommeillaient en elles. L'ordre et la sécurité renaissant, elles ressuscitent pour ainsi dire et manifestent des qualités d'énergie et d'activité qui confondent souvent les témoins de ces phénomènes.

C'est le résultat que produit toujours la domination étrangère, pour peu qu'elle s'élève au-dessus du pillage et qu'elle veuille durer, ainsi que l'on peut le constater dans le monde antique comme dans les temps modernes. Pour ne prendre d'exemples que chez nous, c'est ce que nous avons vu en Cochinchine, malgré notre inexpérience générale de ces entreprises, malgré l'ignorance d'un milieu où nous débarquions en découvreurs d'Amériques, sans avoir la moindre idée des mœurs et des institutions des indigènes et malgré les obstacles particuliers qu'opposaient au succès nos préjugés, les vices de notre organisation centrale et le bouleversement où nous trouvions ce petit pays.

Exemple de la Cochinchine. — Le Delta du Mékhong, d'une richesse supérieure à la moyenne et soustrait d'ordinaire à de graves vicissitudes atmosphériques, mais d'une population, il est vrai, numériquement insuffisante à son exploitation, ne pouvait, avant notre arrivée, fournir à la cour de Hué plus de deux millions d'impôt direct, en sapèques de zinc et en céréales. Au bout de quelques années, cette même surface et cette même population procuraient sans peine et en monnaie d'argent à l'administration française une somme décuple, alors que la paix restait encore troublée et avant que le sol ait pu recevoir les aménagements que la nature du pays rendait coûteux et d'une exécution difficile. L'indigène, sans que nous nous soyons encore préoccupés de l'instruire et de le préserver des maladies évitables, commençait à se multiplier, à accroître ses rizières et à acquérir la notion de la valeur du temps, de l'argent et de l'épargne.

Les procédés législatifs. — Pour obtenir ces résultats, ce que le conquérant a de mieux à faire, c'est de se garder d'introduire dans sa Possession ses lois, qui ne sont pas faites pour elle, et de s'ingénier à en fabriquer de nouvelles. Il n'a qu'à se servir de celles qui existent, ayant reconnu que ce sont celles-là seules qui sont bonnes pour ces communautés, parce qu'il n'y a pas de loi bonne ou mauvaise en soi ou plutôt parce qu'une loi n'est bonne que si elle est naturelle, c'est-à-dire si, résultant de l'évolution des nations, résumant leurs conceptions et leurs sentiments, elle s'adapte congrûment, avec précision, à leurs besoins instinctifs et à l'idéal qu'ils ont hérité de leurs morts.

Sans doute, le conquérant manquerait à sa tâche et s'en montrerait indigne, s'il ne cherchait pas à améliorer ces législations. Toutefois, il ne doit pas demander ces améliorations possibles à l'invention ni à l'apport factice de dispositions étrangères, mais à l'observation et à l'étude des lois et des traditions locales et à leur *restitutio ad integrum*. Ce qu'il y a de plus sage à faire, c'est de les ordonner, les codifier, en les dégageant des déformations qu'elles ont subies par la faiblesse et le désordre des gouvernements et par la corruption des individus et en y introduisant seulement, avec le temps et à la suite des modifications produites par le progrès même de son œuvre et les besoins qu'elle fait surgir, quelques légers, partiels et prudents perfectionnements.

Même restreinte à ces proportions modestes, c'est une œuvre encore très ambitieuse. Elle est belle et tentante, la plus belle et la plus utile que puisse se proposer le conquérant. Mais il n'en est pas qui exige d'aussi rares qualités de jugement, de sens critique, d'érudition, de pénétration philosophique de l'âme indigène, car il s'agit de distinguer ce qui, dans le processus ethnique et politique de ces sociétés-pupilles, constitue le noyau pur et solide, forgé par l'histoire au cours des âges, et d'en éliminer ce qui n'en est que la rouille et la souillure superficielle.

A ce point de vue, on ne saurait indiquer d'étude politique et sociale plus intéressante que celle des administrations de l'Extrême-Orient chinois, ou imprégné des méthodes chinoises. En Chine et en Annam, en Corée — et sans excepter même l'ancien Japon, bien qu'il ait été soumis à une évolution particulière grâce à sa position et aux singularités si remarquables du caractère de ses habitants — on ne peut manquer d'être frappé du contraste qui existe entre l'excellence théorique des prescriptions légales et la dégradation de leur usage, entre le droit et le fait, entre les intentions des lois et les abus sans nombre qui les ont déformées et qui ont pris à leur tour force de loi.

Les améliorations matérielles. — Mais la politique législative des gouvernements de conquête étrangers doit être tout d'abord surtout économique, et se subordonner à ses effets économiques. Si la préoccupation de ces responsabilités d'ordre moral, si cette conscience nouvelle du devoir, invoquée tout à l'heure, reste la plus haute de nos inspirations, si nous considérons à présent, sous les conditions de prudence nécessaires, le progrès intellectuel des indigènes, l'élargissement de leur vie interne, comme l'absolution du crime initial de la conquête, nous devons considérer aussi que le moyen le plus sûr pour atteindre ces résultats ultimes, c'est l'amélioration matérielle de l'existence du vaincu. C'est par le côté matériel qu'il convient d'aborder le problème, et ce sont les résultats matériels qui indiquent le mieux la route ultérieure qu'il faut suivre. La politique d'association a comme instrument la « politique d'enrichissement » des indigènes, de leur enrichissement automatique, déclanché, si je puis m'exprimer ainsi, par la garantie administrative de notre action.

Le critérium budgétaire. — La question du « revenu » de la Possession est donc pour le gouvernement de domination de première importance. Le budget de ses recettes est la traduction de ses efforts et le *critérium* de son succès, pourvu, bien entendu, que ces recettes s'établissent normalement, c'est-à-dire sans tracasseries impolitiques et sans fiscalité abusive. La progression naturelle de sa courbe, à part certains fléchissements accidentels, attribuables à des causes physiques contre lesquels l'homme reste encore désarmé, est l'indice le plus sûr, non seulement du perfectionnement économique des indigènes, mais de leur satisfaction et de leur degré d'acceptation de la domination étrangère. De même que ses ascensions révèlent leur bien-être, leur multiplication, l'extension de leurs cultures, le développement de leurs industries et de leurs transactions, le réveil de leurs initiatives, de même ses arrêts trahissent leur mécontentement, leur état de malaise et les troubles qui parcourent leur masse inquiète.

Cette politique peut-elle rendre l'indigène individuellement plus heureux? C'est une tout autre question, qui mériterait sans doute d'être examinée en détail, mais qui conduirait très loin. La réponse, d'ailleurs, il faut en convenir, est plus que douteuse. Mais l'homme ne vit pas seulement par le ventre, et il ne paraît vraiment remplir sa destinée qu'en s'épuisant à la tâche impossible de combler l'abîme qui sépare ses désirs de leur réalisation, et qui s'approfondit à mesure que ses acquisitions se perfectionnent et que ses besoins s'élargissent.

La politique d'association, imprégnant tous les actes du dominateur, lui faisant chercher ses avantages dans ceux du vaincu, orientant ses déterminations dans le sens de l'élévation progressive des populations dominées, sans contrarier leur nature morale ni dissocier ses éléments, semble aussi, d'autre part, la plus propre à combattre les objections de principe que les démocraties opposent à l'expansion coloniale. Elle est, en effet, la mieux faite pour concilier les droits, les intérêts des races les plus favorisées avec leurs besoins les plus nécessaires et les devoirs que les vainqueurs ont assumés en imposant aux plus faibles le poids de leur supériorité.

Les dangers de la politique d'association. — Comme toute institution politique d'inspiration théorique ou traduisant des idées générales, la politique indigène de l'association comporte des inconvénients et des dangers dans son application, car le mal est toujours prêt à sortir des meilleures intentions.

L'écueil de cette formule, ainsi que l'expérience l'a déjà montré, et surtout avec le tempérament français, c'est d'ouvrir la porte à un libéralisme excessif et de favoriser certaines tendances à considérer l'indigène comme un être semblable à nous, mis sur le même pied que nous, ayant dans l'association les mêmes droits, et de nous ramener ainsi sur la pente de l'assimilation, si glissante à la paresse, si commode à l'esprit de routine de nos administrateurs et de toutes les administrations.

S'il est vrai qu'au fond de la politique d'association existe l'idée d'un contrat, d'un engagement réciproque, il faut remarquer que jamais, ni en aucun ordre d'affaires, un contrat n'a signifié l'égalité des participants. Il a pour but le plus souvent de compenser et d'équilibrer l'inégalité de leurs facultés et de garantir la juste rémunération de leurs moyens inégaux, proportionnellement à leurs apports différents.

Le droit que s'arroge le conquérant repose, nous l'avons dit et il faut y insister, sur la conscience qu'il a de ses supériorités, sur la conviction que sa domination est utile et bonne, sur sa volonté d'en fournir la preuve. Le premier de ses devoirs, à l'égard des sujets comme à l'égard de l'État et de la nation, c'est de maintenir sa domination et d'en assurer la durée : tout ce qui peut avoir pour effet de la consolider et de la garantir est bon, tout ce qui peut l'affaiblir et la compromettre est mauvais. Tel est l'aphorisme fondamental qui doit guider toute la conduite du dominateur et en régler les limites : il pourrait servir d'épigraphe à ces réflexions.

En associant l'indigène à notre entreprise, il faut donc se garder de le laisser sortir de son rang et, par exemple, éviter expressément, en lui faisant des promesses qu'il n'est pas possible de tenir, de déposer dans son esprit les germes d'ambitions ou d'espérances qui sont irréalisables.

L'exemple de l'Inde britannique. — Nous n'avons pas le privilège des erreurs coloniales; la domination, en quelques circonstances qu'elle s'exerce, est toujours difficile et, par exemple, une entreprise aussi grande que celle de la domination britannique dans l'Inde ne pouvait pas en être exempte. Les fautes des Anglais dans l'Inde ont été, naturellement, nombreuses et graves, et leur examen critique ne nous est pas moins profitable, pour en éviter chez nous le renouvellement, que l'imitation de ce qu'ils y ont fait de meilleur. Mais il n'en est guère sans doute qui ait eu des conséquences plus funestes que la promesse, qu'ils ont inscrite et renouvelée dans des déclarations solennelles, de considérer les indigènes de l'Inde comme égaux en droits aux conquérants et qualifiés, comme eux et aux mêmes conditions qu'eux, à l'exercice des fonctions publiques.

Cette imprudence n'est pas, il faut bien le dire, le fait du gouvernement de l'Inde lui-même, trop avisé et trop expérimenté pour l'avoir commise de propos délibéré: elle lui a été imposée par l'Angleterre où, suivant la remarque de sir John Strachey, « on rencontre toujours, comme ailleurs, des esprits disposés à accepter avec tranquillité les aberrations politiques les plus singulières, pourvu que le sentiment y tienne la place du bon sens et qu'elles abaissent l'orgueil national ». Cette observation montre à combien d'écueils se heurte l'autonomie, et quelles précautions nous aurons à prendre pour la réaliser nous-mêmes.

Le premier pas fait dans cette voie malheureuse remonte à 1834, lorsque, par *Act* du Parlement, le Gouvernement déclara « qu'aucun des natifs de l'Inde, non plus qu'aucun des *natural british-born subjects* de Sa Majesté y résidant, ne pourrait, à raison de sa naissance, de sa descendance ou de sa couleur, être écarté de *n'importe quel poste*, office ou emploi de la Compagnie de l'Inde Orientale ». Cette déclaration, qui n'est pas loin de valoir les contresens politiques les plus célèbres des révolutionnaires français, fut renouvelée en 1850, en 1858, puis encore en 1877, au nom de la reine Victoria, au moment où la souveraine fut en grande pompe proclamée impératrice de l'Inde. Il devait pourtant sembler sûr à tout Européen doué du plus vulgaire bon sens, et possédant la moindre expérience de l'Inde et des conditions qui s'imposent au fonctionnement d'un gouvernement étranger, qu'il serait impossible, si loin que l'on consentît à aller dans la pratique, de tenir de semblables promesses, qui ne réservent aucune fonction, non pas seulement celles des chefs de provinces, des gouverneurs et lieutenants-gouverneurs, et commissaires en chef, mais même celles de gouverneur général ou vice-roi[1].

Quelque mépris que l'on professât pour le caractère des Hindous, on ne pouvait leur dénier l'intelligence la plus subtile et la faculté de passer au moins aussi facilement que les Anglais n'importe quel concours, et l'on devait bien penser qu'ils ne manqueraient pas d'interpréter un pareil engagement dans

1. C'est à la proclamation de 1858 que l'Angleterre doit d'avoir été obligée d'admettre un magistrat hindou au Conseil de l'Inde, en qualité de *legal member*, c'est-à-dire de lui permettre de discuter, proposer, arranger, ordonner tous les règlements législatifs et ordonnances les plus confidentielles... Les mystères les plus secrets de la diplomatie, les préparatifs militaires les plus jalousement dissimulés sont livrés à sa loyauté et à sa discrétion ». (*The Times*, mars 1909.)

le sens le plus large, et que jamais on ne pourrait remettre entre leurs mains, contre la domination britannique, une arme plus ingénieuse et plus puissante. C'est, en effet, l'origine des mouvements qui agitent l'Inde d'à présent ; c'est sur ce document, véritable charte des révolutionnaires, que se sont fixés les regards et que se sont aiguisées les ambitions de tous les gradués des Universités, et les revendications des meneurs contre les « accaparements » ou les abus des maîtres de l'Inde. En se réservant les postes et les fonctions de direction, les Anglais ne se sont rendus coupables d'aucun abus ; ils n'ont rien accaparé ; ils n'ont fait que se conformer à l'exercice obligatoire de leur rôle et à la sauvegarde de leur mission. Ils sont pris entre leur parole et l'impossibilité de la tenir, s'ils ne veulent trahir les droits et les intérêts évidents de leur pays. Les gouvernants de l'Inde avaient déjà largement outrepassé la limite du libéralisme raisonnable en soumettant les Anglais aux jugements des magistrats hindous et en admettant leurs sujets indigènes à certains postes exécutifs. Mais, pour les Hindous, ébranlés par une éducation dont les programmes assimilateurs ne conviennent pas à leur genre d'esprit et surexcités par les victoires japonaises — qui ne furent pas tant des victoires contre les Russes que contre les blancs et contre leurs alliés anglo-saxons eux-mêmes — toute concession nouvelle est le gage d'un nouvel abandon de leurs maîtres et comme une brèche de plus dans l'édifice de leur bienfaisante autorité.

Cette leçon mérite d'être mise en lumière et il faudrait qu'elle pût nous servir. Il faudrait qu'elle évitât à la politique d'association, que les circonstances ont mise à la mode sans la faire bien comprendre, de fausses interprétations, auxquelles nous ne sommes que trop enclins par notre tournure d'esprit et par nos vieilles habitudes. Au moment où nous nous trouvons aux prises en Extrême-Orient avec les mêmes difficultés que les Anglais, que l'on y réfléchisse. L'Indochine est peu de chose à côté de l'Inde, mais l'unité de la race qui l'habite en rend le maniement plus difficile et nous ne jouissons pas en Europe des mêmes avantages que les Anglais. Ne commettons donc pas une telle faute ! Si nous pouvions en arriver un jour à de si audacieuses réformes, qu'elles ne nous soient pas imposées par d'imprudentes et impolitiques promesses, et qu'au moins nous ayons le profit et l'honneur de notre opportun libéralisme !

CHAPITRE VII

Le Gouvernement de Domination.

II. — LE GOUVERNEMENT LOCAL

Son rôle, ses devoirs, ses besoins. — Il est préposé à l'enrichissement de la conquête, le défenseur de ses intérêts particuliers, l'excitateur de ses activités. — L'universalité de son action. — Son étatisme forcé. — L'aide qu'il peut recevoir des commerçants, des industriels, des colons nationaux. — Ceux-ci ne sont pas indispensables à la prospérité de la Domination. — Attitude libérale à prendre à l'égard des étrangers et de leurs capitaux. — Réserves de nature politique. — L'Afrique du Nord. — Les devoirs du gouvernement de Domination en matière fiscale.

Ses devoirs et ses besoins. — Nous avons établi que la politique de domination, fondée sur la conscience de la supériorité de race et de civilisation, était avant tout une *politique d'enrichissement*, ayant pour moyens l'ordre et la sécurité, pour support et pour instrument la population conquise. Nous avons à présent à examiner les formes pratiques du gouvernement de conquête.

Comme il est un gouvernement subordonné, il faut étudier d'une part ses dispositions sur place, avec ses obligations immédiates et ses principaux organes exécutifs, et de l'autre ses relations avec l'Etat souverain, représenté par le Ministère des Colonies. Rappelons que l'objectif consiste à donner au gouvernement local, par l'autonomie, le summum d'efficacité en réduisant au minimum les « interférences » politiques, financières et administratives de la Dépendance avec sa métropole.

Rappelons encore que dans les Colonies proprement dites, ou colonies de nationaux qui, du reste, pratiquement nous intéressent peu, l'action effective du gouvernement local devient inversement proportionnelle au nombre et à l'activité des immigrants, colons, commerçants ou industriels, etc., ainsi qu'au développement de la colonisation et des entreprises qui lui sont corrélatives. Plus la colonie prospère, plus ses habitants se multiplient et s'enrichissent, et plus l'importance du gouvernement souverain extérieur tend à se restreindre et à s'effacer devant celle des pouvoirs locaux ou du gouvernement interne, propre à la colonie. Nous avons montré antérieurement par quel processus, en passant par le *self-government*, les établissements de ce genre en arrivent d'ordinaire — à moins d'être contrariés dans leur évolution par des dangers extérieurs — à la séparation de la métropole comme à leur fin naturelle.

Étendue du rôle du Gouvernement local. — Au contraire, dans les Dominations, le gouvernement étranger, ressort permanent du succès, est condamné ou à succomber, ou à rester fort éternellement, en donnant bien entendu à cet adverbe le sens tout relatif qu'il possède en politique, c'est-à-dire tant que durera la domination. Par origine, par nature, par nécessité, il est autoritaire. Il est obligé de ne pas laisser discuter son principe ni de tolérer aucun partage de son autorité, et d'appliquer son effort à toutes les sources de production.

C'est à ce gouvernement local, préposé du gouvernement souverain à l'enrichissement du pays conquis, qu'il appartient tout d'abord de mettre en branle l'activité des indigènes, et ensuite de l'entretenir et de l'exciter à perpétuité. Il se voit *obligé* d'assumer toutes les tâches, même celles qui, dans les sociétés normales et bien constituées, doivent rester le plus étrangères à l'exécutif. Seul, il a de l'avenir dans l'esprit; seul, il a la prévoyance, le désintéressement du profit immédiat, la faculté d'attendre de lents résultats, le capital à « investir » sans espoir de rapport prochain; seul il est apte à considérer les facteurs politiques et sociaux; seul il possède les connaissances scientifiques, le personnel et l'outillage. Les Européens libres ne l'aident que d'une manière indirecte. Il arrive parfois même, comme nous l'avons noté, qu'ils risquent, par une impatience très naturelle et très légitime de leur part et dans leur situation, d'entraver ou de compromettre ses intentions.

Propriétaire éminent d'un domaine immense, mais fruste ou sauvage, guide et protecteur d'intérêts dont l'élargissement et la multiplication sont indispensables à son succès, le gouvernement de domination n'est pas seulement, comme tous les gouvernements, législateur, administrateur, juge, militaire et policier. Il faut encore qu'il se fasse plus ou moins, suivant les circonstances, banquier, industriel, entrepreneur, explorateur, médecin et hygiéniste, agriculteur, mineur, chimiste, parfois même commissionnaire et négociant, ainsi qu'on le voit dans les régions les plus arriérées, riches de produits naturels mais inexploités et inexistants sans son intervention.

Aussi, pour le dire en passant, ne comprend-on guère pourquoi les « étatistes » font à ce genre d'entreprises gouvernementales une opposition de principe souvent si intransigeante. Nulle part, en effet, autant que dans la domination il ne se peut rencontrer des conditions aussi favorables à l'expérimentation des théories qui leur sont chères, ni qui soient mieux faites pour en justifier l'application.

Fonction principale du gouvernement local. — Le gouvernement local, considéré dans son ensemble, a pour fonction principale d'assurer la prospérité de l'Etat dépendant qui lui est confié; c'est là sa grande affaire : officiellement, les intérêts propres à la métropole souveraine ne le regardent pas ; ses membres ne peuvent se placer à ce point de vue qu'en leur qualité privée. Ils ne pourront s'empêcher de s'inspirer de ce sentiment, et l'on ne peut souhaiter qu'ils s'en abstraient au delà d'une certaine limite. Mais leur devoir, en tant qu'agents de la domination, est de n'y obéir qu'en fonction, pour ainsi dire, des intérêts de la Possession, presque toujours menacés, même dans les plus autonomes, comme l'Inde britannique, par les vues unilatérales, ignorantes et imprévoyantes de la métropole.

Ce qui importe au gouvernement local, c'est, avant tout, que l'activité de la Possession aille sans cesse en augmentant, que toutes ses productivités virtuelles, s'y développant en proportions grandissantes, concourent à l'accroissement de ses budgets, signe caractéristique de l'enrichissement et du ralliement des populations indigènes et du succès des entreprises européennes.

Nous touchons ici à l'un des points délicats des problèmes que nous étudions, et il importe de les examiner sans timidité et sans ambages, car on s'y heurte à des ignorances et à des préjugés que nos commencements d'expérience n'ont pas encore dissipés, et qui trouvent dans les partis pris et les aveuglements du protectionnisme étroit un appui malheureusement trop solide : nous voulons parler de la participation des étrangers au commerce et à l'industrie de nos domaines exotiques.

Si l'origine principale des recettes budgétaires, surtout dans les dominations tropicales, vient de la production indigène, celle-ci ne peut se développer en suivant la progression nécessaire qu'à la condition d'être provoquée et étayée par l'ordre et la prévoyance de l'administration étrangère, d'une part; d'être sollicitée, de l'autre, par la demande du commerce et de l'industrie des Européens — ou des étrangers en général — et vivifiée par leur ingéniosité au gain et par l'incorporation au sol de leurs capitaux, surtout dans les villes et dans les ports. Le gouvernement, quelle que soit l'extension de ses tâches et quelque zèle intelligent qu'il y consacre, se verrait en définitive impuissant à féconder l'activité indigène autant qu'il en a besoin, si celle-ci n'était stimulée en même temps par les activités importées dans le pays à la suite de la conquête et des sécurités qu'elle procure.

Dès lors, il est indifférent au gouvernement local que ces activités excitatrices soient françaises ou étrangères : pour lui, il faut et il suffit qu'elles existent et se manifestent. Cette opinion, en désaccord avec les idées généralement acceptées, peut paraître tout d'abord inconvenante ou paradoxale, et cependant, si l'on veut bien s'y arrêter un instant, on ne tardera pas à en reconnaître le bien-fondé et la concordance parfaite avec le but de l'expansion coloniale[1].

Si heureuses que puissent être les évolutions opérées dans la société indigène par la tutelle éclairée du dominateur, ces populations ne sont pas en mesure,

1. L'opinion que j'expose n'est pas cependant sans gagner du terrain ; j'ai été heureux de rencontrer les mêmes vues, courageusement exprimées par M. Artaud, membre de la Chambre de Commerce de Marseille, devant le Congrès colonial de 1906, dans un *Rapport* sur *l'Organisation économique des Colonies* (*Comptes rendus*, tome II, pp. 80 et suiv.) Ce document témoigne des progrès accomplis en France en matière coloniale dans ces derniers temps; il eût été impossible, il y a seulement une quinzaine d'années, de présenter des idées de ce genre à une assemblée française sans y soulever des oppositions passionnées.

Voir les chapitres : *Impôts* et *Douanes*.

pendant au moins une période prolongée, de tirer, d'elles-mêmes et toutes seules, un parti avantageux de la production artificielle ou spontanée du sol et du sous-sol. Le natif n'a pas et ne peut avoir de longtemps ni la prévoyance, ni les connaissances, ni l'esprit de combinaison, ni la richesse, ni l'*auri sacra fames* des Européens, nationaux ou étrangers. Ce sont ces éléments qui vont avoir pour lui ces qualités excitatrices, qui vont être les « entraîneurs » du mouvement économique indigène.

De l'utilisation des étrangers dans les Dominations. — Tandis que les colons proprement dits, les planteurs, n'exercent à l'ordinaire qu'une action secondaire (même contestable en certains cas, surtout pendant les premières phases de la domination), les commerçants, les industriels, les fondateurs et gérants d'institutions de crédit, les capitalistes venus du dehors sous l'égide du gouvernement conquérant, tout en ne cherchant et n'ayant à chercher que le gain de leur travail et la rémunération de leurs entreprises, lui prêtent une assistance accélératrice d'une grande valeur.

Ce sont eux qui font appel aux produits du travail indigène en leur conférant une plus-value par les placements et les débouchés qu'ils leur assurent, par les transports dont ils se chargent soit au loin sur les marchés d'Europe ou d'Amérique, soit dans les ports circonvoisins, par les transformations avantageuses qu'ils leur font subir dans les usines coûteuses. Ce sont les Européens encore qui viennent organiser ces exploitations minières, si hasardées souvent et toujours si difficiles, inabordables aux moyens des indigènes et sans lesquelles ces richesses en métaux ou en combustibles resteraient mortes.

Ainsi s'opère une division naturelle du travail, l'agriculture et l'exploitation superficielle du sol :

le petit commerce et la concentration initiale des matières premières et leur acheminement vers les centres aux indigènes, les opérations compliquées de l'exploitation et de l'industrie aux étrangers. Et, de cette façon, la production locale, rencontrant presque toujours une demande plus ou moins supérieure à l'offre, se trouve stimulée de proche en proche et mise à même de profiter jusqu'aux confins du pays des améliorations de la grande colonisation administrative ou d'Etat.

Mais — et c'est là le point important sur lequel il faut insister — que ces usines, ces mines, ces banques, ces entreprises de transport ou d'exploitation, avec les capitaux qui les fondent et les entretiennent, soient d'origine métropolitaine ou étrangère, que les navires qui fréquentent les ports battent ou non le pavillon national, c'est, pour l'Etat dépendant, toujours par rapport à sa tâche propre, une question secondaire. Sans aucun doute, son gouvernement ne manquera pas de désirer que la place occupée par le commerce et l'industrie de la métropole soit prépondérante et d'y contribuer s'il en trouve l'occasion. Mais l'essentiel, à son point de vue, c'est qu'il y ait des capitaux et des navires, d'où qu'ils viennent, des banques et des usines, quelles qu'elles soient, des comptoirs et des magasins, à quelque nationalité qu'appartiennent leurs propriétaires ou leurs gérants, parce que tous concourent au développement de la Possession et à l'accroissement de ses facultés, et finalement lui ouvrent plus large, plus sûre et plus rapide la voie du succès. En tant que citoyens français, les dirigeants de la Possession, gouverneur général et tous ses collaborateurs, se réjouiront de voir y affluer leurs compatriotes pourvus de l'argent et des qualités nécessaires, et d'autant plus qu'il est toujours plus agréable et plus facile d'avoir affaire à des nationaux qu'à des étrangers.

Mais si ces nationaux s'abstiennent ou ne viennent qu'en trop petit nombre, *le gouvernement de domination peut parfaitement s'en passer* dès que des éléments étrangers se montrent disposés à se substituer aux nationaux et à compenser leur absence.

Cette manière de voir, si l'on veut bien l'examiner avec impartialité et sans exagérations polémiques, ne saurait être sérieusement contestée sur le terrain des principes économiques. Elle appelle toutefois certaines réserves d'ordre politique : il va de soi que le gouvernement d'une Possession ne doit pas accueillir avec faveur les sujets d'une puissance en rivalité de voisinage avec la métropole et éventuellement suspecte de menées hostiles soit à l'intérieur de la Domination, soit à proximité de ses frontières. Mais, à part cette restriction, c'est un calcul très erroné, dans les pays nouvellement acquis surtout et incomplètement mis en œuvre, que de se montrer jaloux et défiant à l'égard des étrangers, et en particulier de ceux qui se livrent au commerce, à l'industrie et à la banque[1].

Le point de vue métropolitain et le point de vue colonial. — Que la métropole envisage les choses

1. En disant : les étrangers, j'entends surtout parler des Européens et de leurs entreprises. L'activité des Chinois et des Indiens dans nos possessions d'Extrême-Orient est d'une nature plus controversable, mais la discussion des objections que peut soulever leur infiltration risquerait d'entraîner beaucoup trop loin. Les procédés commerciaux des Chinois, leurs tendances, l'influence plus dépressive qu'éducatrice, et non sans dangers politiques, que leurs affinités ethniques leur permettent d'exercer sur des populations que nous voulons élever et armer pour la lutte économique, font que l'on peut rester indécis sur les avantages et les inconvénients de leur activité commerciale et financière. Il convient d'ajouter que l'on ne vise ici que les commerçants, banquiers ou industriels chinois, établis dans les centres. La question des coolies, manœuvres, engagés agricoles de cette race est autre.

d'une autre manière, qu'elle s'efforce par tous les moyens en son pouvoir, sauf toutefois les artifices douaniers abusifs, d'aider les entreprises de ses nationaux, de favoriser les navires de son pavillon, d'élargir le champ que ses possessions offrent au placement de ses marchandises, c'est tout naturel. Mais c'est son affaire et non celle du gouvernement préposé à la prospérité des possessions, et, encore une fois, c'est ce qu'une métropole intelligente et politique doit comprendre en organisant pour cet objet ses Dépendances et leur gouvernement, et en y faisant concorder la constitution de son ministère colonial.

Remarquons d'ailleurs que cette thèse de l'utilisation des étrangers et de leur participation au succès de la possession n'est malheureusement pas défavorable à nos mœurs, à nos goûts, ni à notre état démographique et financier. Abstraction faite de l'émigration proprement dite, qui n'est pas en question quand on parle des Possessions tropicales et dont nous n'avons pas besoin, on sait trop que nos compatriotes riches et instruits n'aiment guère — quoiqu'il se produise à cet égard de notables améliorations — transporter dans nos Dépendances soit leurs personnes et leurs initiatives, soit leur fortune. Il nous est permis de moins déplorer ces timidités et ces répugnances si nous avons l'assurance que d'autres intelligences et d'autres capitaux s'offriront, non seulement sans danger ni dommage, mais au contraire avec d'indéniables avantages, à prendre les places que nos concitoyens dédaignent.

Ces observations s'appliquent pleinement aux Dominations équatoriales, où le peuplement est impraticable et où il n'y a pas de succès possible sans indigènes suffisamment nombreux, actifs et intelligents. Mais, même en Afrique septentrionale, où nous avons à poursuivre conjointement avec notre œuvre de domination une entreprise de colonisation européenne véritable, le gouvernement — sous les réserves politiques formulées — a toujours intérêt à faire une part libérale, quoique sensiblement plus précautionneuse, aux « désirables » éléments étrangers, s'il lui est démontré que la colonisation nationale est inadéquate à sa tâche. Par éléments « désirables », il faut entendre en ce cas, comme le font les Etats d'Amérique, ceux qui sont le plus susceptibles d'absorption non seulement politique, mais ethnique. Et alors, le devoir du gouvernement local consistera à imaginer les mesures les plus propres à « franciser » ces recrues des autres nations ou plutôt leurs enfants, et à éviter encore plus soigneusement tous les actes qui pourraient contrarier cette « assimilation ». Jusque dans les « colonies » les plus typiques, un gouvernement expérimenté, comme celui de la Grande-Bretagne, nous montre la conduite à suivre, dût-il même, pour des raisons exceptionnelles, qui ne se présentent guère qu'au Canada, éviter toute indiscrétion quant à la naturalisation effective de ses sujets d'une autre souche politique et d'une autre langue que la sienne.

Exemple de l'Algérie. Le privilège du pavillon. — Mais, en ce qui concerne seulement les capitalistes, les marchands et les industriels, le problème ne présente pas de différence sensible, qu'il s'agisse de Colonies vraies ou de Dominations, et pour ne chercher des exemples que dans nos propres établissements, qu'importe au gouvernement de l'Algérie — toujours en tant que gouvernement local autonome — que ce soient des compagnies anglaises, américaines, belges, allemandes même qui mettent en exploitation, par exemple, tels ou tels gisements de phosphates ou de fer, si les financiers et les industriels français font défaut à ces grandes affaires ? Il est infiniment préférable, pour la colonie comme pour la France et pour la nation tout entière, que ces richesses, qui ne sont richesses que par leur extraction et par leur transport à la côte, soient vivifiées par des étrangers plutôt que de rester inertes. L'important, outre les impôts et redevances considérables qu'elles vont directement acquitter, c'est que ces richesses soient répandues sur le pays, avec les constructions de voies ferrées et de ports, avec tous les salaires que distribuent ces travaux, avec toutes les facilités qu'ils donnent à la naissance d'exploitations nouvelles, avec toutes les transactions que celles-ci suscitent et avec toutes les recettes indirectes qu'elles accumulent dans les caisses officielles. Il en est ainsi partout, dans tous les pays neufs ou rajeunis par une conquête qui veut affirmer sa supériorité [1].

1. Ce partage d'intérêts et de devoirs vient encore de se manifester d'une manière bien frappante à la lumière des grèves d'inscrits maritimes de Marseille et de leurs conséquences. Si la métropole croit avoir intérêt — en quoi elle pourrait bien d'ailleurs se tromper — à ne permettre les échanges directs entre ses ports et ceux de ses Dépendances de l'Afrique du Nord que par navires français, l'Algérie-Tunisie par contre a l'intérêt le plus évident et le plus pressant, surtout quand il s'agit de denrées périssables, et qui ne valent actuellement que grâce à la proximité géographique, à la promptitude de l'expédition et à la brièveté du voyage, à ce que ces produits arrivent à destination le plus rapidement et au prix le plus modéré possible. Pour ces établissements tout est là, et il leur est profondément indifférent, en tant que producteurs, vendeurs et négociants, que ces marchandises soient transportées sous pavillon français ou sous pavillon étranger. Cette obligation, imposée par la métropole, est donc, au point de vue algérien-tunisien, abusive, irritante et ruineuse, et au point de vue du gouvernement et de ses devoirs, profondément regrettable et dangereuse, compromettante pour la tranquillité de la Possession et pour ses finances. Il n'y a pas de mesures mieux faites, en particulier, pour exciter les tendances séparatistes et la désaffection soit des Européens soit des indigènes, et il faut être aveugle pour ne pas le voir. Mais, comme l'écrivait le *Temps* à ce propos, après avoir fait observer que le privilège du pavillon national combiné avec le monopole des compagnies de navigation françaises

La politique douanière. — C'est en matière de douanes que les devoirs du gouvernement local s'opposent le plus nettement aux vues intéressées et mal éclairées d'une métropole protectionniste. Les droits de douane non fiscaux, protecteurs — ou supposés tels — de l'industrie et du commerce métropolitains, ne peuvent pas, dans un pays de domination, être considérés comme des impôts normaux et légitimes. Ils constituent un véritable *tribut de guerre*, une dépouille levée par la force et qui va directement à l'encontre de l'objectif national, d'une part, en épuisant le pays et ses habitants et en retardant les progrès économiques de la Possession; d'autre part, en entraînant les conséquences politiques les plus graves, car ils s'opposent au ralliement des esprits et au rapprochement des vainqueurs et des vaincus.

Pas une parcelle des recettes de cette espèce n'est réversible sur le pays conquis; loin de lui profiter d'une manière directe ou indirecte, il augmente la pauvreté générale et renchérit l'existence déjà précaire des populations. Le gouvernement local, privé des ressources fiscales que peuvent si commodément lui fournir les douanes, se voit contraint de surcharger toutes les contributions locales existantes et d'en inventer sans cesse de nouvelles.

Les peuples indigènes, en mettant à part ceux qui ne sont encore que des sauvages et qui ne conçoivent guère l'impôt que comme une amende ou comme

augmentait le prix de fret dans des proportions formidables : Périsse l'Algérie plutôt que les principes protectionnistes et les abus du protectionnisme!

Les gouvernements algérien et tunisien ont donc pour stricte obligation de combattre par tous les moyens en leur pouvoir le privilège du pavillon, et plus le patriotisme individuel de leurs membres sera large et éclairé, et plus ils déploieront dans cette lutte inégale d'énergie et de courage.

l'exercice d'un droit de conquête, sont généralement aptes à se rendre compte de la nécessité d'une administration, d'une justice, d'une police et d'une armée. Ils sont capables de constater les bienfaits de routes nouvelles, de canaux et de chemins de fer, d'en considérer les frais comme reproductifs, et d'en accepter le principe. S'ils ne sont pas tout de suite et toujours en mesure de bien comprendre les impositions d'un caractère général — impérial — ils apprécient du moins les mesures et les travaux publics qui s'appliquent à leur village, à leur canton et à leur province, et reconnaissent la légitimité de leur participation imposée aux dépenses de cette sorte. Mais jamais ils ne comprendront et jamais on ne pourra leur faire admettre qu'ils doivent payer une pièce de cotonnade deux fois plus cher que ne la payent leurs voisins, indépendants ou vivant sous une domination plus libérale et plus intelligente. Ils paieront, parce qu'ils y sont contraints, s'ils ne peuvent frauder avec la joie d'une revanche ce fisc impitoyable d'un gouvernement détesté ; mais ils paieront avec une colère toujours renouvelée et avec le sentiment profond qu'ils sont victimes de l'injustice d'un pouvoir tyrannique.

Comment donc qualifier la conduite d'une métropole qui, après avoir reconnu la nécessité d'une politique d'expansion coloniale et consenti, pour la poursuivre, des sacrifices souvent immenses, s'applique à retarder le progrès de chacun de ses établissements par des tarifications égoïstes et impolitiques, qu'ils subissent par force, sans avoir même le droit de les discuter, réduits à l'état de vaches à lait d'une traite privilégiée ? La question est trop grave et trop importante pour que ces courtes réflexions suffisent, et nous y reviendrons[1]. Mais il était utile de s'y arrêter

1. V. *infra* Chapitre des *Douanes*.

un instant pour montrer quel est le vrai devoir des gouvernements coloniaux, et combien il est nécessaire de s'en faire des idées très différentes de celles qui continuent à avoir cours dans nos Chambres et dans notre Gouvernement.

En attendant une refonte complète de nos institutions coloniales, dont nous sommes très éloignés, il faudrait faire en sorte que ces gouvernements fussent composés et garantis de telle façon qu'ils puissent défendre les intérêts économiques et politiques dont ils ont la charge. Sans nous faire de grandes illusions sur la prompte réalisation de ces vues, nous devons maintenant, passant de l'examen du gouvernement en soi à celui des gouverneurs généraux eux-mêmes considérés individuellement, exprimer la conception que nous nous faisons de la situation et des attributions des agents délégués à la direction et à la prospérité de nos grands établissements de conquête, de leur rôle et de leurs pouvoirs locaux, et de leurs rapports avec le gouvernement central.

CHAPITRE VIII

Le Gouvernement de Domination.

III. — LE GOUVERNEUR GÉNÉRAL

Le Gouverneur *général.* — Les groupements souhaitables des Établissements français. — Beauté et grandeur de la tâche d'un Gouverneur général. — Son rôle de résistance à l'égoïsme ou au défaut de pertinence du Gouvernement central. — Son rôle de conciliateur entre les intérêts métropolitains et ceux de la Domination. — Ses droits de discussion avec le Gouvernement central. — L'exercice de ses pouvoirs fondé sur la confiance du Gouvernement. — Leçons à recevoir de la pratique britannique. — Action néfaste de la centralisation française.

Le Gouvernement local doit être fortement armé. Les contrepoids et les garanties nécessaires. — Les craintes injustifiées de séparatisme. La durée nécessaire des fonctions. Le contrôle métropolitain et le contrôle local. Les conseils *consultatifs* du Gouverneur général. L'opinion de J. Stuart Mill.

Le groupement nécessaire des Établissements. — Si nous employons de préférence le terme « Gouverneur général », c'est que nous considérons comme un grand avantage, ou plutôt comme une nécessité, de réunir sous une seule direction, en groupes aussi larges que possible, les Etablissements d'une même région géographique, placés par suite dans une situation économique et politique analogue, peuplés de races apparentées par la civilisation et par le sang[1].

Sans parler de la diminution des frais généraux, qui est fort loin d'être à dédaigner, ces groupements sont de nature à procurer aux Etablissements des avantages importants. Les parties diverses qui les composent peuvent se prêter un appui mutuel, et leur gouvernement unique peut ainsi les acheminer plus sûrement et plus vite vers cet état d'équilibre budgétaire et politique satisfaisant qui fait mieux ressortir aux yeux des populations les effets de la domination et les intentions qui l'animent.

Mais, à notre point de vue spécialement français, ces

1. Soit dans un avenir immédiat, soit après des préparations plus ou moins prolongées, on peut concevoir les Etablissements français groupés de la manière suivante :

Afrique du Nord (Algérie-Tunisie);
Afrique Occidentale;
Afrique Équatoriale;
Afrique Orientale (Madagascar et Réunion);
Indochine;
Anciennes Colonies (Antilles et Guyane);
Océanie (Nouvelle-Calédonie et Archipels du Pacifique).

Il reste des Établissements aberrants, trop petits ou trop dépourvus de ressources propres pour être érigés en gouvernements vraiment autonomes, ou trop éloignés et trop particuliers pour être rattachés aux grands Gouvernements généraux. Tels sont Saint-Pierre et Miquelon, Djibouti, les Comptoirs français dispersés dans l'Inde britannique. A quelque point de vue que l'on se place, soit pour leur gouvernement, soit pour leurs rapports avec le Ministère, soit encore pour l'organisation de leurs Conseils métropolitains, il faudra donc toujours les situer à part.

S'il paraît assez naturel de rapprocher, dans les Directions ministérielles et dans les Conseils, les Antilles et la Réunion, il est évident que ce groupement est impraticable quant à leur gouvernement. Une solution satisfaisante consisterait, une fois l'autonomie sévèrement appliquée et la représentation parlementaire supprimée, à rattacher la Réunion au Gouvernement général de Madagascar.

Ce sont là du reste de ces problèmes d'application qui demandent des études détaillées et des considérations multiples, et qui ne peuvent, faute surtout de place, entrer dans le cadre de ces réflexions.

fédérations, ces unions ou ces unités — comme il convient suivant les cas de les appeler — présentent une utilité particulière. Elles consolident la décentralisation métropolitaine, font obstacle aux retours offensifs, patents ou dissimulés, de l'esprit d'assimilation, qui se manifestent bien plus facilement à l'égard des Possessions faibles et pauvres, incapables d'arriver à une existence économique indépendante, ni d'avoir leurs corps administratifs propres.

Beauté et difficulté des fonctions de Gouverneur général. — Dans les Dominations, le rôle des gouverneurs généraux est considérable, et si l'on arrête un instant sa pensée sur leurs attributions, on reconnaîtra que les Etats de nos jours ne peuvent pas offrir, à des hommes qui recherchent le pouvoir parce qu'ils s'y sentent propres et qui l'aiment non pour des satisfactions de vanité ou d'intérêt matériel, mais pour l'efficacité des actes qu'il permet d'accomplir, de charges plus belles que celles des grands gouvernements coloniaux.

Quelle que soit la constitution politique et sociale de la métropole, dès que la nation a compris la nécessité de pratiquer une politique coloniale viable, il n'est pas de fonction où l'action personnelle puisse être aussi pénétrante, puisse faire sortir d'un pays, de son sol et de ses habitants, des résultats plus prompts et plus éclatants. Mais en revanche, il n'en est pas non plus où se rencontrent de plus menaçants écueils, et où les présomptueux et les incapables soient plus assurés d'échecs irrémédiables. Aussi, les ambitions vulgaires doivent-elles soigneusement s'en écarter. Même en France, dans la phase difficile qu'elle traverse et malgré les restrictions que nos habitudes de centralisation et les jalousies naturelles à notre caractère continuent à imposer aux pouvoirs de ces agents lointains, il n'existe pas de postes officiels supérieurs à ceux des gouvernements généraux de l'Algérie, de l'Indochine ou de l'Afrique noire. De même, et à bien plus forte raison, le Royaume-Uni ne dispose-t-il d'aucune « position » qui soit comparable, quant à l'étendue et à l'intensité d'action, à celle de gouverneur général ou vice-roi de l'Inde. Au Japon, on voit le premier de ses hommes d'Etat et le fondateur le plus en vue de l'ère nouvelle, le prince Ito, et les plus glorieux généraux ne pas dédaigner la Résidence générale de Séoul ou le Gouvernement de Formose. Aux Etats-Unis, le président actuel était hier Gouverneur des Philippines.

Dans le régime sincèrement appliqué de l'autonomie, le gouverneur général est le chef responsable d'un Etat dépendant qui n'est, de par la charte initiale mais perfectible que nous lui supposons, constitutionnel pour ainsi dire que par rapport à la métropole. A ce titre, outre l'autorité universelle qu'il exerce, ou que du moins il devrait exercer, sur tout le personnel civil et militaire de la Possession, le gouverneur général est l'organe unique de liaison entre l'Etat souverain et le « sous-Etat » colonial, et seul il a — ou devrait avoir — le droit d'entrer en rapports directs avec le gouvernement central.

Délégué de celui-ci et son représentant auprès de la Dépendance, préposé avant tout à sa prospérité et devant y bander tous ses efforts, il est aussi, tel que nous le concevons, le représentant, l'avocat et le défenseur de la Dépendance auprès de la métropole. Intermédiaire et tampon entre ces deux intérêts fréquemment opposés, interprète de deux politiques parfois divergentes et chargé d'en préparer la conciliation, son rôle sera le plus souvent, et surtout dans les Dominations en formation et en croissance, bien plutôt un rôle de résistance au gouvernement métropolitain que de simple exécuteur de ses volontés.

Du fait de sa nomination et de l'acceptation d'instructions générales qu'il aura du reste discutées avec le Ministre des Colonies, il prend l'engagement de se conformer aux lois, décrets et règlements antérieurs à son entrée en fonctions comme à celles des lois nouvelles qu'il conviendra à la métropole d'édicter. Mais tout en veillant à leur application régulière, il ne doit pourvoir à la mise en vigueur des décrets nouveaux qu'en possédant la faculté de les avoir débattus et d'avoir collaboré à leur préparation avec le gouvernement central. Celui-ci, en effet, n'est vraiment propre qu'à des législations toujours plus ou moins unilatérales, quels que soient les correctifs que l'on puisse imaginer pour obvier à cette propension. Il est donc nécessaire que les gouverneurs interviennent eux-mêmes et puissent faire entendre leur voix dans les réglementations qui les concernent en particulier. Il importe que celles-ci aient été étudiées sur place, dans le milieu où elles ont à être appliquées, au contact des hommes et des choses qui ont à en supporter les conséquences.

C'est le double aspect de ces fonctions, les devoirs contradictoires qu'elles imposent, qui en font la grande difficulté[1]. On conçoit qu'un rôle si délicat,

1. Je me félicite de me rencontrer en communauté d'idées avec le gouverneur général d'une de nos plus nouvelles Possessions, M. Merlin, qui, dans une circulaire à ses lieutenants-gouverneurs, vient d'exprimer à sa façon des idées toutes pareilles à celles que je défends ici sans être tenu aux mêmes circonspections que lui-même. Venant d'un fonctionnaire à demi autonome seulement, la citation paraîtra intéressante.

Brazzaville, 11 Mars 1909.

« ... Le gouverneur général a une double mission. Il est tout d'abord dépositaire des pouvoirs de la République dans la Colonie dont la direction lui a été confiée. Il est en outre le mandataire des intérêts du groupe de colonies composant son gouvernement général. Considéré comme représentant du gouvernement métropolitain, le gouverneur général est un agent de décentralisation, puisqu'il exerce par délégation des attributions

si étrangement embarrassant parfois, ne puisse être celui d'un fonctionnaire ordinaire, grandi dans la crainte des responsabilités et simple subordonné, comme aujourd'hui, du Ministre des Colonies. Alors que l'organisation coloniale actuelle est caractérisée par un système de défiance officielle, la confiance réciproque doit en être le fondement. Par rapport au ministre, la fonction du gouverneur général est celle d'un collaborateur et d'un éminent conseiller. Aussi, dans une organisation rationnelle, le ministre

de haute direction et de contrôle, dévolues en principe aux autorités de la mère-patrie et exercées par le Ministre des Colonies lui-même dans les possessions qui ne sont pas constituées en groupe.

« Les difficultés de communication, la diversité des problèmes et la nécessité de les résoudre rapidement, l'importance décisive des contingences locales en pays neuf et par conséquent l'impossibilité d'administrer de loin, en pratiquant une politique dont l'excellence ne compenserait pas le défaut de souplesse ou dont la prudence se traduirait par de l'hésitation, telles sont les considérations qui ont rendu cette décentralisation nécessaire..... En sa qualité de dépositaire des pouvoirs de la République, le gouverneur général doit avoir la direction effective de l'évolution de la colonie. Toutes les questions dont le règlement peut avoir une influence décisive et une répercussion générale soit sur la situation politique, soit sur la situation sociale, financière ou économique, sont de son ressort. Il ne peut, en ces matières, consentir aucune délégation de pouvoirs, puisque la délégation qui lui a été consentie à lui-même est personnelle...

« ... Le gouverneur général apparaît comme un organe de coordination. Il doit veiller à ce que les différentes colonies qui constituent le groupe se développent d'une manière progressive et harmonieuse. Dans les pays jeunes, où les réserves sont faibles et dont toute la vitalité est concentrée sur la croissance, les crises et les à-coups sont particulièrement dangereux. L'extrême difficulté des communications, et l'exceptionnelle fragilité des rapports qui en est la conséquence, empêchent le progrès de se diffuser rapidement et de se fondre dans l'ensemble. Chaque colonie ne peut donc compter que sur elle-même et ne bénéficie point automatiquement des progrès de ses voisines. Il importe donc que le gouvernement général soit assez fort pour modérer et stimuler, assez riche pour vous aider... »

n'a-t-il et ne peut-il avoir le plus souvent — hormis certaines affaires graves et spécifiées ou d'une urgence exceptionnelle, — qu'à ratifier, en les expliquant au Parlement et à l'opinion, les décisions du gouverneur général : c'est par son adhésion réglementaire aux solutions toutes préparées par lui qu'il leur donne force de loi.

Le Gouverneur général n'est pas un administrateur au sens exact du mot : comme l'indique parfaitement son titre, il gouverne, mais n'administre pas directement[1]. Ceux qui administrent, sous sa surintendance, ce sont les membres de son Gouvernement, dont les plus élevés, ses conseillers et ses chefs de service, jouent auprès de lui le rôle de secrétaires ou plutôt de sous-secrétaires d'Etat.

Du rang qu'il occupe, il n'y a pas à lui demander la connaissance approfondie et acquise sur place du pays et de ses habitants. Il ne doit pas être un spécialiste, mais un homme d'Etat. Ce qu'il faut attendre de lui et des qualités dont la preuve fournie ailleurs l'ont désigné au choix d'un gouvernement attentif, c'est l'aptitude à rassembler promptement sur son milieu nouveau ces notions générales qui sont d'une acquisition facile pour tout homme éclairé, pourvu d'une culture supérieure et d'un jugement exercé par le maniement des hommes et par la triture des affaires, et disposant d'un entourage d'experts en tout genre.

Le titre de gouverneur général n'est pas un de ces grades qui doivent couronner une carrière administrative coloniale : c'est une délégation directe de l'Etat souverain et des pouvoirs du gouvernement national.

1. Exception faite, pour des raisons rares et temporaires, de certains territoires nouvellement acquis ou d'une importance transitoirement exceptionnelle : on pourrait admettre, comme dans l'Inde, qu'il ait la faculté de s'en réserver la manipulation immédiate.

Dans une organisation coloniale reconstruite rationnellement en vue de ses objets, en principe — et sauf exceptions rares que justifie un de ces mérites incontestés qui peuvent éclore et se manifester partout et pour qui les règles ordinaires ne sont pas faites, — ces fonctions devraient être complètement inaccessibles aux hiérarch[illegible]es locales.

C'est ainsi qu'est constitué le gouvernement de l'Inde. Le vice-roi y est invariablement pris, en dehors du *Civil Service*, dans cette catégorie sociale dressée à la politique dès l'enfance et pour ainsi dire par entraînement héréditaire. Jamais un fonctionnaire de l'Inde, quelque renommée qu'il ait conquise et quelques services qu'il ait rendus, ne peut espérer franchir la distance qui le sépare de ce poste réservé, et l'idée n'en vient pas aux plus ambitieux. Si le gouvernement britannique, qui sait abaisser à propos la barrière de son *peerage* dans toutes les autres branches des services publics et notamment dans sa diplomatie, a jugé nécessaire de se montrer aussi invariablement intransigeant pour la maintenir autour de ses grands postes coloniaux, il semble que cette conduite mérite de notre part une sérieuse attention.

La constitution démocratique nous prive à cet égard de certaines commodités qu'offre une société aristocratique. Il n'y a pas lieu de discuter ici les supériorités ou les faiblesses relatives de ces deux régimes, et ce serait d'ailleurs une bien vaine entreprise. Mais quand il s'agit d'un gouvernement aussi contraire par nature aux institutions égalitaires que celui de la Domination, et en outre d'un gouvernement qui s'exerce au loin, il apparaît comme une précaution très sage d'interdire, en thèse générale, la charge directrice aux fonctionnaires des gouvernements locaux. Par contre, c'est à ceux-ci, qui sont des hommes spécialisés, que doivent être réservés tous les postes supérieurs, directions des grands services et lieutenances de gouvernements, en les préservant soigneusement de ces considérations d'opinions politiques qui sont ici d'un intérêt nul.

Dans l'Inde, s'il pouvait arriver, malgré les précautions qui entourent ces nominations, qu'un vice-roi se révélât insuffisant à sa tâche, ou qu'il le devînt par accident, son entourage n'aurait pas de plus grand souci que de dissimuler ce malheur le plus longtemps possible : patriotisme et devoir individuel de ses membres mis à part, cette conduite leur est dictée par leur propre intérêt. On sait que chez nous il n'en va pas de même, et pour des raisons tout opposées...

Si grandes que soient les complications de leur tâche, les difficultés que rencontrent nos gouverneurs généraux dans l'exécution de leur mission ne viennent pas tant du pays dont ils ont charge que de Paris lui-même.

C'est sur Paris, sur ses intrigues parlementaires, sur ses bruits de couloirs, d'antichambre et de bureaux qu'il leur faut toujours avoir l'œil fixé et l'oreille ouverte. La nécessité de s'en précautionner est peut-être ce qui exige de leur part le plus d'attention et de fermeté, quand elle ne les condamne pas, au contraire, à faire preuve de plus de souplesse et d'habileté que de caractère, et à obscurcir ainsi celle de leurs qualités qui doit chez eux primer toutes les autres.

Remarquons, d'ailleurs, qu'en France même les leçons de l'expérience et la nécessité nous ont déjà amenés à pratiquer la conduite que nous voudrions voir adopter comme une règle, et qu'il n'y a guère d'exemples, depuis notre renaissance coloniale, qu'un fonctionnaire de nos Possessions politiquement les plus importantes y ait occupé directement le poste suprême. D'une manière générale, eu égard à bien des considérations. et sans refuser au gouvernement la faculté de s'adresser à qui il voudra, il semble donc préférable de confier ces fonctions à des hommes politiques; mais. si l'on ne craignait d'être taxé, et cette fois avec justice, d'esprit chimérique, — bien que l'expérience ait déjà fait voir qu'il peut s'en trouver. — à des hommes politiques capables de se dégager de toute compromission de parti, ayant assez de cœur, d'intelligence et de largeur d'esprit pour se faire une âme nouvelle en prenant possession de leur charge et n'y garder, tant qu'ils y restent, d'autre ambition que celle du succès, tel que nous l'avons défini[1]. L'esprit sectaire — athée ou dévot — est, pour les charges de cette nature, un vice rédhibitoire formel.

Contrepoids nécessaires au pouvoir du Gouverneur général. — Il faut donc que le chef d'un gouvernement de cette espèce soit puissamment armé, et toute l'organisation de sa charge doit être conçue en vue de sa force et de son autorité.

A un pouvoir si fort par nécessité, qui, par sa nature et par son étendue, s'écarte tant de nos principes et de nos habitudes, mais qui fait aussi peser de lourdes responsabilités sur celui qui est appelé au redoutable honneur de l'exercer, il faut des contrepoids et des garanties. Quoi qu'on fasse, on n'empê-

1. Quelles que soient les solutions à prévoir, il est nécessaire encore de remanier complètement les attributions reconnues à nos gouverneurs et gouverneurs généraux par une série d'ordonnances royales, de sénatus-consultes, de lois et de décrets hétérogènes et d'époques diverses, ne répondant plus aux conditions présentes. Mais dans ce travail de remaniement et de coordination, il importerait au plus haut degré de répudier toute prétention à légiférer à la fois pour toutes nos Dépendances indistinctement. A part quelques principes d'application universelle, chaque Etablissement ou groupe d'Etablissements doit avoir sa charte spéciale, sa législation et sa réglementation à part.

chera jamais, en notre pays surtout, les ignorants ni les exaltés de la métropole, non plus que les mécontents ni les malchanceux des Dépendances, de crier à la tyrannie des gouverneurs et de les qualifier de « proconsuls », « satrapes », ou autres termes tirés de la même rhétorique. Mais, pour empêcher que ces épithètes ne recouvrent aucune réalité, ou pour que ces accusations inévitables soient supportées sans danger par celui qui en est l'objet, il faut que l'arbitraire lui soit rendu très difficile, et que son gouvernement trouve dans son organisation même les pondérations et les correctifs qui l'empêchent de glisser du côté où il penche, c'est-à-dire vers l'abus de la force.

On sait bien que la perspective de si grands pouvoirs ne manque pas d'inspirer chez les esprits superficiels, imbus de souvenirs classiques et amoureux de la centralisation, la crainte des rébellions et le cauchemar des séparatismes possibles. Mais l'histoire ne se recommence que lorsque les hommes qui contribuent à la faire se trouvent placés en des conditions identiques, et, dans le monde contemporain, de telles appréhensions sont simplement ridicules.

Autrefois, avec des moyens de communication si primitifs que l'Asie Mineure, l'Egypte ou l'Espagne étaient plus éloignées de leur cité-mère que ne le sont aujourd'hui nos propriétés coloniales les plus reculées, le contrôle métropolitain y était illusoire, et le pouvoir central ne pouvait agir d'une manière efficace sur ses proconsuls ou ses lieutenants que lorsque ceux-ci avaient quitté leurs gouvernements. Ces délégués étaient non des généraux ou des gouverneurs à notre manière, mais les maîtres véritables de leurs armées et de leur personnel, qu'ils entretenaient à bourse commune avec l'Etat souverain. Ils avaient la facilité de se pourvoir d'équipements, de machines et de navires qui se fabriquaient n'importe où et à peu de frais. Leurs chances de succès, en cas de desseins ambitieux et qui n'étaient criminels que s'ils ne réussissaient pas, reposaient d'ailleurs autant sur les intrigues de leurs clientèles laissées et entretenues dans la métropole que sur l'emploi de leurs forces propres.

Leur pouvoir personnel et particulier était considérable, alors que celui de nos gouverneurs coloniaux n'est qu'un pouvoir d'emprunt. Sans le crédit, sans les armements et les approvisionnements de l'Etat et sans son prestige, celui-ci s'effondrerait instantanément. Il faudrait qu'un gouverneur fût un aliéné, entouré de plus fous que lui, pour avoir seulement l'idée de se rendre indépendant. En présence d'une immense majorité d'indigènes, dont la soumission n'est sûre que par l'omniprésence de la puissance métropolitaine, et ne se maintient que par l'ordre que fait régner la domination, de telles tentatives seraient en vérité extravagantes.

On pourrait à la rigueur redouter davantage la possibilité de ces complots dans les colonies véritables devenues assez puissantes et assez riches pour se passer de l'appui de la métropole. Celles-ci peuvent être, comme on l'a vu, tentées de se rebeller contre la métropole et d'accélérer artificiellement le terme de leur séparation. Ces révoltes n'ont jamais été le fait des gouverneurs ou des capitaines-généraux, mais de la population immigrée elle-même, lassée par les abus de la métropole et de ses fausses conceptions économiques. D'ailleurs, les événements de ce genre ne nous intéressent qu'à un point de vue théorique, puisque nous ne possédons aucune grande Colonie.

Quand il s'agit de Dominations, même de celles qui pourraient peut-être trouver dans leur importance politique et leur situation géographique des chances de combinaisons odieuses, même de celles d'un caractère mixte, comme l'Afrique du Nord, de telles imaginations sont insensées. La sécurité d'une minorité de colons et la sûreté de leurs entreprises n'a d'autre sauvegarde contre l'opposition des indigènes que la puissance métropolitaine. Là, comme dans les Dominations du type le plus pur, la raison et l'intérêt ne peuvent qu'exalter chez les colons les instincts du patriotisme national, et la métropole ne peut y rencontrer parmi ses citoyens d'autre ennemi qu'elle-même. Les mécontentements dangereux n'y auront jamais d'autre cause sérieuse que ses fautes abusives, ses pratiques assimilatrices et l'égoïsme de ses vues économiques et financières. La métropole ne peut opposer au séparatisme de remède plus efficace qu'une large autonomie. confiée à des gouverneurs généraux munis de pouvoirs considérables, mais dignes de les porter.

Les garanties personnelles. — Les charges des gouverneurs généraux exigent tout d'abord certaines garanties personnelles. Nous avons dit que le fondement obligé de leur mission était la confiance réciproque entre le gouvernement, le Parlement et le haut agent politique désigné. Cette condition est assurément plus difficile que jamais à remplir dans le désarroi présent de notre régime, et l'on sait que le sentiment de nos assemblées, recrutées comme elles le sont, n'est que trop accessible à cette *invidia democratica* qui leur fait considérer d'un œil soupçonneux et jaloux tout fonctionnaire disposant d'une certaine autorité personnelle et jouissant de traitements supérieurs à ceux que ses membres se sont attribués. C'est l'une des raisons qui militent en faveur de la désignation à ces emplois exceptionnels d'hommes éprouvés et d'une réputation assurée. Il ne faut pas qu'un gouverneur général soit révocable *ad nutum* par un Ministre des Colonies irascible ni même par le conseil des ministres à la première divergence d'opinion ou à la première faute dont la malveillance est toujours prête à l'accuser, ou qu'il soit à la merci d'un changement de cabinet.

Le gouvernement de domination vaut surtout par les hommes qui l'exercent. Bien plus que dans nos vieilles machines administratives, le succès ou la faillite de ces difficiles entreprises dépend du mérite individuel des « agents » de l'Etat. Pour développer la plénitude de leurs qualités, ceux-ci ont besoin d'être sûrs de la durée de leur charge, et cette durée doit être déterminée à l'avance, par la loi pour les plus importants d'entre eux, pour tous par des règlements positifs.

Sans nul doute, un gouvernement a toujours le droit et le devoir de se débarrasser d'un fonctionnaire insuffisant ou coupable, et d'appliquer à ses écarts ou à ses négligences la sanction d'une révocation. Mais, en ce qui concerne en particulier les Dominations, il ne doit pouvoir recourir à ces sévérités qu'à bon escient, après enquêtes régulières, et non par passion, par faiblesse ou par obéissance aux intrigues politiciennes. Avec une bonne organisation générale, mieux vaut un gouverneur d'une capacité moyenne, assuré d'un long avenir et certain de supporter lui-même l'effet des mesures qu'il a prises, qu'une succession rapide de gouverneurs de génie, arrivant chacun avec leurs vues particulières, n'ayant que le temps de bouleverser le système inauguré par leurs prédécesseurs, sans avoir celui de se corriger eux-mêmes par la pénétration de leur nouveau milieu.

L'un des reproches le plus communément adressés à notre régime colonial, c'est, avec l'excès du fonctionnarisme, la mobilité excessive de nos gouverneurs. De notables améliorations se sont manifestées à cet égard pendant ces dernières années, à mesure que des commencements d'autonomie faisaient mieux ressentir l'importance du choix des titulaires. Mais ces perfectionnements restent trop aléatoires, et si les Anglais ont attribué une durée de cinq années aux fonctions de leurs gouverneurs généraux et de leurs conseillers, il faut noter que ce terme n'est chez eux qu'une tradition, qui ne saurait suffire à nos mœurs : la garantie de la loi nous est nécessaire.

Les Anglais considèrent aujourd'hui ce laps de temps comme un extrême minimum. On peut, en effet, rappeler qu'il est hérité d'une époque où les voyages étaient longs et incertains, où il n'y avait pas de stations de santé régulières, tandis qu'aujourd'hui il est très facile à un gouverneur de faire de courtes absences, en congé ou en mission, et de regagner rapidement son poste et ses installations hygiéniques et confortables. Mais pourtant l'existence de ces hauts fonctionnaires est si laborieuse et si fatigante qu'il est sage de ne pas trop leur demander à ce point de vue. Il semble donc que ce terme de cinq années soit suffisant ; c'est d'ailleurs un bail ou un contrat renouvelable.

Le contrôle. — Le contrôle ministériel, tel qu'il fonctionne, est un rouage de défiance humiliante et vexatoire, une survivance des temps où l'ordonnateur, le commandant des troupes, puis plus tard le Conseil général, étaient systématiquement dressés en conflit permanent contre le gouverneur. Ce régime est inconciliable, sous sa forme présente, avec les principes de gouvernement nécessaires aux besoins de notre pays; il est la négation même de l'autonomie coloniale et ne peut se concevoir qu'avec l'irresponsabilité foncière des gouvernements locaux.

Aussi voit-on qu'il n'existe rien de comparable aux Indes britanniques et néerlandaises. Il faut un contrôle administratif et financier, cela est de toute évidence ; mais ce contrôle, pour les grandes Possessions surtout, ne peut être qu'une organisation elle-même autonome, faisant partie du gouvernement de la Possession : c'est ce que l'on constate chez les étrangers.

Cette organisation n'empêche pas, d'ailleurs, pour des circonstances spéciales, pour des enquêtes d'un caractère temporaire, l'envoi auprès des gouverneurs de commissaires ministériels ou parlementaires. On doit reconnaître aussi l'utilité d'un contrôle exercé localement par des délégués du gouvernement central sur l'emploi des avances consenties par la métropole ou sur les dépenses d'un caractère nettement impérial, mais sans que ces envoyés puissent en aucun cas se permettre de s'immiscer dans les détails exécutifs de l'administration locale ou dans les délibérations du gouvernement de la Domination. Il est également légitime que la métropole, dans ses possessions comme chez elle, exerce le contrôle de ses propres corps de troupes. Mais des inspecteurs des finances et des contrôleurs d'armée suffisent à ces rôles, et l'existence d'un corps spécial d'inspecteurs coloniaux, *missi dominici* des défiances du ministre, des jalousies de ses bureaux et des passions parlementaires est une institution injustifiable.

Imbus de l'esprit d'uniformité réglementaire, inaptes qu'ils sont, en passant dans des pays qu'ils ignorent, à saisir les données variées d'une politique indigène, siégeant aux Conseils, faisant aux gouverneurs une opposition subreptice et parfois ouverte, instruments de zizanies locales et d'indiscipline, ils causent beaucoup plus de maux qu'ils ne peuvent produire de bien. En faisant de ces fonctionnaires un pouvoir, occulte ou avoué, collatéral à celui des gouverneurs généraux, le Ministère des Colonies prouve combien il est encore éloigné, dans la pratique, de ces intentions décentralisatrices dont les progrès de l'opinion l'obligent à faire verbalement parade.

Les Conseils. — Le véritable contrepoids à ces pouvoirs, qui ne semblent excessifs à nos regards que parce qu'ils correspondent à des besoins très différents de ceux de nos sociétés, mais qui ne sont pourtant pas sans dangers, réside dans une organisation parfaitement réglée des Conseils du gouvernement et des assemblées locales. Par bonheur, sur ce point comme sur tant d'autres, aux expériences que nous avons rassemblées par nous-mêmes, nous avons la faculté d'ajouter le bénéfice de celles que tous les autres Etats expansifs ont poursuivies. Pour celles-ci, il suffit de les appareiller à nos mœurs administratives et à nos besoins particuliers sans avoir recours au procédé de l'invention, si rarement applicable aux choses de l'administration.

Un illustre écrivain anglais, dont la profondeur s'est éclairée d'une expérience acquise dans l'Inde même, John Stuart Mill, examinant les conditions qui doivent présider aux rapports du gouvernement de l'Inde et du secrétaire d'Etat pour l'Inde avec ses Conseils, fait à ce sujet les réflexions suivantes. Pour dater de plus d'un demi-siècle, et du moment où s'opérait le transfert à la Couronne des pouvoirs de la Compagnie de l'Inde Orientale, ces lumineuses considérations n'ont rien perdu de leur valeur, ni, pour nous, de leur opportunité :

« Les Conseils devraient être simplement consultatifs, en ce sens que la décision dernière devrait toujours appartenir individuellement au ministre (ou au gouverneur général) seul. Mais ils ne devraient pas non plus être considérés ou se considérer eux-mêmes comme de simples zéros, ni passer pour capables d'accepter un tel rôle. Les conseillers nommés pour assister un homme puissant, peut-être entêté (*self-willed*), devraient être placés dans une situation telle qu'il leur soit impossible, à moins de tomber en discrédit, de ne pas exprimer leur opinion et qu'il soit impossible au ministre (ou au gouverneur général) de ne pas tenir compte de leurs représentations, qu'il les repousse d'ailleurs ou qu'il adopte leur manière de voir. Les rapports qui doivent exister entre un chef et de tels conseillers sont ceux qui ont été très judicieusement conçus par la constitution du gouvernement général et des gouvernements des diverses Présidences de l'Inde. Ces Conseils sont composés de personnes possédant l'expérience professionnelle des affaires indiennes qui manque ordinairement aux gouverneurs généraux, *et qu'il ne serait pas désirable de leur demander*. Habituellement, on n'attend de chaque membre ou de chaque Conseil que l'expression d'une opinion, qui n'est sans doute qu'un simple acquiescement; mais s'il y a divergence, chacun des membres a le droit, et c'est la pratique invariable, de rappeler les motifs de sa manière de voir, le gouverneur général faisant de même de son côté. Dans les cas ordinaires, les décisions étant prises à la majorité. le conseil participe donc au gouvernement d'une manière effective; mais si le gouverneur général le juge à propos. il peut se décider contrairement à l'opinion de l'unanimité même du Conseil, en faisant à nouveau valoir ses raisons. Par conséquent, il reste individuellement ou personnellement responsable de tous les actes du gouvernement. Les membres du Conseil n'ont que la responsabilité de conseillers; mais on sait, par l'existence de documents qui peuvent être publiés, et le sont toujours si le Parlement ou l'opinion en réclament la production, quels sont les avis que chacun d'eux a présentés et défendus, et les arguments qu'il a fournis à l'appui; et leur haute situation, leur participation ostensible à toute la conduite du gouvernement leur donnent, pour remplir leurs fonctions avec zèle et se former une opinion arrêtée sur toutes les questions, des motifs presque aussi forts que s'ils avaient la responsabilité totale[1]. »

1. J. Stuart Mill, *Le Gouvernement représentatif*, 1862.

« Il faut, comme l'exprime d'autre part Sir John Strachey, qu'un homme placé dans la situation de gouverneur général de l'Inde possède en dernier ressort la faculté d'agir d'après son propre mouvement; mais il faut aussi qu'il soit *obligé* d'écouter les avis de conseillers expérimentés, et que ces conseillers aient le droit de faire connaitre leurs avis, qu'ils soient suivis ou non. » Les membres du Conseil jouent en réalité le rôle de sous-secrétaires d'Etat, chefs non politiques de départements ministériels, et c'est de cette manière qu'il convient aussi, suivant nous, d'envisager les rôles des principaux chefs de service d'une grande Possession[1].

1. L'Etat-major du vice-roi de l'Inde comprend une institution chez nous sans analogue, dont il semble que nous puissions nous passer dans l'étendue restreinte et la simplicité relative de nos Possessions : il y a pour chaque département un *secrétaire*, dont la tâche est comparable à celle d'un sous-secrétaire d'Etat permanent en Angleterre. Ses fonctions consistent à placer toutes les affaires sous les yeux du gouverneur général ou du membre du Conseil placé à la tête du département, dans une forme telle que la solution soit déjà préparée, avec un résumé de son opinion. Dans les cas ordinaires, le membre du Conseil donne les ordres définitifs. Si la question présente un caractère d'importance, le membre du Conseil la transmet avec ses observations au gouverneur général. Si celui-ci n'a pas d'objections à formuler et juge une nouvelle discussion inutile, les ordres sont transmis aux agents d'exécution. Si au contraire il ne croit pas devoir accepter la solution proposée, il soumet l'affaire au Conseil de même qu'en Angleterre toute question importante est soumise au Cabinet. (S. J. STRACHEY, *op. cit.*)

Cette organisation est trop peu connue parmi nous, et trop suggestive, pour que je puisse me dispenser, malgré son caractère de spécialité, de reproduire ici la page que le même auteur consacre à l'exposé du fonctionnement de ce gouvernement :

« Les conseillers du gouverneur général sont nommés par la Couronne. La durée de leurs fonctions n'est pas spécifiée, mais la coutume, presque toujours observée, leur fixe un terme de cinq années... Le Conseil se compose de cinq membres ordinaires, et à la suite d'un *Act* de 1874, d'un sixième membre pour les Travaux publics. Trois des membres ordinaires dont

En ce qui concerne les conseils élus par des catégories diverses de votants, nationaux, européens en général ou indigènes, ou de ceux qui sont nommés par désignation du gouvernement ou de son adminis-

deux appartiennent au *Civil Service* et un à l'armée, doivent avoir servi dans l'Inde pendant au moins dix années. Sur les deux membres ordinaires qui restent, l'un doit être *barrister* n'ayant pas moins de cinq ans d'exercice ; il est chargé du département législatif. Le cinquième membre a charge des Finances. Le commandant en chef dans l'Inde est toujours, dans la pratique, membre extraordinaire du Conseil. Les gouverneurs de Madras et de Bombay en font partie, à titre de membres extraordinaires, si le Conseil se réunit dans les limites de leurs présidences...

« ... Pour les questions de législation, des membres *additionnels* sont adjoints au Conseil. Ils ne peuvent être moins de six, ni plus de douze. *Ils sont nommés par le gouverneur général.* La moitié au moins du Conseil ainsi constitué doit être composée de membres n'exerçant aucune fonction officielle. *On y fait toujours figurer quelques indigènes...* Les lieutenants-gouverneurs des provinces siègent en qualité de membres extraordinaires lorsque le Conseil s'assemble dans leurs provinces.

« L'élément officiel dans le Conseil est si largement représenté que *le Gouvernement peut toujours compter sur la majorité.* L'*act* a été rédigé de telle façon que le Conseil, lorsqu'il siège au législatif, ne puisse intervenir dans aucun des droits exécutifs du gouvernement..... »

« Certains *acts* du Parlement qui réglementent la constitution du gouvernement de l'Inde ne peuvent être modifiés, et l'on ne peut édicter aucune loi de nature à porter atteinte aux prérogatives du Parlement et de la Couronne. Mais, à part ces exceptions, les pouvoirs du « Gouverneur Général en Conseil » sont illimités. »

« Toutes les mesures relatives à la dette publique et aux revenus de l'Inde, à la religion des sujets de Sa Majesté, à la discipline, à l'entretien des forces militaires et navales, ainsi qu'aux relations de l'Empire avec les Etats étrangers, ne peuvent être proposés par aucun des membres du Conseil sans l'autorisation préalable du gouverneur général. Tous les *acts* d'ailleurs ont besoin de l'approbation du gouverneur général. *L'approbation de la Couronne n'est pas nécessaire à la validité d'un « act », mais la Couronne a toujours le droit de désavouer n'importe quel « act ».*

« ... En cas de nécessité urgente, le Gouverneur général peut, de sa propre autorité, sans en référer à son Conseil, rendre des ordonnances qui ont force de lois pour une durée de six mois.

« Aucune décision du gouverneur général n'est promulguée

tration, il est préférable d'en renvoyer l'examen à un chapitre ultérieur[1].

Les difficultés qui se dressent en ce moment même devant la Grande-Bretagne, dans l'Inde, et qui sont en grande partie imputables à sa propre imprudence, nous sont une leçon de choses très utile, nous montrent la route à suivre et les obstacles qu'il y faut éviter. Il nous faut méditer les concessions que son gouvernement est *contraint* de faire aux Hindous, en nous montrant capables soit de les rejeter résolument, soit d'en prendre l'initiative, sans jamais nous les laisser imposer. Les projets élaborés par le présent secrétaire d'Etat n'ont rien qui soit de nature à nous effrayer, et nous n'avons pas même eu besoin d'attendre qu'il les ait formulés pour les considérer comme applicables à la plus avancée de nos populations coloniales, la nation annamite. En 1909, lord Morley a fait voter par le Parlement un projet de réforme administrative qui comporte l'élection de plusieurs membres des Conseils législatifs : nous n'y verrions pour nous-mêmes aucune impossibilité, si l'expérience qui se poursuit nous prouvait que nos Annamites, et éventuellement nos noirs, sont capables d'utiliser pour cet objet les armes électorales non politiques que nous essayerions de remettre entre leurs mains, en procédant par de prudents tâtonnements[2].

sans la formule : *Le Gouverneur général en Conseil...* ». (Dans l'Inde, on donne communément au gouverneur général le titre de vice-roi. Mais ce n'est qu'un terme de courtoisie. La seule appellation officielle est celle de gouverneur général.)

(Pour l'exposé de ces questions et pour les modifications subies par ces institutions, on ne saurait mieux faire que de renvoyer le lecteur à l'ouvrage magistral de J. Chailley : *L'Inde britannique*, Paris, A. Colin, 1910.)

1. V. Chap. XIV. *Représentation parlementaire.*

2. En 1907, le Parlement a porté le nombre des membres du Conseil de l'Inde en Angleterre de 12 à 14, en y adjoignant deux membres indigènes, l'un musulman et l'autre hindou.

CHAPITRE IX

Le Gouvernement de Domination.

IV. — LES FONCTIONNAIRES

Les Dominations exigent beaucoup de fonctionnaires. Le nombre indispensable et l'abus du nombre. Importance de la valeur individuelle du fonctionnaire de Domination. Le fonctionnaire colonial idéal. Séductions de ses tâches. Les fonctionnaires de l'Inde Britannique. La responsabilité de la pullulation des fonctions repose sur le Gouvernement central. Effets certains de l'autonomie à ce point de vue.

La qualité des fonctionnaires et les moyens de l'obtenir. La localisation et la permanence des fonctions. Les Dominations comportent deux catégories de fonctionnaires : les fonctionnaires des bureaux et les agents de commandement. Le recrutement et les Ecoles. Les stages. L'obligation de la connaissance des langues locales. La superstition de la séparation des pouvoirs.

Les fonctionnaires indigènes. Les deux branches de l'administration indigène. Les bas emplois européens doivent disparaître.

Importance du rôle des fonctionnaires dans les Dominations. — Les gouvernements locaux, composés des gouverneurs généraux et de leurs Conseils, ont pour organes exécutifs, dans l'ordre civil, les fonctionnaires des diverses hiérarchies, les uns européens, les autres indigènes. La proportion de ces deux éléments sera d'ailleurs très variable, suivant les conditions historiques de la conquête, suivant que la domination s'opère par administration plus ou moins directe ou par interposition d'un protectorat, suivant aussi le degré de civilisation des sociétés sujettes, et suivant l'aptitude que leurs membres présentent aux tâches administratives.

Toutes les questions relatives aux fonctionnaires des Dominations sont de première importance. Les Dominations, que l'on a pu désigner dans certaines classifications sous le nom de « colonies d'administration », et que l'ignorance courante se plaît à ridiculiser en les appelant des « colonies de fonctionnaires », sont en effet des colonies *à* fonctionnaires. Elles exigent toujours un assez grand nombre de fonctionnaires de direction, de commandement et de surveillance surtout si l'on compare leur effectif à celui des résidents européens de la Possession, sans bien se rendre compte de l'étendue des superficies et du nombre des indigènes à administrer. Le succès y dépend avant tout des services administratifs et de la judicieuse utilisation du personnel d'élite qui doit en former les cadres.

Les Dominations valent par la valeur individuelle des fonctionnaires qui sont et les intendants de leur fortune matérielle, et les initiateurs, et les tuteurs des indigènes. C'est ce qui rend ces fonctions si belles, même mal comprises et imparfaitement constituées. C'est ce qui fait qu'en dépit des risques que l'on y court, des privations physiques et morales que l'on y peut subir, elles se montrent si séduisantes à certains tempéraments. Elles n'ont rien de comparable, surtout dans le régime de l'autonomie avec ses responsabilités, aux besognes routinières, souvent vaines et atrophiantes, des bureaux et des ministères de nos vieilles métropoles.

Chez nous, chacun n'est guère qu'une dent promptement interchangeable dans un engrenage compliqué où tout est déterminé à l'avance; la disparition d'un fonctionnaire et son remplacement par un autre n'y sont que des incidents sans importance, et le lendemain les choses continuent à marcher comme auparavant, ni mieux ni plus mal. Là-bas, dans les postes administratifs des pays de conquête, on peut dire que l'individu prime la fonction : le fonctionnaire *sent et voit son action;* il en vérifie constamment les effets. Il éprouve à chaque instant la nécessité d'exercer son jugement et sa volonté et de prendre un parti immédiat. La substitution d'un fonctionnaire à un autre est une chose d'importance.

La personnalité se développe ainsi à son maximum, l'initiative, l'esprit de décision, l'ingéniosité, le dévouement, le sang-froid, le courage, le « caractère » sont les qualités qui surpassent toutes les autres. L'attention de l'homme instruit et bien préparé, sollicitée sans cesse par une infinité de problèmes qu'il faut résoudre sur-le-champ et en ne prenant conseil que de soi-même, ne se lasse jamais. Son intelligence, excitée par une foule de sujets nouveaux ou mal connus et toujours en éveil, se développe et s'étend.

C'est ainsi, du moins, que les choses devraient se présenter, et qu'on devrait les voir dans une organisation coloniale bien conçue et appliquée comme il faut qu'elle le soit. C'est le spectacle magnifique que l'Inde a offert pendant très longtemps. C'est aussi celui que nos Possessions ont montré par endroits et par circonstance, sous l'impulsion de chefs bien trempés, assez bien défendus par l'esprit de corps de la marine ou assez forts par eux-mêmes pour rester libres de leur action. C'est en se rapprochant de cet idéal que le débouché ouvert par ces fonctions à l'élite encombrée de la jeunesse française prendrait, au point de vue de l'équilibre social métropolitain, un réel intérêt, non seulement par le nombre des places à remplir, mais encore plus par l'utilisation d'énergies dont la métropole ne trouve pas assez l'emploi.

Nous n'en sommes pas là. Il faut même convenir qu'après une période d'améliorations très sensibles, dans celles du moins de nos Possessions qui, par la force des choses, ont atteint un certain degré d'indépendance gouvernementale, il se produit de nouveau un arrêt, pour ne pas dire un fléchissement dans la composition des corps administratifs coloniaux, dans le mérite personnel, et à ce qu'il semble malheureusement, dans la conscience de trop de leurs membres. On voudrait pouvoir s'étendre sur les causes de ces défaillances très pénibles[1]. Il en est de bien connues, ce sont celles qui pèsent sur toute la discipline de la nation française, mise en désarroi par les usurpations universelles du législatif sur l'exécutif. Il est malheureusement impossible de se leurrer à ce propos de l'espoir d'une prompte guérison; mais il faut bien faire remarquer que les effets de cette maladie prennent, dans le régime de la Domination, une gravité toute particulière.

Toutefois, en attendant les réformes profondes qui ne peuvent venir que peu à peu d'un changement dans l'esprit public et les adaptations qui suivraient immédiatement l'organisation de l'autonomie coloniale, on a pu cependant constater que l'opinion était déjà moins disposée qu'autrefois à regarder ces territoires comme des lieux d'asile pour les déchets de la politique ou des purgatoires pour les « ratés » de toute origine. Les protestations qui accueillent maintenant, sur place et dans la métropole, certaines nominations scandaleuses les rendent moins nombreuses que précédemment, et c'est l'indice de progrès qui autorisent d'autres espérances.

1. Cf. le *Rapport* sur *le Budget des Colonies pour l'Exercice 1910*, par M. Messimy.

On commence à comprendre, notamment, que nos entreprises seraient dangereusement compromises si l'on continuait à juger les indigènes avec une magistrature coloniale où 98 p. 100 des juges ignorent la langue locale, et que la continuation d'un tel régime ne répond ni à la dignité ni aux besoins d'un pays comme le nôtre[1].

Quoi que l'on puisse dire ou espérer, il n'en est pas moins certain que des réformes sont nécessaires : elles ont à porter sur le nombre et plus encore sur la qualité des fonctionnaires.

Le nombre des fonctionnaires. — Il importe de faire remarquer que, même dans les pays qui se prêtent le mieux à l'exercice de l'administration indirecte la plus largement pratiquée et à l'utilisation facile des hiérarchies indigènes, dans les Possessions étrangères où le régime de l'autonomie administrative fonctionne avec la plus grande sincérité, le nombre des fonctionnaires européens reste encore considérable. Il ne peut en être autrement, en raison de la nature du pouvoir conquérant, de la multiplicité

1. Il serait injuste, en ce qui concerne spécialement la magistrature coloniale, de faire retomber la responsabilité d'un pareil état de choses sur les magistrats eux-mêmes, non plus que sur les gouvernements locaux. La faute en est au système qui fait voyager d'une colonie ou d'une possession à une autre, par tour de service, la grande majorité des magistrats au lieu de les affecter *ne varietur* à un groupe colonial déterminé.

Aussi, est-ce avec un profond regret que l'on voit, parmi les projets de réformes inspirés par de récents scandales politico-judiciaires, figurer des vœux tendant à un plus étroit *rattachement* de la magistrature coloniale au Ministère de la Justice. (Vœux du *Congrès colonial* de 1909). C'est tourner le dos d'une manière éclatante à la vérité. C'est le retour à l'une des plus fâcheuses pratiques de l'assimilation, et l'on ne peut y voir que le triomphe, momentané espérons-le, de certains intérêts personnels et de ceux des clientèles électorales sur les intérêts généraux.

de ses attributions et de ses devoirs, de l'universalité de son action, et en tenant compte des doubles emplois que la rigueur du climat entraîne et les éliminations rapides qu'elle oblige à prévoir. A ces causes de multiplication des fonctions et des fonctionnaires, il faut encore ajouter la plupart du temps celles qui tiennent à l'étendue de circonscriptions mal pourvues de voies de communication, ainsi qu'au nombre des administrés dont l'ignorance, la barbarie, la paresse, le désordre, la crédulité, l'imprévoyance exigent des surveillances plus attentives que n'en réclament des sociétés mieux assises et plus avancées.

Les publicistes en quête de critiques, assez souvent peu difficiles quant à la valeur de leurs arguments, ont coutume d'opposer à la pléthore de nos fonctionnaires mal payés la raréfaction des fonctionnaires à traitements opulents des Dominations étrangères. C'est en effet une croyance très répandue parmi nous que le gouvernement et les administrations de l'Inde fonctionnent avec un très petit nombre d'agents, tous largement rétribués. C'est une grande erreur; ce qui l'explique, c'est que l'on ne fait état ordinairement que de l'élite du *Civil service*, celui que l'on appelait naguère le *Covenanted Civil Service*, fournissant les chefs de provinces et de districts, les juges de certaines catégories, les lieutenants-gouverneurs et commissaires en chef, les secrétaires du vice-roi, etc., et qui, en effet, comptait fort peu de membres. Légitimement fier de son glorieux passé et de l'éclat qu'une longue série d'hommes remarquables avait fait rejaillir sur lui, c'était jusqu'en ces dernières années un corps exclusif, jaloux de ses prérogatives et d'un accès très fermé. Les autres corps civils n'étaient que ses auxiliaires. Mais si l'on tient compte, comme cela doit être, de la totalité des fonctionnaires et employés de toute origine et de toute race, des officiers du *Staff Corps* investis de postes civils et politiques, et de tous ceux, en un mot, qui vivent du budget impérial et des budgets provinciaux ou qui émargent régulièrement à des caisses publiques, on constate au contraire que ce personnel est immense.

L'administration proprement dite, la justice et les tribunaux, les finances et la comptabilité, les statistiques, les imprimeries, l'agriculture, les forêts, le *Land Revenue*, les douanes, les ports, le sel, l'opium, l'excise, le timbre et autres taxes, les *Surveys* géographique, cadastral, météorologique, archéologique, les jardins botaniques, les établissements scientifiques et les musées, les haras, les services médicaux, hygiéniques et religieux, les prisons et pénitenciers, l'instruction publique avec les universités, écoles et collèges, les travaux publics, les postes et télégraphes, les chemins de fer, l'émigration, le commissariat, les transports, les arsenaux, les agences des États indigènes, les services de l'Inde en Angleterre, les consulats et postes diplomatiques asiatiques [1], etc., etc., emploient et soldent une véritable armée. (La police régulière compte plus de 150.000 hommes, sans parler des *700.000* hommes de la police des villages). Seulement, il convient d'ajouter que cette armée compte dans ses rangs 90 % d'indigènes, et c'est là qu'est le véritable exemple pour nous à retenir. Voilà à quoi nous devons tendre, du moins dans les parties les plus avancées de notre empire [2].

1. Entretenus en grande partie par le budget de l'Inde.

2. Il y aurait beaucoup à dire sur cette question, tant pour le nombre des fonctionnaires anglais que pour l'élévation de leurs traitements. Le principe anglais : « avoir peu de fonctionnaires responsables et les payer largement » mériterait un examen à part. On pourrait peut-être montrer qu'il s'est glissé dans son application, en ce qui touche l'Inde — et aussi l'Egypte, — certains abus visibles, à mesure que la facilité des communications accusait les défauts inhérents à toute administration centralisée. Le *Civil Service*, composé d'hommes d'une origine différente de

Dans tous les cas, il est incontestable que le personnel correspondant en Indochine au *Civil Service* de l'Inde est infiniment plus nombreux que celui-ci, toutes proportions gardées.

Nul ne peut songer à le nier, quelques circonstances atténuantes que l'on puisse invoquer, nos Dominations coloniales et surtout celles dont le budget offre le plus d'extensibilité, notamment l'Indochine, comptent aujourd'hui, et de plus en plus, un nombre excessif de fonctionnaires, une superfétation de postes variés, plus ou moins inutiles et difficilement justifiables, et cet état de choses déplorable entraîne des actes qui frappent tous les yeux. Aux frais de soldes proprement dites, déjà assez élevées, s'ajoutent une foule d'indemnités, de frais accessoires qui les doublent, et de dépenses somptuaires qui, dans une administration solidement organisée et avec une bonne discipline, devraient être ou défendues, ou presque entièrement supportées par ceux qui en profitent[1]. La Domination se présente comme une « vache à lait » d'où l'on tire sans compter et sans voir que ce relâchement des mœurs administratives

ceux d'autrefois et recruté, par le concours, tend de plus en plus à se bureaucratiser, à remplacer l'activité personnelle et l'initiative par la paperasserie sédentaire et par une grande ingéniosité à éviter les responsabilités. L'élévation des traitements, qui ne portait jadis que sur un nombre restreint de fonctions administratives et judiciaires, s'est trop généralisée. Il est passé en droit, aux yeux des Anglais, que les sommes tirées ainsi des contribuables hindous sont une rémunération légitime des services qu'ils rendent à l'Inde en l'administrant, en même temps qu'une des *utilités* de cette Domination pour la Grande-Bretagne. Les dépenses de cette sorte, qui sont considérables, prennent ainsi, jusqu'à un point difficile d'ailleurs à déterminer, le caractère d'un véritable *tribut*, et l'on sait que cette forme d'exploitation offre aux mécontents et aux révolutionnaires indigènes l'un des thèmes favoris de leurs protestations. Et c'est ce qui va nous arriver aussi en Indochine.

1. Cf. le *Rapport* précité de M. Messimy.

n'est pas seulement une faute financière, mais une erreur politique d'une considérable gravité. Les luxes injustifiés, les missions de complaisance, les congés payés sans nécessité, sont des « injures » à la misère des indigènes, et des excitations permanentes à leur animosité contre l'étranger. C'est une rupture complète de ce pacte implicite qui fait le fondement de la « politique d'association ». Ces abus sapent à leur base les meilleures intentions des législateurs et les efforts les plus sincères des gouvernements locaux [1].

L'abréviation excessive du temps de séjour, cause surajoutée de la multiplication des fonctionnaires et du gonflement des dépenses du personnel, produit des conséquences politiques et morales très fâcheuses. Cette mesure diminue encore l'intérêt que les fonctionnaires portent à la Possession, les détache davantage de leurs devoirs, excite leur propension à venir intriguer dans la métropole. Dressant tout le monde officiel en ennemi contre l'institution si bienfaisante, si sage et si économique de ces *sanitaria* d'altitude dont nous avons montré les excellents effets, elle explique la faillite, temporaire il faut l'espérer, des projets qui tendent à leur établissement.

Ce ne sont point, cette fois encore, les Gouverneurs qui sont coupables de cette faiblesse. La responsabilité en retombe aussi sur le Ministère et sur les influences ou les camaraderies parlementaires.

Alors que les fonctionnaires des Possessions étrangères accomplissent des séjours administratifs de cinq à dix années consécutives sous des climats tout aussi

1. En Indochine, 30 % du budget général, 52 % des budgets locaux sont absorbés par les frais du personnel. Ces abus sont sans aucun doute, par les excès de fiscalité qu'ils imposent, l'une des causes du mécontentement manifesté par nos sujets. « Les indigènes constatent que le compte des profits et pertes se solde trop visiblement à leur désavantage. » (Ch. Depincé.)

pénibles et malsains, supportant les frais de leurs voyages de congé et ceux de leur famille, les nôtres ne sont plus tenus qu'à un « tour de service » de deux ans, et avec une prodigalité sans frein de passages gratuits pour eux et tous les leurs, sur les paquebots et les chemins de fer. C'est, pour employer un terme indulgent, une erreur d'une grande portée, et il est à souhaiter qu'on la répare au plus vite[1].

Mais le régime de la domination, quoi qu'on fasse, comporte beaucoup de fonctionnaires, et l'on n'aurait rien à dire contre leur nombre si toutes les fonctions étaient justifiées, si elles occupaient utilement leurs titulaires, si tous ceux-ci, recrutés et préparés comme il convient, pourvus des aptitudes nécessaires, avaient à cœur de remplir avec conscience leurs multiples devoirs, et si par ailleurs on s'appliquait à confier à des indigènes tous les postes qu'ils sont aptes à occuper. Et c'est à ce résultat qu'il faut arriver, en constituant solidement la responsabilité effective des gouvernements généraux.

Il importe, en effet, de faire remarquer que ce n'est point *proprio motu* et de gaieté de cœur que les gouverneurs généraux de nos grandes Dominations ont ouvert jusqu'ici toutes grandes les portes de leurs services administratifs aux *outsiders* de toute catégorie et de toute provenance. Ils savent bien que la venue de ces intrus produit des résultats désastreux non pas seulement en gonflant outre mesure le cha-

1. En Cochinchine, qui a comme on sait le bonheur de posséder un député, 177 agents émargent au chapitre 1 du Budget local (Gouvernement et Conseils). Il y a deux relieurs qui touchent ensemble plus de 16.000 francs de solde. A Pnompenh, pour un service postal bien peu chargé, on compte 14 fonctionnaires français. A Singapore, le même service, peut-être mille fois plus important, n'occupe que 8 agents anglais.

La Cochinchine, toujours, entretient 86 fonctionnaires supérieurs. Pour la même superficie et le même nombre d'habitants, on n'en trouverait pas 15 dans l'Inde. (Ch. Depincé.)

pitre des dépenses de personnel et en rendant très laborieux l'établissement régulier de leur budget, mais en jetant le découragement et le scepticisme dans les rangs de leurs meilleurs auxiliaires, en entretenant la haine de la population exploitée, en ruinant leur propre autorité par l'obligation d'endosser la responsabilité d'injustices qu'ils sont les premiers à déplorer, car ils sont les premiers à en souffrir. Mais, à moins de démissionner tous les trois mois en sacrifiant à leurs scrupules de conscience leurs ambitions les plus naturelles et en renonçant à tout espoir de réaliser les améliorations qu'ils se sentent encore malgré tout capables d'accomplir, ils ne peuvent faire autrement que de s'incliner devant les injonctions parisiennes, surtout s'ils ne sont que des fonctionnaires, dépourvus de moyens de contre-action politique.

Si l'on ne voulait éviter de mettre en cause aucune personnalité, il serait très facile de montrer, par des exemples répétés autant qu'irréfutables, que les abus signalés, tant pour le nombre des fonctionnaires que par leur défaut de qualification, sont en presque totalité, directement ou par répercussion, le fait non des gouvernements locaux, mais celui du gouvernement central et des influences qu'il subit. Nulle part ces abus ne sont plus funestes, plus opposés au but que nous poursuivons que dans les Dominations, en raison même de la prépondérance du rôle qu'ont à y jouer les agents administratifs, et nulle part aussi ils ne rencontrent autant de facilités.

Si l'autonomie telle que nous l'avons définie était appliquée, si les gouverneurs généraux, investis des responsabilités réelles que comporte ce régime, étaient vraiment maîtres de leur personnel et comptables de ses actes, nul n'aurait autant qu'eux intérêt à en réduire le nombre au strict indispensable en accroissant le mérite individuel de chacun de ses membres et l'efficacité de chaque fonction. Rien n'allégerait davantage leur budget et les soucis de leur tâche, rien ne diminuerait autant la part improductive et fastidieuse de leur travail ; rien ne saurait ouvrir un champ plus fécond à leur activité et à leur volonté de succès, ni leur mieux permettre de montrer ce que valent leurs idées et leurs intentions.

En vue de ces résultats, ils s'empresseraient de constituer ou de rétablir sur des bases solides et inattaquables, en corps strictement fermés après admission définitive, en carrières complètes, toutes celles de leurs administrations qui se prêtent à cette organisation. Ils se proposeraient tout d'abord d'éliminer de leurs rangs les non-valeurs et se prépareraient, non seulement pour des motifs d'économie, mais pour des raisons politiques évidentes, à confier à des indigènes toutes les fonctions où l'on peut se passer des qualités qui sont le privilège des Européens ou qui ne sont pas essentielles à la permanence de la domination.

La qualité des fonctionnaires et les moyens de l'obtenir. — La pratique sait si bien obéir aux nécessités, et pourvu seulement qu'elle dure pendant quelque temps, elle se montre si propre à parer les écueils que lui oppose la coalition des routines et des intérêts, que si les gouvernements de nos Possessions les plus vivantes ont pu accomplir certains progrès dans leur régime administratif, c'est toujours, remarquons-le, dans la direction que nous indiquons comme la seule juste et bonne que ces progrès se sont manifestés. Sans plan, sans recherche de conformité à certains principes généraux, simplement par obéissance à la force des choses, et grâce aux ébauches d'autonomie administrative et financière qu'il a bien fallu leur concéder, l'Indochine et l'Afrique Occidentale, mais la première surtout de ces deux Dominations, se sont orientées vers la particularisation de leurs carrières administratives : il n'y aurait, en fait, qu'à développer le germe existant de ces institutions. Mais, pour favoriser la croissance de cet organisme encore bien débile et lui permettre de porter tous ses fruits, il faudrait que le pouvoir central, obligé de s'incliner sous la pression d'une opinion plus éclairée, se résignât lui-même aux réformes nécessaires et consentît à doter nos Possessions de « constitutions » en harmonie avec la nature de la domination ainsi qu'avec les nécessités vitales de l'Etat français.

La particularisation des carrières administratives existe en effet en Indochine et, à un moindre degré, en Afrique Occidentale. Les gouverneurs généraux y possèdent certaines facultés de choix et de désignation des agents. Mais leur autorité en ces matières si importantes n'est en réalité que précaire, en forme de trompe-l'œil, et plus théorique que réelle. C'est beaucoup trop souvent à Paris que se décident, au mépris des règlements, les nominations, les avancements, les récompenses, les mises à la retraite d'office. Et, d'autre part, la préparation des agents, échappant entièrement à la surveillance des gouvernements généraux, continue à être médiocre.

Il y a — ou du moins il devrait y avoir — dans les Dominations, deux sortes de fonctionnaires très différents, répondant à une division nécessaire du travail administratif, et à qui il faut demander des entraînements, des goûts, des caractères différents. Ce sont d'abord ceux qui, vivant en contact permanent avec l'indigène, ayant affaire constamment et directement avec lui, ont à ce titre besoin de connaissances préalables spéciales, acquises par une préparation particulière, et qui doivent posséder une expérience approfondie des choses et des populations du pays. Ce sont ensuite ceux qui, ayant surtout à diriger des Européens ou des indigènes dressés déjà à s'acquitter d'une besogne routinière ou ayant à s'acquitter eux-mêmes de ces tâches qui sont à peu près les mêmes partout, peuvent plus ou moins se passer d'un apprentissage local. A ceux-ci, il suffit d'une légère accointance avec la vie tropicale et les habitudes coloniales. Il n'y a donc pas d'inconvénients graves à les emprunter temporairement aux corps constitués de la métropole ou à les tirer de corps coloniaux communs, faits pour servir indifféremment aux besoins de tous les établissements. Il serait du reste impossible, pratiquement, de procéder autrement en raison de l'étroitesse de certains cadres, du manque de ressources et du peu d'étendue de certains territoires. Tels sont, par exemple, les magistrats des tribunaux français, les fonctionnaires techniques, les agents des finances, les professeurs d'écoles françaises, etc., etc... et, d'une manière générale, les scribes et les comptables, les employés de bureau et de chancellerie.

Mais, dans la première catégorie, composée d'hommes tous appelés par la nature de leurs fonctions à passer dans une seule et même Possession la période entière de leur activité, et spécialisés en conséquence, il y a lieu de tracer encore une division de la plus grande importance. Ils ont en effet à satisfaire à deux besoins bien différents, qui demandent des aptitudes et des qualités particulières, et souvent même opposées : d'un côté, les fonctionnaires et employés subalternes ou à responsabilités spéciales et limitées, et qui, dans une organisation parvenue à l'état adulte, sont appelés, sauf quelques exceptions, à disparaître pour être remplacés, au fur et à mesure des possibilités, par des indigènes. Leurs « vertus » professionnelles sont l'application, l'exactitude et la régularité. De l'autre, les véritables « agents » politiques du gouvernement, sur qui repose l'avenir de la Domination, les instruments essentiels de sa sécurité et de sa fortune.

Organes responsables de gouverneurs responsables, qui voient par leurs yeux et exécutent par leurs têtes et par leurs bras, c'est à ceux-là, dont les qualités primordiales sont la hauteur du caractère, la décision et l'étendue de l'esprit, que doivent être réservées ces fonctions dont nous faisions tout à l'heure ressortir les aspects séduisants, qu'il faut demander des qualités exceptionnelles en leur garantissant en retour des avantages exceptionnels, en leur assurant les postes les plus élevés dans une hiérarchie à part.

C'est commettre une lourde erreur de jugement que de vouloir, sans doute par esprit égalitaire, confondre ces deux missions sans analogie dans une origine commune et réunir dans un corps unique tous les hommes chargés de les accomplir. La domination, dont nous avons fait ressortir le caractère forcément aristocratique, exige, pour être appliquée avec succès et moralité, la constitution, dans chaque Etat colonial, d'un corps d'élite, d'un état-major civil soumis à des règles particulières de recrutement, de préparation et d'avancement, jouissant de garanties spéciales, strictement fermé aux intrusions du dehors, investi d'une autorité indiscutée sur tous les services provinciaux, exerçant exclusivement ou se préparant à exercer, le temps venu, les fonctions de *commandement*, de direction et de contrôle qui sont, de leur nature, à tout jamais interdites et inaccessibles aux hiérarchies indigènes.

Fonctionnaires administratifs, ce sont en même temps des agents politiques, car tout acte administratif, dans la domination, est aussi un acte politique à répercussions indéfinies dans le monde indigène. A ce titre — et sans approfondir la question de la séparation des pouvoirs, devenue parmi nous comme une superstition, et qui du reste n'a point été envisagée en vue des nations subjuguées, mais au contraire pour la sauvegarde des libertés de nations indépendantes — il est désirable que les fonctionnaires de cette catégorie puissent être aussi bien magistrats qu'administrateurs. Il convient qu'ils soient au moins aptes à passer, quand il le faut, d'une fonction administrative à une fonction judiciaire, ce qui n'exclut pas la possibilité de les remplir simultanément lorsque l'état social des administrés permet ou que l'intérêt de la domination exige cette confusion.

Le recrutement et les écoles. — Pour bien aborder ces fonctions et se montrer ensuite à la hauteur d'une tâche de ce genre, il faut être armé d'une instruction générale étendue, où se balancent la culture littéraire et les connaissances scientifiques, mais où pourtant celles-ci devraient tenir la première place. En ces pays nouveaux à nos études et où la nature offre encore tant d'inconnues, où l'administrateur est en outre et pour ainsi dire le missionnaire d'une civilisation scientifique, un mentor et une sorte de maître Jacques [1], la possession de connaissances scientifiques, théoriques et d'application pratique, est un

1. Si la nation que nous sommes avait les mœurs de la liberté, et par conséquent le sens de la discipline, il n'y aurait pas pour le recrutement des carrières coloniales de modèle plus parfait que celui des règles adoptées pour le recrutement des *Douanes chinoises*, dont la disposition s'est visiblement inspirée de l'ancienne organisation du *Covenanted Civil Service* de l'Inde. A l'entrée, pas de concours, pas d'exigences d'école ni de diplômes scolaires, connaissance préalable des principales langues européennes. Mais ensuite, rigoureuse sévérité dans les examens successifs qu'il faut subir sur place au cours de stages bien compris, tout en s'instruisant auprès des anciens, avec élimination impitoyable et rapide, et sans indemnités ni compensations d'aucune sorte, de tous ceux qui se montrent insuffisants, ou dont la conduite privée et la trempe morale, soigneusement observées, semblent laisser à désirer. Ces examens probatoires portent surtout, outre la constatation des connaissances pratiques et de métier, sur les langues et l'écriture chinoises.

Nous ne mentionnons ici cette organisation que comme un type idéal, d'une application indubitablement impraticable chez avantage d'un prix inestimable. Il faut aussi un tempérament robuste. Toutefois, ce qui importe avant tout, ce sont les qualités du caractère qu'aucun concours ne peut déceler, qui ne se révèlent bien qu'à l'usage, mais qu'une observation attentive de maîtres bien choisis peut cependant permettre de prévoir.

Il convient donc que l'entrée dans les carrières coloniales soit assez difficile et que, faute du recrutement par sélection directe que nos mœurs n'admettent point, le concours se dresse à leur porte comme une barrière ou un filtre. La « compétition libre » est d'un emploi d'ailleurs commode pour les autorités et c'est, après tout, le procédé qui présente le plus de garanties à la majorité des intéressés dans un milieu où le favoritisme politique a contaminé presque tout le corps social.

Comme les carrières coloniales, pour être commencées et poursuivies en bonnes conditions, exigent une culture générale étendue et, avec une certaine maturité d'esprit, une constitution physique parachevée; comme il est juste, d'autre part, et nécessaire qu'elles donnent droit plus vite que les services métropolitains à des pensions de retraite, il n'est pas indispensable que les candidats y entrent de très bonne heure. Il n'y aurait que des avantages à ce que la limite d'âge à l'admission fût reculée jusqu'à

nous, comme elle l'est devenue en Angleterre pour le recrutement des services de l'Inde. Les Anglais, en effet, ont dû substituer les diplômes et les concours d'entrée au système de libre recrutement, généralement par recommandations et par relations de famille, qui avait produit de si remarquables résultats au temps de la *Compagnie de l'Inde Orientale*, mais qui devait disparaître avec elle. Toutefois, si le Gouvernement de l'Inde a substitué l'*open competition* à la sélection initiale d'autrefois, il a pris soin de maintenir les *stages* ou périodes de très sérieuse « probation » sur place avant l'admission définitive des candidats dans leur carrière.

vingt-huit ou trente ans, en faisant appel, avec attribution de « coefficients » variables, aux gradués de l'instruction supérieure ainsi qu'aux anciens élèves des écoles spéciales, militaires ou civiles.

La question des *Ecoles coloniales* est controversée. Il est impossible de la traiter ici en détail, mais il nous apparait comme certain qu'une école coloniale unique, même avec des sections distinctes, destinée à alimenter nos Possessions du monde entier, est une conception pédagogique et administrative malheureuse. Quoi qu'on fasse, c'est une école d'uniformité et d'assimilation, et l'une des nombreuses manifestations du genre d'esprit qui continue à animer le ministère des Colonies.

Le Ministère des Colonies, pour les écoles comme pour tout le reste, ne devrait être qu'un organe de surveillance générale et de contrôle, et si l'on voulait maintenir en France des écoles coloniales, il importerait que chaque grande Possession eût la sienne et que ces écoles, de quelque façon qu'elles soient organisées, ne dépendissent que des gouvernements généraux et fussent entretenues par les budgets des Possessions. De même les programmes des concours et les conditions d'admission ne devraient être arrêtés que par les gouvernements intéressés.

Au surplus, et sans attendre des réformes qui ne peuvent s'opérer que par la refonte de notre organisation centrale, pourquoi une école coloniale, avec ses bâtiments, ses nombreux professeurs et ses chaires multipliées, avec son matériel particulier? Dans un centre intellectuel comme Paris, où coexistent tant de moyens d'instruction, où les chaires des Facultés, du Muséum, du Collège de France, de l'Ecole des Sciences politiques, de l'Ecole des Langues orientales, des Arts et Manufactures, de l'Institut agronomique, des Ecoles supérieures de commerce, etc., etc., peuvent accueillir tous les auditoires, ces dépenses sont entièrement superflues et désordonnées : elles ne s'expliquent, comme tant d'autres gaspillages, que par des influences et les intérêts de personnes et ne se justifient par aucune utilité publique. Il suffirait simplement de subventionner auprès de ces établissements quelques cours complémentaires, si ceux qui y sont professés n'étaient pas jugés suffisants, aux frais des gouvernements coloniaux qui en auraient reconnu le besoin[1].

Les stages. — Mais, en tout cas, les écoles ou les cours d'instruction dans la métropole ne peuvent être qu'une préparation et une première sélection. Quant aux connaissances les plus importantes, à la révélation et à la preuve de ces aptitudes intellectuelles et morales qui ne sont pas moins indispensables à ces fonctions qu'une instruction appropriée, ce n'est que sur place, dans le milieu même où celles-ci vont s'exercer, par l'ambiance continue des hommes et des choses, que les unes et les autres peuvent s'acquérir et qu'elles trouvent à se manifester.

1. On doit d'ailleurs admettre une entente entre les divers gouvernements pour les quelques cours techniques, technologiques ou de sciences accessoires, les exercices physiques, etc., qui pourraient, par raison de simple économie, être institués à frais communs. De même, on utiliserait pour certains enseignements spéciaux et pour les fonctionnaires déjà confirmés et envoyés en missions d'instruction, — comme on le fait déjà — tels que les médecins ou vétérinaires, les hygiénistes, les agronomes, etc., des établissements existants, tels que l'Institut Pasteur, les Ecoles de médecine tropicale, etc.

Présentement, c'est le Ministère qui impose à certaines Possessions des contributions, d'ailleurs assez faibles, aux dépenses d'entretien de l'Ecole coloniale.

Indochine.	89.000	francs
Afrique Occidentale	10.000	—
Madagascar.	6.000	—
Congo	2.000	—
Total.	107.000	francs

A l'entrée de ces carrières, après l'école et avant l'admission définitive, il est donc nécessaire de poser l'obligation de périodes de *stage*, d'épreuves et d'instruction complémentaire, dont la durée et les conditions diverses, variables suivant les pays et les races à administrer, ne peuvent être ici soumises à un examen détaillé, et que l'on peut concevoir de différentes manières. Les uns préféreraient des écoles d'application instituées dans la capitale auprès du gouvernement général ; d'autres préconiseraient — et plus judicieusement sans doute — le détachement des élèves-administrateurs, individuellement ou par petits groupes, auprès des chefs les plus éprouvés et les plus distingués, observateurs attentifs de leurs progrès et de leur valeur morale, et dans les provinces les plus intéressantes. Les examens probatoires, échelonnés conformément à des règlements invariables, porteraient, outre les matières administratives, financières et judiciaires, dans l'un ou l'autre système, sur les langues écrites et parlées, le droit, l'histoire, la géographie, l'ethnographie, les productions naturelles et les commerces et industries du pays, etc.... Ce n'est qu'après avoir satisfait à ces épreuves et fourni l'assurance de leurs aptitudes au rôle capital que l'on attend d'eux que les stagiaires seraient admis à figurer à titre effectif dans les rangs de l'état-major civil et à voler de leurs propres ailes, à leurs risques et périls, et sous leur personnelle responsabilité.

Les fonctionnaires indigènes. — Il est nécessaire au conquérant étranger de défendre jalousement à ses sujets l'accès des fonctions de commandement et de direction qui composent l'armature de la domination ou qui fait bloc avec elle et de les convaincre si bien de cette interdiction que jamais l'espérance de conquérir ces postes essentiels, d'ailleurs assez peu nombreux, ne puisse leur venir à l'esprit. Mais, par contre, c'est pour lui d'un très grand intérêt, à quelque point de vue qu'il se place, de faire aux indigènes la part la plus large possible. C'est aux indigènes que devraient être attribuées progressivement toutes ces fonctions exécutives inférieures, et même de moyen degré, qui n'impliquent ni responsabilités impériales, ni les sentiments et manières de voir et de comprendre qui sont inséparables de la constitution mentale des Européens et de leurs devoirs particuliers, celles qui n'exigent que des qualités d'application et d'assiduité ou des connaissances qu'il est toujours possible de communiquer à des intelligences ordinaires.

Les avantages financiers de cette conduite sont évidents. Les fonctions de cette sorte, confiées aux indigènes, même en tenant un compte très large de la diminution du rendement, et en se montrant aussi généreux qu'on peut l'être sans tomber dans la prodigalité, grèvent beaucoup moins les budgets que lorsqu'elles sont exercées par des employés européens, si mal rétribués qu'on les suppose.

Le *standard of life* de l'Européen sous les tropiques exige un minimum de dépenses incompressible au-dessous d'une certaine limite, surtout si l'on convient qu'il est mauvais et dangereux que l'étranger, dans l'isolement où il est souvent obligé de vivre, soit mis dans l'impossibilité de s'y entourer d'une famille régulière de sa race et de remplir à l'égard de ses enfants ses devoirs de père : et l'éloignement rend ceux-ci très coûteux. Avec la plus petite solde que l'on puisse donner à l'Européen pour le faire vivre d'une vie misérable, on rétribuera honorablement quatre ou cinq chefs de famille indigène, intéressés dès lors avec tous les leurs et liés à la domination étrangère. Ainsi, l'utilité financière se double aussitôt de l'utilité politique, et tous ceux qui connaissent l'appétit des indigènes, jaunes ou noirs, pour les fonctions officielles, reconnaissent l'importance de cette considération.

En outre, il est bien difficile, dans les Possessions tropicales, de trouver pour ces petits emplois, sans issues certaines et sans avenir séduisant, des Européens qui présentent les garanties et les qualités désirables. Sauf exceptions, les titulaires n'en seront guère que des hommes d'une éducation inférieure et de mœurs plus ou moins grossières, inaptes à exercer leur autorité sans tomber d'une excessive raideur dans une excessive familiarité, ou encore des déclassés que le sentiment de leur déchéance rend accessibles à bien des tentations ou sans défense contre des propensions vicieuses. Et ils s'y abandonneront souvent avec d'autant moins de résistance que l'isolement et les difficultés de la surveillance rendront plus lâche et plus intermittent le contrôle de leur conduite. Alors, au lieu de servir le gouvernement, ils le compromettent et le trahissent par le désordre de leur vie privée et de leur habitation, par le débraillé de leurs allures, trop souvent par des actes de brutalité ou d'une moralité problématique, et par des abus tyranniques.

L'Européen, fonctionnaire ou non, en ces conditions d'existence, est de la part de l'indigène l'objet d'un examen perpétuel. Aux regards de la population qui l'entoure, il est un spectacle de tous les instants. Sans qu'il s'en doute lui-même, par l'observation de ses mœurs et de sa manière d'être, par l'imitation, par les commentaires infinis que sa présence et ses actes suscitent, il exerce une influence active, mais qui peut être suivant les cas très bonne ou très mauvaise. C'est là une remarque qui mérite l'attention ; il n'y a malheureusement que ceux qui possèdent bien les langues des indigènes et qui vivent dans leur intimité — comme les missionnaires catholiques —

qui soient en mesure d'en bien apprécier la portée : les Européens, en aucun pays, n'en tiennent assez de compte.

A ce propos, et dans le sens opposé, on doit dire que l'on ne saurait trop réprouver ces luxes exagérés et ces étalages de faste que l'on a pu croire parfois utiles au prestige de l'Européen, mais qui en réalité ne sont, dans les circonstances habituelles de la vie, que des excitations, fournies par la vanité de parvenus d'une conscience peu déliée et d'un jugement douteux, à la haine des populations subjuguées. Des chefs de gouvernement vraiment politiques et scrupuleux, aptes à pénétrer la psychologie indigène, sauraient promptement mettre bon ordre à ces écarts. Mais ils ne voudraient point non plus qu'à l'autre bout de l'échelle administrative notre dignité fût compromise ou notre autorité battue en brèche par la conservation d'un trop grand nombre d'employés européens mal recrutés et mal payés, et ne pouvant l'être mieux et davantage. Ils s'apercevraient, dès leur entrée en charge, réclamant en ce sens le soutien du pouvoir central, que c'est le devoir et l'intérêt de toute domination européenne moderne d'ouvrir largement l'accès des fonctions non-impériales à l'élite de la population indigène, et pour cet objet ils s'appliqueraient à préparer l'organisation la plus propre à assurer le recrutement normal de ces postes administratifs.

Nous ne pouvons, ni partout ni tout de suite, songer à imiter sur ce point les Anglais de l'Inde qui emploient dans leurs administrations, comme nous l'avons rappelé, jusqu'à 90 p. 100 d'indigènes. Les Anglais, qui du reste y pratiquent avec tant de raison et beaucoup plus que nous n'avons su le faire jusqu'ici dans nos possessions l'administration indirecte, ont rencontré dans l'Inde des circonstances extraordinairement favorables à cette politique de l'utilisation des indigènes. Nous ne pourrons tenter de nous rapprocher plus ou moins de cette proportion, qui semble de prime abord inquiétante aux plus audacieux des réformateurs français, qu'en certains pays et avec certains peuples d'un degré de civilisation assez avancé pour avoir développé chez eux des aptitudes administratives suffisantes et formé des hiérarchies originales. Tels sont, par exemple, les Annamites ou, à l'extrémité opposée du monde, les Arabo-Berbères et, entre eux, les Hovas. Mais, en Afrique noire, il convient de maintenir les sujets à un rang plus modeste, et, pendant bien longtemps sans doute, l'association administrative régulière des races soumises y restera plus restreinte et plus inférieure.

Toutefois, ici comme pour les fonctionnaires européens, il y a des distinctions à établir. Les fonctionnaires indigènes dont nous venons de parler sont plutôt ceux qui, appelés à remplacer des fonctionnaires européens, doivent faire partie de nos administrations plus ou moins directes. A côté de ceux-là, nous avons à veiller au maintien et au renforcement des hiérarchies indigènes proprements dites, organes de cette administration indirecte ou de protectorat que nous voudrions voir substituée, dans la mesure la plus large possible, aux régimes uniformes et assimilateurs contre lesquels l'expérience et la raison nous ordonnent de réagir.

L'éducation comme la destinée de ces deux catégories d'indigènes ne sont pas les mêmes. Les premiers doivent nécessairement, pour devenir des auxiliaires efficaces et d'un emploi commode, acquérir, dans l'enseignement qui leur convient, la connaissance de nos langues, de notre écriture et la préparation de nos routines administratives. Les autres, c'est dans le sens de leur propre civilisation, mais avec des méthodes meilleures et avec certaines clartés de nos sciences, qu'il faut pousser leur éducation.

Ces difficultés, qui se rattachent intimement au problème de l'éducation des races indigènes, seront d'ailleurs étudiées un peu plus complètement au chapitre consacré à cette question.

CHAPITRE X

Le Ministère des Colonies.

Le Ministère doit être conçu pour le bien des colonies. Vice fondamental de l'organisation actuelle. Progrès des idées et des personnes, stagnation des institutions. Nécessité urgente de réformes réelles, non verbales. Action de la représentation parlementaire coloniale.

Rôle vrai du Ministre des Colonies. J. Stuart Mill et l'*India Office*. Le Ministre est un directeur et un contrôleur. Il doit être un homme d'État et le Ministre de l'Impérialisme français. Les *Conseils* et leur nécessité. Leur organisation. Le Conseil supérieur. Le Conseil de l'Inde en Angleterre. Les *Chartes* coloniales. La Loi et le Régime des Décrets. — Le rôle du Parlement. Le Ministère et l'autonomie coloniale. La question du Ministère de l'Algérie et des Colonies.

Le vice fondamental du Ministère des Colonies. — Jusqu'à présent, on a prétendu modeler l'organisation des colonies, — de toutes les colonies, de quelque nature qu'elles soient, — sur les convenances, les routines ou les intérêts supposés du ministère et les ignorances ou les préjugés d'un Parlement qui n'est pas organisé pour s'occuper, directement et d'une manière utile, de la surveillance supérieure de notre domaine extérieur.

Si l'Etat veut obtenir de l'expansion coloniale, forcée mais dangereuse, des résultats satisfaisants et préservateurs, il faut au contraire conformer la constitution du ministère, d'une part, à ces données générales de la vie nationale dont nous avons tout d'abord essayé de montrer les fatalités; de l'autre, à ces conditions du gouvernement lointain qui viennent d'être exposées, et dont l'expérience, l'observation des choses et des hommes, les enseignements de la politique et de l'administration nous prouvent la nécessité.

L'organisation du Ministère des Colonies ne doit être que la traduction, la synthèse pratique des considérations qui précèdent. Par suite, comme l'étude des détails d'application — qui serait elle-même fort compliquée — ne fait pas partie de la tâche que nous nous sommes proposée, cette question du ministère central ne demande pas de longs développements.

En supposant accepté le principe de l'autonomie coloniale, défini par une large indépendance administrative et financière de chaque Etablissement et par une étroite dépendance politique de tout l'Empire, cette organisation deviendrait en effet une chose assez simple, ce qui ne veut pas dire une chose dépourvue de force, d'efficacité ni d'importance. C'est une puérilité, à la vérité trop répandue, que de mesurer le rôle des ministres au gonflement du personnel qu'ils sont censés diriger, au nombre de places dont ils disposent et au total de millions dont ils ont le maniement direct.

On peut, dit-on, diriger et gouverner de loin : c'est déjà une opération difficile; mais tout le monde convient que l'on ne peut administrer que de près. Le vice fondamental de notre ministère colonial réside dans le fait qu'il entend considérer les gouvernements coloniaux comme des prolongements de ses bureaux et qu'il persiste à vouloir administrer lui-même, directement et suivant des procédés uniformes, des Dépendances dispersées dans tout l'univers en les soumettant toutes à une jalouse et impérieuse tutelle.

Il n'a pas été capable de suivre les changements qui se sont produits, par empirisme et par nécessité, dans notre expansion, ni de s'adapter aux progrès accomplis dans les idées. Mais — et c'est une constatation qu'il importe de faire — les critiques que l'on est en droit de lui adresser ne sauraient en général viser les hommes chargés d'assurer le fonctionnement de l'organisme. Ceux-ci sont les prisonniers d'un système qu'ils n'ont pas établi et qui survit à un état de choses disparu.

Il n'est que juste de le reconnaître, les fonctionnaires supérieurs du ministère ont aujourd'hui une instruction politique bien meilleure, des vues plus étendues et plus saines que celles de leurs prédécesseurs. Ils sont pour la plupart au courant des conceptions nouvelles et savent en reconnaître la vérité scientifique ; ils s'attachent à suivre les modifications de l'opinion. A titre individuel, et dans le particulier, ils confessent la nécessité de réformes profondes et en discutent avec largeur d'esprit. Il arrive même qu'ils y poussent sous le voile de l'anonymat. Ils seraient mieux que personne préparés à les appliquer. Mais, en leur qualité officielle, ils restent timides et inertes, et continuent à épouser les traditions et à respirer tranquillement l'air de la maison. C'est qu'ils se sentent parfaitement impuissants à réagir contre une organisation qui tient à trop de choses et à trop d'intérêts, et qui dépasse leur force et leur bonne volonté. Du reste, il faut convenir que ce n'est point leur affaire. Leurs intérêts les plus légitimes, comme l'observation de leur devoir, leur interdisent toute autre attitude. Ils n'ont qu'à accomplir le mieux qu'ils peuvent, et c'est ce qu'ils font, la tâche qui leur est assignée et pour laquelle ils sont nommés. Or, cette besogne consiste, fonctionnellement, naturellement, à maintenir et à renforcer les méthodes et les règles de travail qui sont les leurs et qui tendent à l'uniformité réglementaire, à l' « assimilation » des hommes et des affaires.

Mais, comme les idées font quand même leur chemin et réussissent à s'introduire dans les milieux les mieux défendus, jusque dans les rangs de ceux qui paraissent en quelque sorte être leurs adversaires nés, il se manifeste de plus en plus entre les nécessités mieux reconnues de la politique coloniale française et son organe central une discordance qui va chaque jour en s'accentuant. Il existe une incohérence manifeste entre les principes, les besoins et les fins de la domination et notre système de gouvernement métropolitain, et rien n'est plus dangereux.

Peut-être vaudrait-il mieux, à tout prendre, un retour franc et net à l'assimilation systématique, en restituant à leur place les graves responsabilités que comporte cette doctrine archéologique, plutôt que de rester dans la situation présente. Caractérisée par l'hypocrisie verbale, la contradiction flagrante entre les déclarations publiques et leurs traductions administratives, les à-coups, les flottements, les hésitations, le dégoût ou la défiance du Parlement pour les affaires coloniales, elle aboutit en définitive au désordre et à l'anarchie, au scepticisme général du « chacun pour soi, et après nous le déluge ».

Tout le monde convient donc qu'il faut des réformes, et l'importance accrue de l'Empire impose la conviction de leur urgence. On voit assez bien ce qu'il faudrait faire, mais on ne sait pas par où commencer.

Tous les hommes en situation de se prononcer avec autorité, dans la presse et dans le Parlement, s'accordent pour faire ressortir le détraquement de notre machine et la nécessité d'y porter remède. Ils sont unanimes à montrer que tandis que l'évolution des Possessions s'opère continûment vers la décentralisation, la désassimilation et l'autonomie, le Ministère des Colonies est resté, dans son esprit et ses méthodes, tel qu'il se présentait alors qu'il n'était qu'une simple annexe d'un ministère militaire, chargé de la direction subordonnée d'Etablissements d'une importance intrinsèque médiocre et d'un intérêt national secondaire.

En vain les hommes politiques les mieux préparés, soutenus par une opinion publique de jour en jour mieux instruite des conditions nécessaires de l'expansion coloniale, signalent le mal et tentent parfois d'indiquer les moyens de le guérir : la résistance du passé est plus forte que leur clairvoyance.

C'est déjà beaucoup, sans doute, que de reconnaître en de magnifiques « exposés de motifs » ou bien en des rapports budgétaires excellents, qu'il n'y aurait que des avantages à doter les possessions de l'autonomie, à constituer leur personnalité administrative et financière. Mais les paroles et les écrits ne suffisent point. Au lendemain de ces rapports et de ces décrets, on voit que rien n'est changé dans l'application. Les ministres passagers et leur entourage permanent, biffant pratiquement les décisions théoriques qu'ils viennent de signer, continuent à faire, tout comme par le passé, de la concentration, de l'uniformité et de l'administration directe à longue distance. C'est en vain que l'on semble rehausser l'autorité, élargir l'indépendance des gouverneurs généraux et accroître en conséquence leurs responsabilités, si l'on persiste à leur imposer de Paris des fonctionnaires de tout grade et de toute provenance, et si l'on s'ingénie à les tracasser et à leur faire perdre leur temps pour des justifications de centimes. C'est en vain que l'on commence par déclarer que les colonies payeront toutes leurs dépenses sur leurs ressources et sous leur personnalité financière, si l'on persévère à remanier profondément ou à refaire en totalité, sur les bords de la Seine, des projets de budget qui ne devraient, en thèse générale, être soumis au ministère que « pour ordre ». C'est en vain que l'on proclame vouloir particulariser l'action des bureaux si l'on détruit en fait la division du travail opérée dans le sens géographique pour reconcentrer, plus encore qu'auparavant, les « directions » par catégories d'affaires [1]. C'est en vain que l'on prétend alléger les bureaux et rendre aux colonies plus de liberté économique si l'on imagine, au lieu d'agences commerciales ne dépendant que d'elles et payées par elles, une agence centrale unique étroitement rattachée au Ministère [2]. La liste serait longue de ces erreurs ou de ces contradictions entre la théorie et la pratique, celle-là promettant tout, celle-ci ne concédant rien. C'est la persistance atavique des mêmes habitudes qui conduit à l'application dans tout l'Empire d'un régime uniforme, et, par exemple, avec une seule magistrature, avec une seule école, avec un seul conseil, d'ailleurs illusoire.

Il serait assurément curieux, si l'on en avait le temps et l'espace, de rechercher les causes de cette immobilité persistance de l'organe central, dans un monde qui s'est tellement transformé et dans un régime qui ne se distingue pas, apparemment du moins, par un esprit de conservatisme excessif. Sans doute, ces causes sont nombreuses et diverses. Mais on ne doit pas hésiter à en faire retomber la responsabilité principale, dans l'ordre sentimental, sur la

1. Exposé des motifs d'une réorganisation sous le ministère Milliès-Lacroix : « Nécessité de dégager la solution générale des questions communes à toutes les colonies »... « d'harmoniser les règles qui régissent les diverses branches du personnel colonial »... C'est tout l'esprit du Ministère.

2. M. Messimy, dans son rapport sur le budget des Colonies pour l'exercice 1908, cite l'exemple typique que voici : Un service local, qu'il ne précise pas autrement, ayant un important achat de matériel à faire en France, le fractionna en deux moitiés. Pour l'une, il s'adressa au Ministère suivant le mode réglementaire, et demanda l'autre à un fournisseur, *celui-là même, du reste, à qui devait avoir recours l'administration centrale.* La première demande ne fut livrée qu'au bout de sept mois ; la seconde avait été reçue en sept semaines.

confusion qui s'est établie entre l'*empire* et la *patrie*, et, dans l'ordre politique, sur l'action de la représentation des colonies au Parlement national, double erreur que l'on se borne ici à rappeler.

La représentation politique et parlementaire des Dépendances coloniales reste l'une des causes les plus effectives de l'immutabilité ministérielle. L'assimilation est sa raison d'être et son moyen de continuer à vivre, et aucune réforme ne pourra être considérée comme définitivement acquise tant que l'on n'aura pas réussi à éliminer de notre système colonial actuel cet organe utopique [1].

Nous avons montré dans l'autonomie coloniale le plus efficace des remèdes aux maux existants, le meilleur des préservatifs contre les dangers d'une expansion nécessaire, comme le plus sûr moyen — et comme le seul — d'obtenir des dépendances les résultats que l'on y peut chercher. Il s'agit donc de considérer le rôle du Ministère des Colonies sous un régime colonial conforme à ces vérités de principe et à ces besoins d'application.

Le rôle du Ministère des Colonies. — « Le gouvernement de l'Inde en Angleterre, dit John Stuart Mill, n'est pas tant un corps d'exécution que de délibération. Le gouvernement exécutif de l'Inde est et doit être dans l'Inde.

« La fonction principale du gouvernement métropolitain ne consiste pas à diriger les détails de l'administration, *mais à examiner avec soin les actes déjà accomplis du gouvernement de l'Inde, à indiquer les principes, à donner des instructions générales ayant pour but de guider la conduite de ce gouvernement, et à accorder ou à refuser sa sanction aux mesures poli-*

1. On se borne ici à mentionner cette question en renvoyant au chapitre ci-après qui est consacré à son examen.

tiques importantes qui doivent être soumises à son approbation. »

« L'action du secrétaire d'Etat pour l'Inde, fait remarquer de son côté sir John Strachey, se borne principalement à répondre aux rapports qui lui sont adressés par le gouvernement de l'Inde, et, abstraction faite des grandes questions financières, le nombre et la nature de ces rapports dépendent du caractère et des tendances du gouverneur général : tel vice-roi cherche à réduire sa responsabilité personnelle et aime à prendre les ordres du gouvernement central avant toute décision; tel autre préfère agir suivant son propre jugement et celui de ses conseillers. *Le secrétaire d'Etat ne prend presque aucune initiative.* »

Voilà la vérité ! On ne saurait trouver de formule générale qui limite et définisse plus clairement son objet, ni de commentaire qui précise avec plus de concision le rôle et le mode d'action du Ministère et du Ministre des Colonies qui conviennent à tous les pays mais surtout à un pays comme le nôtre.

La fonction du ministre, c'est le *contrôle* législatif et financier, la *surintendance* administrative et la *direction* politique, et s'il en sort *proprio motu*, il montre qu'il ne se rend pas compte des conditions si particulières qui le distinguent de tous les autres membres du cabinet, à l'exception cependant de son collègue des Affaires étrangères. Le pouvoir exécutif réel, dans ces deux ministères, appartient, par nécessité de délégation, aux agents supérieurs, chefs de mission, et non pas au ministre.

S'il croit qu'en renonçant à administrer lui-même les parties diverses de l'empire, il compromet entre ses mains l'autorité et la dignité ministérielles, il commet une erreur complète de jugement et c'est qu'il est impropre à sa tâche [1].

1. « L'autonomie ne saurait porter atteinte aux droits de contrôle et de direction qui appartiennent incontestablement au

Le Ministère des Colonies, quand celles-ci ont l'importance et le développement des nôtres. n'est pas un de ces postes que l'on puisse confier à un homme politique quelconque, comme un pis-aller ou comme un os à ronger en attendant mieux. Surtout au moment où nous sommes, en face de réformes que les circonstances rendent aussi urgentes qu'indispensables, et pendant toute la période de transition, ce portefeuille réclame des hommes qui, même avant d'en avoir pris possession, aient une connaissance générale des choses coloniales, des opinions coloniales connues et la volonté de faire aboutir leur programme, conçu dans le sens de la décentralisation, de la diversité et de l'autonomie exécutive des gouvernements coloniaux.

Bien loin de se diminuer dans le Conseil, devant l'opinion et le Parlement, un ministre, animé de ces idées et comprenant ainsi son rôle, prendrait aussitôt dans le gouvernement une place tout autre et autrement grande que celle qu'il y occupe aujourd'hui. Inspirateur et directeur, coordonnateur de la politique coloniale, lien des Dépendances entre elles, représentant et défenseur public de leurs intérêts, conciliateur de leurs besoins et de ceux de la métropole, il deviendrait, au lieu d'un chef de service qu'il est aujourd'hui, un homme d'Etat dans toute la force du terme et le Ministre de l'Impérialisme français. Ce ne serait plus un échelon, mais le couronnement d'une carrière politique, et pour ambitionner ce titre, il faudrait avoir déjà donné au pays la preuve d'un éminent mérite.

pouvoir central. Les Chambres, organes de l'opinion et de la volonté nationale, ont la mission de formuler les desseins de la politique générale de la France et d'exiger que dans toutes les parties du territoire français (nous disons, nous, de l'Empire français) les pouvoirs locaux s'en inspirent dans la gestion des intérêts qui leur sont confiés. » — *Discours* du Gouverneur général Jonnart, 1909.

Les Conseils. — Quelle que puisse être sa valeur personnelle et sa préparation, le Ministre des Colonies a besoin, en tout temps, de l'assistance de conseils.

Aucun ministre ne peut s'en passer; mais la situation et les obligations particulières du chef de ce département, la variété géographique, climatérique, ethnique des Etablissements, la complexité des choses et des études coloniales, souvent la nouveauté et l'imprévu des problèmes qui s'y présentent, l'impossibilité, sauf de rares et trop courtes exceptions. d'aller sur place se rendre compte personnellement des choses et des situations par de courtes visites qui demanderaient d'ailleurs, pour être justifiées, une préparation approfondie, tout contribue à lui rendre plus indispensable qu'à tout autre de ses collègues la consultation continue et journalière d'hommes expérimentés et spécialisés.

Comment donc se fait-il qu'il en soit le plus dépourvu? Une lacune aussi frappante serait de nature à beaucoup surprendre si l'on n'en connaissait la cause : c'est l'obstruction de la représentation coloniale. Les députés et sénateurs coloniaux ont monté autour du ministre une garde attentive, ne voulant qu'il ait d'autres conseillers qu'eux-mêmes, saisissant parfaitement que l'institution régulière de conseils autorisés et défendus par la loi serait un coup redoutable à leur omnipotence clandestine et un présage funeste pour la durée de leur domination personnelle.

On n'ignore pas qu'il existe un « Conseil supérieur des Colonies ». Mais jamais réuni ni consulté depuis sa création, comprenant même des morts, composé d'une multitude d'incompétences, il est devenu un simple débouché pour des vanités modestes et comme une sorte de succédané, un peu ridicule, des palmes académiques ou des ordres de chevalerie coloniaux.

Le temps est venu, on l'a compris à la fin, de

remplacer cette façade par une construction plus sérieuse, et, à l'heure où nous écrivons, une commission bien composée vient d'y travailler. Il faut espérer qu'elle aboutira à la constitution de conseils distincts pour chacun des groupes de nos Dépendances, composés, *à l'exclusion de tout membre du Parlement*, d'un très petit nombre d'hommes d'une expérience éprouvée, d'un mérite incontesté, d'une indépendance assurée par l'inamovibilité et un traitement honorable, et dont la consultation, en des cas soigneusement déterminés par la loi, serait *obligatoire* pour le Ministre des Colonies.

Ici encore, il n'y a pas à inventer, mais à adapter. Il suffit de s'inspirer, sans rien qui ressemble à une copie servile, du régime que l'expérience la plus prolongée et la raison politique la plus solide ont enseigné au gouvernement britannique.

« Le Conseil de l'Inde en Angleterre se compose de quinze membres, nommés par le secrétaire d'Etat pour l'Inde. Douze de ces membres sont nommés pour dix ans, mais ce terme peut être prolongé. Trois membres, désignés pour leurs mérites professionnels ou d'autres qualités particulières, peuvent être nommés à vie. La majorité du Conseil doit être formée de personnes ayant servi ou résidé dans l'Inde pendant au moins dix ans, mais n'ayant pas quitté l'Inde depuis plus de dix ans au moment de leur nomination[1]. La plupart sont d'anciens fonctionnaires, avec des militaires, des ingénieurs, des banquiers, des commerçants...

« La loi s'est proposé d'assurer l'assistance d'un corps technique au secrétaire d'Etat, ordinairement

1. Il est évident que nous ne sommes pas en mesure de nous montrer à cet égard aussi rigides : pendant assez longtemps encore, ces exigences, si désirables et justifiées qu'elles soient, seraient inapplicables chez nous. Mais on devra s'en rapprocher autant que possible.

sans connaissance personnelle des affaires de l'Inde. Le Conseil n'a aucun droit d'initiative.

« Tous les ordres que le secrétaire d'Etat se propose de faire exécuter doivent être, avant leur transmission, soumis à une réunion du Conseil ou placés dans la chambre du Conseil à la disposition des membres, à moins que le secrétaire d'Etat ne juge la question urgente, auquel cas, *en montrant ses raisons, il peut prendre la décision de sa propre autorité.* Il ne peut toutefois ordonner aucune dépense sans l'assentiment de la majorité du Conseil...

« Les pouvoirs accordés au Conseil, en ce qui concerne le contrôle des dépenses, sont cependant loin d'être aussi étendus qu'on le croirait au premier abord, car ils ne portent que sur les questions administratives ordinaires. Les questions qui impliquent de grandes dépenses peuvent être prises par le secrétaire d'Etat sans le consentement ni l'avis du Conseil[1]. »

Nous devons passer sous silence les considérations très multipliées qu'appellerait une étude moins générale de cet important sujet, et renvoyer aux observations précédemment formulées, en parlant des conseils des gouverneurs généraux, et qui sont entièrement applicables aux conseillers ministériels. Mais il faut encore insister sur l'*obligation* qui s'impose à ce ministre, plus étroitement en France qu'en Angleterre, de prendre l'avis de ses conseils en tous les cas prescrits par la loi, sur le caractère simplement consultatif de ces interrogations, et sur le fait que les avis, motivés et publiés, des conseils n'obligent pas le ministre. Le ministre doit conserver sa pleine responsabilité et posséder un droit de *veto* sur certaines des réglementations promulguées par les « gouverneurs en conseil ». Ce droit doit être l'une des prérogatives essentielles de sa haute charge.

1. Sir John STRACHEY, *L'Inde, Lecture II.*

Il serait d'ailleurs à souhaiter, en l'état de nos mœurs et de nos institutions, que ces conseils, à la différence des conseils anglais, puissent comprendre, outre les membres nommés par le gouvernement, des membres *élus* par les communautés coloniales. Mais, en tout cas, il est nécessaire que les conseils soient constitués de telle manière que le ministre ne puisse pas y être mis en échec, car il ne saurait être question d'ériger ces assemblées en petits parlements ou en petits sénats coloniaux destinés à simuler une représentation politique.

Nous admettons d'ailleurs qu'ils comprennent, mais le moment venu seulement, et dans les Possessions qui se prêtent à ce libéralisme, quelques membres indigènes, choisis avec les précautions et sous les garanties qu'on peut imaginer. Nous ne pouvons y songer partout, en effet; mais l'Algérie-Tunisie, l'Indochine, peut-être quelques régions très limitées de l'Afrique Occidentale, possèdent déjà certaines personnalités qui ne sont pas indignes de cet honneur ni de cette marque de confiance.

Personnellement, nous ne serions pas opposé, à la condition qu'on n'usât de cette faculté qu'à titre exceptionnel et d'une façon temporaire pour chaque cas, à voir certains de ces conseillers désignés par le Ministre pour lui servir d'explicateurs techniques auprès des Chambres, dans les questions qui ne touchent pas à la politique générale de l'Etat. Ces restrictions sont inspirées par la crainte de voir, à la faveur de fonctions permanentes de cette espèce, se rétablir la députation coloniale, surtout si le Ministre se laissait aller, comme il en serait certainement sollicité, à ne confier ce rôle qu'à des membres *élus* de ses conseils.

Les Chartes coloniales. — Mais quelque progrès que puisse imprimer au Ministère des Colonies l'institution de conseils consultatifs obligatoires, quelques garanties qu'ils offrent, au profit de l'Etat et des Dépendances, contre l'arbitraire, la hâte et l'incompétence du gouvernement métropolitain, ou contre l'égoïsme et l'imprévoyance des vues unilatérales du Parlement, ces conseils ne forment encore qu'une assise dans la construction d'un édifice plus complet et mieux aménagé.

La France, en raison des conditions toujours menacées de son existence, a besoin plus que toutes ses rivales en expansion — et l'on ne saurait trop le répéter — de posséder un organisme colonial défini et approprié à ses besoins, et de sortir le plus vite possible, par les moyens les plus sûrs possible, de l'inadaptation fonctionnelle qui caractérise les rapports de ses Dépendances avec elle et de se préserver ainsi elle-même des hasards et des dangers qui résultent de ces incertitudes. Pour son intérêt et pour celui de diverses parties de son Empire, il lui faut une *Constitution coloniale* et il faut à chaque possession ou groupe de possessions une *Charte* particulière.

Nous ne sommes plus au temps où l'on pouvait croire à la vertu propre des constitutions, des lois et des déclarations, et chacun sait ce qu'il faut penser des élucubrations artificielles chères aux évangélistes de la Révolution française. Chacun sait qu'il n'y a rien de préférable à cet empirisme qui laisse les usages se cristalliser pour ainsi dire spontanément en lois au cours d'évolutions progressives. Mais ce procédé suppose beaucoup de temps et des circonstances si exceptionnelles qu'il n'y a qu'un seul peuple au monde qui ait eu la chance de pouvoir s'y fier. Toutes les nations civilisées, toutes les races, tous les Etats, qu'ils soient « anglo-saxons », « germains » ou « latins » sont bien obligés d'avoir recours à des constitutions lorsque des combinaisons nouvelles, mais désormais permanentes, apparaissent au cours et à côté de leur évolution naturelle. Aucune société vivante, — c'est-à-dire en excluant les *an-archistes*, dont on suppose sans peine le sort, ainsi que les résultats et la durée de leurs théories s'il pouvait leur être donné de les appliquer — n'a jamais pu songer à se passer de l'abri de la loi, qui n'est, après tout, qu'une « constitution » limitée à un objet spécial.

Il faut seulement que les législateurs s'attachent à ne pas faire de lois artificielles, mais des lois qui traduisent et résument les opinions et les connaissances du moment telles qu'elles se dégagent des faits, des expériences et d'observations scientifiquement conduites, des lois dont le cadre et l'esprit général conservent assez de souplesse pour se prêter aux perfectionnements successifs et aux corrections dont l'avenir viendra révéler l'utilité.

La constitution coloniale et les chartes sont du ressort du Parlement; c'est à lui qu'il appartient de les préparer, en s'aidant des lumières des individus ou des corps institués et qualifiés pour cet objet : Conseil d'Etat, Conseillers et Directeurs du Ministre des Colonies, etc.

La Constitution détermine ce qui est de la métropole et ce qui est des Dépendances, ce qui est du *régime de la Loi* et ressortit au Parlement et ce qui ressortit au *régime des Décrets*.

Les chartes particulières fixent les rapports réciproques des Dépendances et de la Métropole, les attributions et les droits de chacune des parties, la sphère d'activité de chaque gouvernement et de ses organes, comme les droits des citoyens immigrés ou domiciliés dans la Possession et le statut des indigènes, les catégories de règlements qui ont force par arrêtés du gouverneur en Conseil, et ceux qui exigent pour leur validité définitive les ratifications de la Métropole, etc.

Le régime des Décrets. — Les droits du Parlement ne sont point d'ailleurs affectés par l'institution généralisée de l'autonomie coloniale. L'autonomie n'empêche pas le Parlement britannique de rendre ses *Acts* en matière coloniale, de conserver toutes ses facultés de surveillance et d'investigation, et les initiatives législatives qui lui sont propres, pendant que conjointement les secrétaires d'Etat pour l'Inde et pour les Colonies promulguent les *Ordonnances* correspondant à nos *Décrets*.

La loi coloniale, dans le régime parlementaire et spécialement tel qu'il fonctionne chez nous, doit être réservée à des objets de principe et de généralité. Le procédé législatif qui répond vraiment aux besoins de l'expansion coloniale et surtout de la domination, il faut le dire sans hésitation ni scrupules, *c'est le décret*, mais le décret entouré des garanties qui jusqu'ici lui ont manqué et dont l'absence donne une force incontestable aux critiques qu'on a coutume d'adresser à ce régime.

Le décret se prête beaucoup mieux que la loi parlementaire aux essais et aux expériences. Il a plus de flexibilité et de rapidité; il laisse plus de latitude à l'initiative nécessaire aux gouvernements de conquête et aux administrations lointaines. Les modifications en sont plus faciles. Du reste, plus l'autonomie est sincère, et moins l'intervention du décret devient fréquente.

Le décret, rendu par le Ministre après consultation préalable obligée de ses Conseillers et publication de leurs délibérations, énumérant dans son « exposé des motifs » leurs objections et les arguments pour ou contre des gouverneurs, établissant continuellement les raisons qui obligent le ministre à passer outre à ces oppositions, équivaudrait largement à l'ancien *sénatus-consulte*, qui avait ses avantages et qui a fait ses preuves. Il présenterait, pour l'Etat et pour les

Possessions intéressées, des garanties assurément supérieures aux lois coloniales votées par les Chambres suivant les conditions actuelles.

Le Parlement, sa capacité légiférante en matière coloniale fût-elle réduite au Sénat, comme sous le Second Empire, est inhabile à suivre les transformations de ces pays différents les uns des autres ou nouvellement conquis, dont les besoins, ceux du gouvernement comme ceux des populations indigènes ou des citoyens immigrés, ne sont pas ceux des vieilles sociétés et demandent en toute matière des solutions nettes et rapides. Il n'est pas apte à s'occuper, avec la considération et la compétence spéciale qu'elles exigent, de ces lois locales qui paraissent à la métropole d'un infime intérêt, mais qui sont pour les établissements lointains d'une vitale importance. Les Chambres, n'ayant pour éclairer leur incompétence naturelle que les thèses du gouvernement ou les affirmations tendancieuses et toujours passionnées de représentants issus de la bataille permanente des races et du renversement des intérêts et des droits, ou de collèges composés presque entièrement de fonctionnaires, ne possèdent ni le temps ni les moyens de se livrer aux enquêtes longues et minutieuses qui seraient nécessaires pour s'acquitter de cette tâche conformément aux exigences de la justice et de la vérité. Elles ne sont pas armées pour les législations de circonstance, et moins elles en auront à faire, plus celles-ci seront confiées aux gouvernements locaux, et mieux cela vaudra. Et quant à l'application mécanique aux Colonies et Possessions des lois métropolitaines, c'est une de ces erreurs de l'assimilation si bien reconnues aujourd'hui par tout le monde qu'il n'y a point d'utilité à en faire une fois de plus la critique.

Le travail ministériel dans le régime de l'auto-

nomie. — Il ne faut pas croire que, sous le régime total de l'autonomie entouré des précautions et des garanties qu'il nécessite, le Ministère des Colonies se viderait pour ainsi dire de son contenu et qu'il pourrait fonctionner avec un personnel très réduit en comparaison de celui qu'il occupe ou du moins qu'il entretient aujourd'hui. La tâche du ministre et des bureaux resterait laborieuse, mais elle serait autrement répartie et d'une manière plus intelligente. Le ministère conserverait tout ce qui appartient aux intérêts métropolitains, la direction de tout ce qui est de nature impériale ou nationale, en politique comme en économie politique, tout ce qui comporte discussion avec les gouverneurs et le Conseil supérieur, échange de vues avec le Parlement et renseignements pour l'usage de celui-ci. Il aurait moins de préparation, celle-ci venant des gouvernements et des Conseils, mais plus de délibération administrative et financière. Outre les Directions spéciales constituées presque indépendamment les unes des autres et correspondant aux groupes de gouvernements coloniaux, — et qui pourraient être entretenues, partiellement du moins, aux frais des Etablissements eux-mêmes, — il reste au ministère certaines Directions générales correspondant aux seuls objets qui englobent la totalité de l'Empire et qui, de nature, comportent l'uniformité, comme la comptabilité et la statistique générales. C'est à lui encore qu'incombe cette organisation de publicité scientifique et économique, éducatrice de l'opinion, indépendante de celle des gouvernements locaux ou des initiatives coloniales, et qui fait tant défaut au public français. Il lui resterait la discussion des questions douanières, de celles qui sont relatives à la navigation et aux transports, aux questions sanitaires. Il aurait aussi, dans une organisation vraiment adéquate à nos besoins, l'administration de l'armée coloniale et des troupes spéciales entretenues aux Colonies et Possessions pour les desseins et le service de la politique nationale, et enfin la « supervision » d'une infinité de questions dont on ne peut songer à présenter ici le détail.

La question du Ministère des Colonies et de l'Algérie. — Il nous a semblé difficile de consacrer à cette question controversée de la réunion de l'Algérie et des colonies sous la direction commune d'un ministère unique l'étude très ample qu'elle exigerait, en raison même de son importance et du nombre des travaux qu'elle a déjà suscités. On sait que la question n'est pas posée d'hier, et l'on se rappelle l'essai, incomplet et peu sincère d'ailleurs, qui fut tenté sous le règne de Napoléon III, entre les mains d'un prince de la famille impériale.

Il est peut-être vrai, d'ailleurs, que l'adoption du régime de l'autonomie, auquel tend certainement l'Algérie, par nature et par besoin, et ainsi qu'en témoignent les efforts et la politique de ses derniers gouverneurs généraux, — politique évolutive dont la manifestation la plus importante est la constitution des *Délégations financières* (1900), — ôterait à ce problème une partie de son intérêt.

Mais, comme il faut bien, en toute hypothèse, que l'Algérie — ou, d'une manière plus générale, l'Afrique du Nord, dépende d'un ministère et en reçoive l'impulsion, il est clair que le Ministère des Colonies est autrement qualifié pour ce rôle que celui de l'Intérieur, et qu'en vérité il est le seul à qui l'on puisse l'attribuer.

Le « rattachement » de l'Algérie au Ministère de l'Intérieur, depuis si longtemps qu'il dure, n'en conserve pas moins le caractère d'une mesure provisoire, et n'est pas une solution. Il n'est pas douteux que la lenteur des progrès de l'Algérie dans l'ordre des choses politiques et administratives s'explique en grande partie par sa dépendance d'un ministère dépourvu de toute idée et de toute tradition coloniales, fait pour la concentration, pour l'application à tous ses services des mêmes règles et des mêmes routines, et qui ne pouvait aboutir qu'à constituer l'Algérie en « départements », avec leurs préfets, leurs sous-préfets, avec tout cet appareil d'assimilation qui caractérise encore notre domination algérienne et dont il faut absolument la faire sortir. Le Ministère de l'Intérieur est essentiellement un organe de résistance à l'introduction des méthodes de décentralisation et d'autonomie qui sont les seules où nous puissions trouver le succès et le salut, et qui sont directement contraires à sa constitution. Il est, notamment, incapable de se plier à cette diversité d'allures qui conviendraient à la direction de deux organismes aussi différents que l'Algérie et la Tunisie, et dont le Ministère des Colonies a déjà su prendre l'habitude, en Indochine comme en Afrique Occidentale, où coexistent des pays annexés et des pays protégés.

La séparation de la Tunisie n'est un bien que parce que son rattachement au Ministère de l'Intérieur serait, au sentiment de tout le monde, un mal évident. Mais si le Ministère des Colonies devenait avant tout, comme il est si désirable, un ministère de direction politique et de contrôle administratif et financier, il n'y aurait aucune raison valable pour persister dans le dualisme dont nous avons su nous accommoder jusqu'à présent, et dont les inconvénients politiques, en face des événements accomplis et de ceux qui se préparent, sont manifestes.

Il faut convenir cependant que la physionomie toute spéciale, très différente de celle de nos autres Dépendances, imprimée à l'Afrique du Nord par la présence d'un nombre considérable de citoyens et de colons de race blanche au milieu des populations indigènes, y pose aussi des problèmes d'une très grande importance, problèmes que le Ministre des Colonies ne rencontre pas ailleurs et qu'il n'est pas, dès l'abord, très bien préparé à résoudre. Il convient de remarquer d'autre part que la proximité des rivages africains et les facilités qu'elle procure aux gouverneurs généraux de venir à Paris s'expliquer avec les ministres ou même exposer les questions algériennes à la tribune parlementaire, différencient encore beaucoup l'Algérie-Tunisie du reste de notre Empire. Mais l'organisation du Ministère des Colonies en directions séparées — et pour l'Algérie-Tunisie ce serait une direction générale ou un sous-secrétariat même qu'il faudrait — réduit à peu de chose la valeur de ces objections.

Aucun obstacle constitutionnel ne s'opposerait d'ailleurs à ce que l'on considérât le gouverneur général lui-même, eu égard à la commodité des relations personnelles et verbales, comme un sous-secrétaire d'Etat permanent et spécialisé, délégué au gouvernement de l'Algérie et soumis aux directions « impériales » de son chef direct, le Ministre des Colonies. Dans l'hypothèse surtout de la suppression de la représentation parlementaire des colonies, cette organisation ne serait pas sans présenter de grands avantages.

CHAPITRE XI

L'instruction publique et la domination.

Autrefois et aujourd'hui. — Evolution des idées. — Les fautes des Anglais dans l'Inde et leurs effets. — La pratique française et ses résultats. — Effets politiques d'une mauvaise instruction européenne. — Opinions de Sir John Strachey, de Lord Curzon, de Lord Cromer, etc... — La doctrine contemporaine. — L'enseignement scientifique et technologique. — Les défauts de l'esprit primaire et les instituteurs français. — Genre d'instruction réclamé par les indigènes. — L'instruction publique au Japon et ses enseignements.

L'instruction élémentaire, secondaire, supérieure. — L'enseignement professionnel. — L'aide des colons, des commerçants et des industriels. — La question de l'enseignement de la langue du dominateur. — Distinction à faire à ce sujet entre l'Afrique du Nord et les Dominations tropicales. — C'est au dominateur à apprendre la langue de ses sujets.

Le problème de l'instruction indigène. Autrefois et aujourd'hui. Evolution des idées. — Parmi tous les problèmes que pose au conquérant étranger l'exercice de la domination, celui de l'instruction des indigènes est l'un des plus embarrassants. Mais il est remarquable que ce soit de nos jours seulement qu'aient apparu sa complication et ses périls. Nulle constatation n'est mieux faite pour témoigner des progrès accomplis parmi nous dans le champ des expériences coloniales.

Autrefois — et cet autrefois est d'hier — à part quelques psychologues précurseurs, dont les avis restaient ignorés ou méprisés dans les milieux administratifs, personne ne se préoccupait de ce genre de

« spéculations ». On vivait sur un certain nombre d'axiomes que nul ne songeait à contester. L'Europe étant à la tête de la civilisation, il était entendu que l'instruction européenne ne pouvait être que la meilleure. Tout le monde était persuadé d'ailleurs que la communication de nos connaissances à nos sujets noirs, jaunes ou blancs, fétichistes, bouddhistes ou musulmans, était la chose la plus simple. Nos programmes scolaires, regardés comme parfaits, étaient évidemment les seuls dont on pût se servir, et quant à la langue à employer pour en transmettre l'acquisition, c'était là une question qui ne se posait même pas. C'était un devoir et ce ne pouvait être qu'un bonheur pour l'indigène d'apprendre la langue de son vainqueur, et il n'y avait pour celui-ci, à n'en point douter, que des avantages à la propager, ce qui au surplus passait pour très facile. Tout indigène éduqué à l'européenne et parlant plus ou moins la langue du conquérant était réputé conquis une deuxième fois et définitivement « assimilé », et, par conséquent, considéré comme une recrue heureuse et sûre et un soutien fidèle de la conquête.

En dépit de ces croyances, on n'attachait pas une grande importance systématique à l'instruction des populations indigènes. Comme on était imbu de cette idée que l'acquisition de l'instruction européenne devait être une chose si désirée qu'elles s'empresseraient spontanément de l'absorber dès qu'elles en auraient l'occasion, les gouvernements regardaient l'instruction comme une affaire de luxe, et ne faisaient ni grands efforts ni sacrifices suivis pour l'organiser.

L'issue de la guerre allemande, laissant parmi nous l'impression plus ou moins justifiée que nous avions été vaincus par l'instituteur allemand, ainsi que les obligations qu'imposait un régime démocratique, fondé sur le suffrage universel, donnèrent, comme on sait, une vive impulsion à l'instruction populaire en

France. Ce mouvement d'opinion ne pouvait manquer de s'étendre aux colonies, et c'est effectivement ce qui se produisit.

Mais en ces pays, en présence de ces populations de toute couleur qui passaient alors rapidement sous notre joug, ce n'était plus seulement l'aspect administratif et financier du problème qui allait nous préoccuper, mais aussi ses éléments impondérables. Le réveil de notre expansion coïncidait en effet, d'un côté, avec le premier essor soutenu de ces sentiments de responsabilité morale dont l'influence sur notre politique coloniale s'accentue heureusement de jour en jour; de l'autre, avec l'apparition, dans les milieux français dirigeants, de grands doutes sur la valeur universelle de l'instruction populaire et sur l'excellence de nos procédés pédagogiques.

On a commencé à se convaincre que tout n'est pas pour le mieux dans le meilleur des mondes enseignants, et que si nos méthodes d'instruction primaire et secondaire sont déjà contestables, appliquées à nos propres écoliers, elles sont pitoyables quand on prétend s'en servir sur des esprits aussi différents des nôtres et aussi différents entre eux que des Arabes, des Congolais, des Malgaches ou des Annamites. On a fini par comprendre aussi que la question pédagogique se double d'une question politique au premier chef, et l'examen de ce qui se passe chez nous, comme dans les Dominations étrangères, n'allait pas tarder à nous démontrer la haute importance de tout cet ensemble de problèmes financiers, administratifs, moraux et politiques qui s'enchevêtrent sous le titre de l'Instruction publique. On a conçu enfin que, comme la langue d'Esope, l'instruction peut être, suivant ceux qui la donnent et ceux qui la reçoivent, une chose bonne ou mauvaise, que c'est une arme à deux tranchants, d'un maniement dangereux et dont la pointe même peut être empoisonnée.

L'exemple des Anglais dans l'Inde. — Les Anglais, dans l'Inde, s'ils ont plus tôt que nous, comme il était naturel, acquis le sens de ces devoirs que seuls leurs ennemis indigènes peuvent leur dénier, n'ont pas montré eux-mêmes une grande supériorité dans leurs procédés d'éducation. C'est maintenant qu'ils payent leurs erreurs.

Un coup d'œil sur leur histoire indienne, à ce point de vue, renferme un très utile enseignement.

Leurs fautes s'expliquent, en grande partie, par l'époque où ils se résolurent à étudier sérieusement la question, par l'immensité du théâtre où ils avaient à opérer, par la multiplicité des races et des peuples de l'empire, avec leurs langues, leurs religions et leurs mœurs si diverses.

C'était vers 1835. La science, en Angleterre comme partout alors, était reléguée à l'arrière-plan dans les programmes universitaires. La grammaire et la littérature et tout ce qui s'y rattache, une philosophie officielle imprégnée de la Bible y tenaient la première place, et ce fut ce mode d'instruction que l'on transporta tel quel, dans l'Inde. Il ne manquait pourtant pas, sur place, d'observateurs pénétrants, familiers avec l'âme hindoue, pour opposer à cette résolution assimilatrice de sérieuses objections. Mais l'influence d'un brillant écrivain, Macaulay, alors conseiller du vice-roi, l'emporta.

Il s'agissait d'ailleurs beaucoup plus de procurer à la Compagnie de l'Inde les auxiliaires indigènes dont elle avait besoin que de distribuer la lumière de l'instruction aux masses immenses du continent indien. On n'en était pas là : que la Compagnie eût des devoirs d'ordre purement moral à l'égard de ces millions d'Asiatiques, c'était une idée qui ne hantait que quelques rêveurs, et dont ne s'embarrassaient ni ses financiers, ni ses actionnaires.

En ces conjonctures, le gouvernement anglo-indien

ne fit *rien* pour l'instruction populaire. On ne visa que l'instruction secondaire et supérieure, en l'organisant avec les programmes anglais, avec des examens et des grades universitaires anglais. Comme la mémoire est le grand instrument de ce genre d'études, les Hindous y réussirent admirablement, mais à quel prix et avec quels effets, on le sait aujourd'hui ! L'obtention de ces grades les qualifie pour les postes administratifs et judiciaires, tout comme les Anglais. Et comme leur vanité, peu combattue par un jugement désorienté, est sans bornes, tout bachelier ou licencié indigène, ayant pour principale ambition de devenir fonctionnaire, convaincu que son diplôme lui constitue des droits acquis, devient un ennemi de l'Angleterre, soit que l'on n'ait pu le placer, soit qu'on ne lui ait pas donné la fonction qui correspond, suivant lui, à son mérite.

Ce ne fut que vingt ans plus tard, en 1854, que l'on pensa au peuple lui-même, mais en se heurtant à des difficultés si grandes que les résultats sont encore presque inappréciables en comparaison de ce qui reste à faire.

La pratique française. — Quant à nous, Français, il va de soi que nous ne pouvions manquer de faire partout de l'assimilation, en matière d'instruction encore plus que pour tout le reste. Plus disposés naturellement que les Anglais à attribuer des vertus propres à l'instruction de tous les degrés, nous y mettions peut-être plus de bonne volonté, mais sans continuité dans l'effort et sans plan déterminé. Partout où l'administration le pouvait, elle se déchargeait volontiers de cette tâche sur les religieux et les missionnaires en les subventionnant, et ainsi, tout en dépensant pour l'instruction des sommes assez élevées, nous n'arrivions le plus souvent, comme en Cochinchine, à ne faire que du mal.

D'ailleurs, devant l'impossibilité matérielle de faire autrement, on se bornait généralement, écoles des missionnaires ou écoles indigènes indépendantes à part, à choisir un petit nombre d'enfants, pris dans les centres ou empruntés à des familles influentes, pour les transformer en « phénomènes », en les instruisant à la française soit dans des institutions locales, soit — mieux ou pis encore plutôt — en les envoyant à grands frais dans les lycées de la métropole. Si la population infantile française était assez nombreuse pour justifier la création sur place d'établissements secondaires, comme en Algérie, l'idéal ne consistait pas à munir les jeunes indigènes d'une instruction qui pût leur être vraiment utile et qui fût appropriée à leurs besoins comme aux nôtres, mais à élever ensemble et de la même manière les écoliers des deux races. C'était pour les professeurs un triomphe de faire figurer en des expositions, puériles de toute façon, des travaux scolaires absurdes, des « compositions » ridicules de négrillons ou de demi-sauvages, égales ou parfois supérieures à celles de leurs camarades blancs, car rien n'est plus facile avec les enfants des peuples primitifs, dociles et admirablement doués du côté de la mémoire. Et alors, au public de s'exclamer sur la perfectibilité de ces « forts en thèmes » et sur l'intelligence de ces perroquets savants, sur l'égalité et la fraternité des peuples, et d'escompter des perspectives indéfinies de fusion et d'assimilation complète à faire pleurer de tendresse !

Bien entendu, on ne se rendait aucun compte de la nécessité, ni même sans doute de la possibilité d'instituer de toutes pièces des programmes différents des nôtres, adaptés à l'esprit et aux besoins de ces enfants comme au but de nos entreprises. Rien ne paraissait plus légitime que de se servir des livres et des modèles tout faits à l'usage de nos écoles et l'on trouvait tout naturel de seriner à ces infortunés les hauts faits de « leurs ancêtres » gaulois, la succession des rois mérovingiens, les affluents des affluents de la rive droite de la Seine, avec la Déclaration des Droits de l'Homme et du Citoyen.

Il semble pourtant que la pratique aurait dû montrer bien vite à des éducateurs de quelque bon sens à quel point le texte français en apparence le plus simple est incompréhensible pour des noirs ou pour de petits paysans annamites, par exemple, dont l'horizon n'a jamais dépassé le marécage natal, alors surtout que le maître, produit de nos écoles normales primaires, ou simple protégé — cela se voit — d'un député d'arrondissement, échoué par raccroc dans ces fonctions de hasard, ne connaît pas un mot de la langue de ses disciples forcés et n'est animé ni du désir ni des moyens de pénétrer leur genre d'esprit.

Les effets politiques de l'instruction européenne. — L'instruction à l'anglaise, combinée avec les effets d'autres imprudences de la même nature assimilatrice, doit être tenue en grande partie pour responsable des embarras qui fondent à l'heure présente sur l'œuvre des dominateurs de l'Inde. Ils sont les premiers à proclamer leurs erreurs, et l'on pourrait composer un gros volume rien qu'avec des extraits pessimistes de leurs rapports officiels ou des livres de leurs écrivains indépendants. Tous, depuis les vice-rois et les gouverneurs de provinces jusqu'aux plus modestes journalistes, s'expriment à peu près dans les mêmes termes et leurs conclusions sont identiques.

L'instruction européenne, disent-ils en résumé, est une chose déplorable, et c'est elle, sans hésitation, qui est la véritable cause de l'agitation de l'Inde. Personne ne songe à nier que cet esprit de révolte puisse s'expliquer aussi d'autre manière, et notamment par le retentissement des victoires japonaises, considérées par tous ces peuples comme la revanche de l'Asie contre l'Europe. Mais on fait remarquer que ce réveil n'est que l'occasion du mouvement et que c'est l'éducation européenne qui l'a préparé.

« Au point de vue moral et social, écrit sir John Strachey avant la guerre russo-japonaise, les Bengalis en particulier, parmi lesquels l'instruction s'est le plus facilement répandue et qui se distinguent à la fois par l'intelligence la plus aiguisée et par l'absence prononcée de caractère, sont devenus des êtres profondément immoraux, d'une jactance ridicule, ayant perdu les bonnes qualités de leurs pères et n'ayant pris des Anglais que leurs vices. »

« Ce ne sont que des arrivistes forcenés, animés de la haine la plus profonde, non seulement contre les Anglais mais contre tous les Européens, prêts à toutes les destructions pour satisfaire leur vanité exaspérée... Au point de vue politique, les agitateurs professionnels sont ceux qui ont fait leurs études en Angleterre et qui s'inspirent des principes de la liberté politique sans être devenus capables d'en apprécier les difficultés et d'en peser les contradictions... Ils s'empressent de retourner contre nous ces enseignements malsains... Ils ne savent que pasticher nos procédés et la forme de nos institutions pour s'en faire des armes contre notre gouvernement... Au nom du libéralisme anglais, ils font croisade contre les Anglais. » (Lord Curzon.)

Ce sont les étudiants des universités qui se font distributeurs de pamphlets. C'est dans les bureaux des journaux que l'on trouve les explosifs, les recettes pour les fabriquer et les instructions pour s'en servir. « Le vice fondamental d'un système qui se proposait, en ouvrant à une élite les portes du temple de la science occidentale, d'en faire le levain d'une régénération morale de la race hindoue, n'a finalement abouti qu'à superposer aux castes existantes une caste nouvelle, pseudo-européenne, infatuée d'elle-même, totalement dépourvue d'altruisme et qui, si elle arrivait au pouvoir, ferait bien vite regretter aux populations de l'Inde, nous ne disons pas la domination anglaise, mais le despotisme sans limite ni contrôle de ses anciens rajahs[1]. »

En Egypte, où l'élite est dans son ensemble mieux préparée à l'enseignement européen et plus apte à en tirer profit, c'est la même chose, et l'on signale des déformations mentales analogues. « Les jeunes Egyptiens, dont la France avait fait sinon des athées, du moins des agnostiques, étaient toutefois restés les plus intolérants des musulmans; en matière administrative, ils étaient des bureaucrates rompus à toute la paperasserie de la routine française, et, d'une façon générale, des hommes qui, élevés dans la civilisation occidentale, en avaient tiré un si médiocre résultat qu'ils la méprisaient, et, revenus en Egypte, s'en montraient les plus ardents détracteurs. » (Lord Cromer.)

Aux Philippines, ce sont les Tagals élevés par les moines et ceux qui ont reçu en Espagne leur éducation qui ont été les organisateurs et les chefs de la révolte. Aguinaldo, l'âme de l'insurrection, avait fait ses études à l'Université de Madrid.

Sans sortir de chez nous et sous nos yeux nous pouvons observer les mêmes phénomènes. Ce sont les jeunes Annamites, instruits à la française, ou s'imaginant l'être, qui se déclarent le plus ouvertement, ou deviennent le plus hypocritement nos ennemis, et, au point de vue pédagogique, nous n'aboutissons cependant à rien qui vaille. « Nous ne faisons, dit le gouverneur Rodier, que des illettrés, et qui nous coûtent fort cher. Le résultat est le suivant : quelques centaines d'Annamites parlent le français; quelques

1. Cf. *Quinzaine coloniale*, nos du 17 octobre 1907, du 25 juillet 1908 et *passim* 1909.

milliers l'écorchent, domestiques, cuisiniers, coolies, etc.... Quant au reste de la population, ils ne savent pas le français, mais ils ne savent plus l'annamite, c'est-à-dire qu'ils ne savent plus l'écrire ni le lire... et les courbes de développement de l'instruction européenne et celles de la criminalité se superposent. »

« Cette science de surface, faite de mémoire plus que de raisonnement, dit M. Baille, président de la Commission de réforme de l'Enseignement en Indochine (1904, aura simplement développé chez l'Annamite une vanité creuse et pédantesque qui le porte à mépriser sa race sans rien lui apporter qui lui permette de s'élever jusqu'à la nôtre. Elle laisse chez lui le sens moral là où il était... Le fameux Ky-Dong, qui tenta, il y a quelques années, une agitation révolutionnaire au Tonkin, parlait le français couramment et avait acquis nos brevets... »

Dans les événements dont l'Annam fut récemment le théâtre, on peut reconnaître l'imitation cherchée des troubles viticoles de notre Midi, y compris le refus de l'impôt, importée par des indigènes retour de France.

Aux Antilles, en Guyane, au Sénégal, les écrits des noirs élevés suivant notre programme présentent, scientifiquement analysés, les caractères de ceux de nos « dégénérés supérieurs[1] ».

La doctrine contemporaine. — L'enseignement technologique. — En résumé, il est permis de dire qu'à présent le procès est jugé pour tous ceux qui l'ont étudié sans parti pris en s'émancipant des préjugés. Les faits se sont tellement accumulés, surtout

1. Cf. Dr Corre. *Nos créoles*, 1893. — L. de Saussure. *Psychologie de la Colonisation française*, 1899. — G. Deherme. *L'Afrique Occidentale Française*, 1909.

en Asie, qu'il a bien fallu avouer que tous, à l'exception des Hollandais, nous avions fait fausse route. Administrateurs, sociologues, anthropologistes, pédagogues eux-mêmes — en prenant ce mot dans son meilleur sens — tous, convaincus d'ailleurs de la puissance de l'instruction, confessent que l'enseignement à l'européenne, distribué à des peuples inadaptés à cette nourriture, a produit partout les résultats les plus tristes et les plus inquiétants, tant pour les indigènes que pour les dominateurs. Presque tout le monde s'accorde à convenir que l'instruction d'importation étrangère est incapable d'agir sur la sentimentalité autrement que pour la dépraver, que c'est à l'intelligence seule qu'il faut s'adresser, en laissant de côté tout ce qui, dans l'individu, vient de son hérédité et de sa race, en agissant par la communication de ce qui s'apprend et de ce qui sert, matériellement, par la science, par l'exemple, par la suggestion inconsciente.

Là-dessus l'accord semble fait. A part quelques idéologistes attardés ou quelques dissidences passionnelles que la concurrence économique et des contacts irritants introduisent dans les données du problème en Afrique du Nord, on est à peu près unanime sur les principes généraux de l'enseignement indigène, en disant qu'il est et de notre devoir et de notre intérêt : 1° d'instruire les indigènes ; 2° d'organiser leur enseignement conformément à ces observations, c'est-à-dire dans le sens « pratique », matériel, réaliste et scientifique.

On reconnaît que ce qu'il faut, c'est préparer l'indigène au genre d'existence qui doit être le sien, l'armer d'une manière efficace pour la lutte qui l'attend, augmenter ses facultés de producteur, en l'aidant à tirer le parti le plus avantageux des perfectionnements que la domination étrangère introduit dans son pays, en le rendant aussi plus capable d'en apprécier la valeur.

Il ne faudrait pas, toutefois, exagérer le sens des mots et laisser craindre que sous cette expression « instruction scientifique » puissent se glisser des intentions pédantesques qui ne vaudraient pas mieux que les routines de l'assimilation primaire et qui seraient promptement aussi répréhensibles. Il ne s'agit point de remplacer les manuels d'histoire et de « récitation » d'autrefois par des manuels de physique, de chimie et d'histoire naturelle, ni d'enseigner mnémoniquement des « résumés » de ces sciences. Ce qu'il faut, « c'est que le maître utilise la connaissance qu'il doit avoir des sciences pour en imprégner l'esprit des élèves et pour l'appliquer à certaines formes de la vie ambiante, agricole et industrielle[1] ». Eliminant avec soin de son enseignement tout ce qui est saturé de nos conventions sociales, de notre passé, de nos traditions philosophiques et classiques, de nos passions politiques, de nos partis pris religieux, le dominateur ne doit, sur le terrain théorique, en conserver que ce qui est « positif », éternel et universel.

Indépendamment des services, immédiats ou indirects, que les connaissances scientifiques rendent à ces races, elles sont appelées, bien enseignées, à être pour elles la meilleure peut-être des disciplines morales. Ce qui manque le plus aux esprits primitifs, c'est la précision et la netteté, c'est le raisonnement droit, et, dans l'ordre matériel, le soin, l'application, la suite dans le travail. « La précision scientifique est source d'honnêteté[2] ». « Les enfants européens reçoivent la science sans s'en douter; ils l'acquièrent dès leurs premiers contacts avec notre vie si prodigieusement machinée. Mais ceux dont la vie, aména-

1. S. CHARLÉTY, directeur général de l'Enseignement en Tunisie. *Rapport au Congrès de l'Afrique du Nord de 1908*. Vol. II, p. 266.

2. Maurice COURANT. *L'Éducation et la Colonisation*. Paris, 1904.

gée avec une simplicité primitive, est tout près de la nature, sont une proie facile pour l'irréel, le surnaturel, l'irrationnel[1] ».

Le guide sûr en cette matière, c'est l'utilité de la métropole et du gouvernement, consubstantielle à l'utilité de l'indigène. La diffusion des connaissances technologiques est ce qui répond le mieux à cette double utilité. C'est sur ce terrain-là seulement, prenons-y bien garde, que réside notre supériorité aux yeux des peuples exotiques que nous avons vaincus comme pour ceux qui ne veulent point l'être.

Dans les choses de la littérature, des arts, de la philosophie, de la religion, chacun des peuples ayant une civilisation se croit supérieur à tous les autres. « Il n'y a qu'une supériorité qui ne se discute pas, c'est celle de l'ouvrier » (Gustave Le Bon). Elle s'impose avec un caractère de certitude irrésistible, et c'est celle-là que ces peuples nous demandent de leur communiquer, c'est la seule qu'ils apprécient dans notre propre civilisation et qu'ils nous envient. Le reste, ce qui en fait l'essence morale, ils le dédaignent ou le détestent, et n'en veulent pas. Loin d'essayer de l'acquérir, les nations les plus intelligentes et les plus fortes prétendent s'en préserver : c'est toute l'histoire de la prétendue « transformation » du Japon.

L'enseignement colonial doit être infiniment souple, adapté non seulement aux conditions de chaque Possession, mais dans chaque Possession aux conditions de chaque race et de chaque localité. Aucune comparaison ne peut s'établir entre des noirs presque sauvages, qu'il s'agit simplement d'apprivoiser, et des hommes comme les Arabes ou les Annamites, qui, séparés de nous par un abîme moral plus insondable que les océans, ont derrière eux de longues évolutions

1. ALAPETITE. *Discours* à la Ligue de l'Enseignement, 1908.

et toute une histoire, et qui ne peuvent, ni les uns ni les autres, avoir avec le conquérant les mêmes rapports.

En ces circonstances et en présence du but à atteindre, il faut se méfier grandement de l'instituteur primaire et tenir même en suspicion l'esprit universitaire et classique. Sans précautions particulières, sans « repréparation » appropriée ni sélections attentives pratiquées sous la responsabilité des gouvernements locaux, l'instituteur primaire est probablement — et sauf exceptions personnelles — l'éducateur le moins apte qui soit à une tâche de cette sorte. Des techniciens, des ouvriers bien choisis, de bons caporaux du génie ou de l'infanterie coloniale, des mécaniciens intelligents de la marine, des conducteurs de travaux publics, des ingénieurs pratiques — et non polytechniciens — des médecins praticiens seront préférables aux meilleurs produits de nos Ecoles normales et de nos Facultés.

« La formation des instituteurs ne les prépare nullement à une tâche aussi vivante que l'éducation indigène. S'ils savent à peu près l'orthographe, cela ne sert de rien ici. Par contre, ils ne peuvent concevoir l'âme fétichiste. Disons-le, ce sont pour la plupart des esprits absolus, à qui manquent le sens critique et l'intelligence compréhensive. Ils manifestent trop de confiance en ce qu'ils croient savoir et ne se doutent point assez de ce qu'ils ignorent. Ils ont une propension fâcheuse à déduire l'universalité incontestable de quelques réalités provisoires et contingentes. Ils ont une méconnaissance inquiétante de la vie des hommes, surtout à un autre point de vue que celui où ils ont accoutumé de les envisager. Les idées qu'ils se font des hommes sont le plus souvent fausses violemment[1]. »

1. G. DEHERME. *L'Afrique Occidentale Française.*

L'instruction par le livre, le gavage mnémonique doivent être, autant qu'il se peut, écartés de ce genre d'enseignement. De grands progrès en ce sens ont été accomplis en Algérie. Les vues que traduisent les instructions du *Plan d'études* méritent la plus complète approbation. On aurait, toutefois, plus de confiance en leur application si l'autonomie algérienne était moins rudimentaire, c'est-à-dire si le service et le personnel de l'instruction publique n'étaient pas, de par les *rattachements*, soustraits à l'autorité directe du Gouverneur général. « Tout pour la pratique et par la pratique », ainsi s'exprime ce document. « Toute affirmation doit être appuyée d'une expérience ou d'une constatation ». Le calcul élémentaire et le système métrique sont enseignés à l'aide d'objets concrets; on fait mesurer les surfaces et les volumes; on apprend à rendre de la monnaie, à peser et à mesurer des objets usuels... On ne doit proposer d'autres problèmes que ceux dont les éléments sont empruntés à la vie réelle du milieu indigène. On donne des notions de physique et d'hygiène (habitat, vêtements, aliments, boissons, principales maladies et leurs causes). On doit aussi enseigner le travail manuel dans les écoles indigènes, mais à titre seulement de préparation aux écoles professionnelles, et cette disposition est très sage, car les écoles élémentaires ne peuvent qu'exceptionnellement posséder le matériel coûteux qu'il faudrait. « C'est sous l'aspect familier de la vie indigène quotidienne que l'initiation de l'esprit inculte doit s'opérer[1] ».

L'exemple de la pratique japonaise. — Plus l'éducation vise des groupes élevés et caractérisés et plus la délicatesse de l'entreprise devient grande. Je ne

1. *Plan d'études algériennes*, d'après M. MARÇAIS, dans son *Rapport* précité.

crains pas d'affirmer que nous pourrions utilement nous inspirer, dans la recherche des résolutions définitives, de la pratique japonaise.

Le problème que nous avons à résoudre, surtout en Indochine, mais également en Afrique Mineure, est singulièrement comparable en effet, quant aux méthodes d'enseignement, à celui qui s'est posé au gouvernement japonais au début de la Restauration impériale. On sait quels succès ont couronné cette entreprise. Après avoir tant donné aux Japonais, pourquoi nous refuser à puiser à notre tour dans le trésor d'une expérience qui répond de si près à nos besoins présents?

Les Japonais n'ont envisagé dans la civilisation européenne que son côté matériel. Ne voulant prendre de nous que les résultats pratiques, aussi bien dans l'organisation administrative ou financière que dans l'ordre des connaissances technologiques, et résolus à rester eux-mêmes, ils ne se sont pas embarrassés de nos théories, de nos généralisations, de nos discussions philosophiques ou religieuses. Ils ont tout étudié, ces théories elles-mêmes, mais toujours au point de vue pragmatique, et pour ce qu'elles peuvent contenir de force efficiente. Ils ont dirigé les études, même les plus spéculatives en apparence, dans un sens réaliste et utilitaire, et c'est justement ce que nous avons à faire avec nos indigènes.

Suivre cette question dans ses détails pour faire de ces remarques une démonstration plus complète entraînerait trop loin. Il semble suffisant d'attirer l'attention sur cette suggestion, en rappelant qu'il s'agissait pour le gouvernement japonais de « coloniser » vraiment et par les procédes de la science occidentale un pays de trente millions d'habitants (près de 50.000.000 aujourd'hui), d'organiser de toutes pièces à l'européenne des Asiatiques qui en étaient encore à l'arc et aux flèches, de les munir d'une instruction qui fût une arme, et qui multipliât le nombre de tous et les facultés productives de chacun. C'est ainsi qu'ils ont fécondé étonnamment leur sol, que, sans parler de leur puissance militaire, ils ont en une génération centuplé leurs budgets et leur commerce, et qu'avec des dépenses relativement modestes et une économie pour nous surprenante, ils ont donné à leur industrie une impulsion inquiétante pour leurs concurrents dans le monde tout entier.

Il est vrai que nous ne disposons pas comme les Japonais du ressort du patriotisme, qui les a si puissamment incités et soutenus dans ce grand effort. Mais nous sommes les maîtres, et en Afrique comme en Asie orientale, nous disposons d'un acquis assez solide pour nous passer de ce secours si nous nous décidons une bonne fois à rompre définitivement avec de vains partis pris; et si, laissant à chaque pays conquis tous les bénéfices de la conquête par l'autonomie et par la particularisation, nous savions constituer chacune de nos grandes Dominations en un Etat ayant sa personnalité et ses intérêts propres, faits de la solidarité des intérêts des Français et des indigènes, et devenant de petites patries dans le grand Empire.

L'enseignement élémentaire et l'obligation de l'instruction indigène. — Est-ce pour le conquérant un devoir de distribuer lui-même l'instruction élémentaire à *tous* les indigènes qui dépendent de lui? Doit-il instituer l'instruction élémentaire obligatoire? Nous répondons sans hésitation par la négative, tout d'abord parce qu'à l'impossible nul n'est tenu, parce que, en aucune Domination, il ne peut se trouver un gouvernement qui dispose de moyens financiers suffisant à tenter utilement une entreprise d'une telle envergure, et parce que, d'autre part, il vaut mieux instruire convenablement un million d'indigènes qui en éprouvent le besoin que de faire semblant d'en instruire dix millions qui ne veulent pas l'être. Le seul devoir vrai d'un gouvernement étranger, c'est de favoriser autant qu'il est en lui les écoles purement indigènes, entretenues par les intéressés eux-mêmes et d'empêcher qu'elles ne disparaissent, en s'efforçant d'introduire progressivement dans leur routine scolaire quelques bribes des connaissances européennes, et cela seul est déjà une ambition presque démesurée.

Le gouvernement étranger peut espérer ainsi provoquer, lentement et d'une manière en quelque sorte automatique, le désir de l'instruction occidentale en se donnant le temps d'y satisfaire. Mais il serait imprudent de sa part d'aller au-devant de besoins qui n'existent pas. L'organisation de cette instruction est une affaire de très longue haleine : car il ne s'agit pas seulement d'avoir des élèves, mais d'avoir des maîtres, d'instruire au préalable des élèves-maîtres, et à tous ces instructeurs il faut un entraînement spécial.

L'enseignement secondaire et supérieur. — En ce qui concerne l'enseignement secondaire et supérieur, chaque Possession doit avoir une politique spéciale, dépendant de considérations et de conditions si exclusivement locales que le sujet ne se prête guère aux généralisations, et nous ne pouvons nous y attarder. Cependant, on peut dire de ces deux degrés d'instruction ce que nous avons dit de l'instruction primaire : ils doivent rester réalistes, viser avant tout l'utilité immédiate, s'en tenir aux faits, se proposer de faire des techniciens et non de préparer des professeurs et des savants, surtout dans l'ordre littéraire et juridique. Il peut arriver par hasard, et par un de ces cas de « mutation » qui peuvent se rencontrer chez l'homme comme chez les animaux ou parmi les plantes, qu'il se trouve dans l'élite des étudiants, déjà sortis par sélection de l'élite des élèves de l'enseignement secondaire, des sujets assez précieusement doués pour se révéler originaux et donner des espérances, que ce soit dans les sciences, les lettres ou les arts. Il appartient à leurs maîtres de signaler ces cas heureux au gouvernement et à celui-ci de favoriser la manifestation de leur mérite, et il n'y manquera certainement pas.

Ce sont ceux-là seulement, hommes déjà faits ou jeunes gens munis d'une préparation suffisante, que l'on pourrait envoyer en Europe, sans dangers pour eux-mêmes et avec avantage pour l'Etat, se perfectionner dans les centres de culture. A part ces exceptions rarissimes, tous les autres, qu'ils soient déjà fonctionnaires ou qu'ils se disposent à le devenir, qu'ils soient des adultes, des adolescents ou des enfants, qu'ils appartiennent à l'aristocratie ou aux classes les plus humbles, n'ont qu'à perdre, à tous les points de vue, en se dépaysant au contact intime des Européens. L'expérience l'a montré d'une manière si probante que tout gouvernement sage — sauf desseins de politique exceptionnels, étrangers au sujet qui nous occupe, et portant sur certains rejetons de grandes familles que l'on se propose de déraciner ou dont on veut faire des sortes d'otages — devrait renoncer catégoriquement à l'éducation d'indigènes dans la métropole, en commun avec des Européens.

Ce sont les indigènes élevés de cette façon, et surtout les Asiatiques, qui deviennent, à coup sûr, les adversaires les plus irréconciliables de notre civilisation et les pires ennemis de notre domination. Métis moraux et intellectuels, dévoyés, dissociés, corrompus jusqu'aux moelles, aigris et haineux jusqu'au fond du cœur, rejetés par les deux sociétés et, restant finalement en marge de l'une et de l'autre, ce sont ceux-là qui, rentrés dans leur pays, sont les plus malheureux et peuvent être les plus criminels de nos sujets.

L'enseignement professionnel. — La diffusion de l'instruction professionnelle n'est pas non plus, dans le problème général de l'éducation indigène, une question facile à résoudre. C'est cependant l'une des plus pressantes pour le gouvernement de conquête : il lui importe, en effet, beaucoup, en vue de l'essor à imprimer à la fortune publique, de disposer, pour ses services si étendus, ainsi que pour ses colons, ses industriels, ses commerçants, d'auxiliaires exercés et sûrs. Il ne lui importe pas moins de ne pas laisser les employeurs européens dans l'obligation de s'adresser, à côté de populations pullulantes, à une main-d'œuvre étrangère, souvent parasite et ennemie, usuraire et écrasante pour ses sujets, comme cela se voit trop souvent [1].

Comment espérer introduire avec fruit, dans les milieux agricoles, des machines perfectionnées, s'il ne s'y trouve personne pour les manier convenablement et pour y faire les réparations les plus simples ? A quoi bon, par exemple, mettre de l'acier entre les mains des cultivateurs quand les forgerons indigènes ne peuvent travailler, et bien imparfaitement, que le fer ? Comment construire un pont, un magasin solide et économique sans ouvriers qui sachent assembler exactement des pièces de bois ? Comment assurer l'exploitation des chemins de fer ou des services de navigation sans mécaniciens ni chauffeurs indigènes ? A quelle fin tenter l'acclimatation de variétés supérieures de plantes ou d'animaux sans agriculteurs capables d'observer et de se départir plus ou moins des routines traditionnelles, etc., etc... ?

Les besoins des sujets sont réduits ; la division du travail n'existe presque pas. L'idéal économique de la plupart de ces populations est, rappelons-le, de vivre sans travail — œuvre servile — et sans dépenses, en

1. V. chap. V. — *Colonisation tropicale.*

exploitant maigrement le travail des plus faibles et des plus misérables d'entre eux, ou d'être fonctionnaires ou soldats. L'enseignement professionnel doit donc être précédé d'une certaine transformation économique résultant de l'excitation imprimée à la production par la domination étrangère, de l'accroissement des besoins et des ambitions qui résultent de la sécurité et de la justice qu'elle apporte avec elle non moins que des appropriations du sol qu'elle exécute. Instituer de but en blanc l'enseignement professionnel avant ces perfectionnements naturels et sans attendre l'apparition de ces besoins nouveaux serait presque toujours une œuvre vide et vaine, et préparerait des échecs coûteux et compromettants.

C'est ainsi que nous avons vu, et que l'on voit encore, en Indochine, les essais prématurés ou peu judicieux d'enseignement professionnel aboutir généralement à la formation, non d'ouvriers de métier, mais de plantons, de commis, de copistes et de dessinateurs de bureaux.

Dans cette période préparatoire, le meilleur enseignement professionnel n'est pas celui de l'école ou de l'atelier artificiel, mais celui de l'exemple et de l'imitation, et si l'on voulait employer ce procédé avec méthode — ce à quoi il semble que l'on n'ait jamais pensé — il produirait sans aucun doute des résultats supérieurs à tous les autres.

Indépendamment de l'action que peut exercer en ce sens l'Etat colonial dans ses entreprises officielles et dans ses nombreux services techniques, il serait certainement recommandable que les maisons ou associations européennes de quelque importance fussent tenues d'entretenir une certaine proportion d'élèves indigènes ou *stagiaires surveillés*. Ce ne serait que la rémunération des services considérables que l'appui de l'administration assure en ces pays à ces libres activités. Si les chantiers de travaux publics, de constructions civiles ou militaires, les exploitations de mines, les concessions agricoles, les banques mêmes et les principales maisons de commerce étaient soumises à cette sorte de contribution, si légitime en ces circonstances, et sous des conditions de contrôle et d'avantages à déterminer — primes, bourses ou subventions — on peut assurer qu'aucun enseignement ne vaudrait celui-là, qu'aucun ne serait plus économique et finalement plus rémunérateur pour le gouvernement.

L'enseignement professionnel didactique. de quelque façon qu'il soit organisé, que ce soit le gouvernement qui s'en charge ou qu'il partage cette tâche avec les municipalités, les chambres de commerce et d'agriculture, etc., doit être modelé sur les besoins réels et le genre de vie des populations. On peut faire remarquer que nous avons toujours une propension trop accusée à faire porter nos efforts en ce genre plutôt sur des industries d'art ou de luxe, qui flattent nos goûts et sont « amusantes », que sur des productions plus grossières, mais plus utiles et d'un usage plus général. Il est très joli de faire figurer dans des expositions publiques quelques *curios* ou travaux de broderie, de céramique, de sculpture ornementale ou d'incrustation, et ces « chefs-d'œuvre » y sont assurés de l'admiration des badauds. Mais il vaudrait mieux sans doute pouvoir y montrer une charrue parfaite ou une charrette irréprochable, sorties tout entières de la coopération d'ouvriers indigènes du bois et du fer et répondant exactement aux besoins de l'agriculture et à la viabilité d'une province.

La propagation de la langue française. — Une autre question importante et inséparable de celle de l'instruction des indigènes et de la politique éducative des gouvernements de conquête est celle de la propagation de la langue du dominateur et de son emploi comme véhicule des connaissances à transmettre à nos sujets lointains.

Il ne peut venir à l'esprit de personne de prétendre que l'extension de notre langue, combattue aujourd'hui par tant de causes adverses et en recul sur plusieurs points du monde, ne soit pas une chose désirable, et l'on ne peut qu'applaudir aux efforts que des associations indépendantes et que l'Etat lui-même consacrent à cette œuvre nationale. Mais il est permis de se demander si ces intentions sont partout également bien calculées, et si, appliquées indistinctement à tous nos sujets et à toutes nos Possessions, elles sont véritablement conformes à l'intérêt de notre domination[1].

L'emploi d'une langue commune est évidemment indispensable aux affaires. Il facilite les rapports entre les hommes et les peuples, diminue les défiances, développe les sympathies naturelles. Mais ceci est vrai surtout lorsque existe au préalable le désir de ces rapprochements, et qu'ils répondent à des besoins communs et à la satisfaction d'intérêts réciproques. Le terrain est bien loin d'être partout aussi favorable, par exemple, qu'entre nous et les habitants des rivages méditerranéens, en particulier ceux qui ne sont pas nos sujets. Lorsqu'il s'agit de deux races très éloignées par le sang, par la mentalité générale, par la constitution linguistique, et dont l'une, malgré son petit nombre, s'est imposée à la masse innombrable de l'autre par la force des armes, le dominateur prudent et ménager de ses ressources doit y regarder à deux fois avant de se lancer dans une œuvre de conversion linguale, d'ailleurs excessivement longue, onéreuse et aléatoire, et dont les résultats, ainsi que l'expérience le fait voir, peuvent être tout autres que ceux qu'il voudrait en attendre.

1. Cf. chap. II, pp. 57-58.

Il convient ici de rappeler la distinction essentielle que nous avons établie entre les Colonies et les Possessions, entre les Dominations tropicales et celles de latitudes plus favorisées. La question linguistique ne se présente pas du tout de la même manière, d'une part, en Indochine, en Afrique tropicale ou à Madagascar, de l'autre, en Afrique du Nord. Dans les Dominations tropicales, il n'y a pour ainsi dire pas de Français, en dehors des centres urbains, et il n'y en aura jamais beaucoup. Dans les autres, Français et indigènes sont appelés à vivre partout en contacts de plus en plus fréquents et intimes. Ici, l'on conçoit que le Français soit pris comme le véhicule, naturel, peut-on dire, de l'instruction élémentaire nouvelle, à la condition toutefois d'en user avec modération, en proportionnant son usage à l'extension même de la colonisation européenne et au nombre de nos nationaux présents dans la circonscription considérée et de ne pas prétendre le substituer à la langue maternelle des sujets. Nulle part, en aucune circonstance, le conquérant ne doit négliger ou mépriser la langue indigène, ni laisser s'anémier son enseignement, surtout dès qu'elle possède une écriture, une littérature et une histoire, et, s'il le fait, volontairement ou par indifférence, il se rend coupable de la plus imprévoyante, de la plus inintelligente et de la plus immorale des actions.

Dans les Dominations tropicales, l'enseignement du français ou par le français dans les classes élémentaires est une utopie pure, d'une réalisation matériellement impraticable, et cette constatation seule dispense d'aborder toutes les autres considérations de morale, de politique, de psychologie ou de philologie que l'on pourrait faire valoir en les opposant à l'opinion contraire.

En admettant qu'à coups de millions, en consacrant toutes les ressources et tous les emprunts d'une Possession à l'enseignement du français, après avoir abandonné toutes les autres entreprises et tous les autres devoirs de l'administration, après avoir couvert le pays d'écoles normales d'instituteurs indigènes, sachant assez le français pour l'enseigner et assez instruits en même temps des nouveaux programmes à répandre, en se contentant même de cette sorte d'*esperanto* que ses partisans appellent le « français réduit », on obtienne certains résultats apparents, qu'arrivera-t-il?

Il arrivera infailliblement que ces efforts s'évanouiront dans le néant.

Une langue enseignée par ordre, surtout quand elle est d'un génie opposé à celui de langues locales monosyllabiques ou agglutinantes, ne peut se maintenir dans un milieu indigène, et encore en subissant les déformations les plus singulières [1], qu'à la condition d'être constamment ou du moins très fréquemment parlée, par besoin et par occasion. Le besoin ne peut s'en faire sentir qu'exceptionnellement et l'occasion même en sera fort rare dès que le petit indigène, ayant quitté l'école où l'on ne peut le retenir qu'un temps assez court, se retrouvera mêlé dans son village avec ses congénères hors de la présence d'aucun Français. Croit-on, comme on l'a dit, que les Annamites vont se mettre à parler français à leurs buffles?

Ce n'est pas pour sa beauté ou pour le plaisir que les populations apprennent la langue de leurs maî-

1. On peut déjà noter en Indochine nombre d'adaptations très curieuses des monosyllabes annamites au français par des « à peu près » phonétiques, qui sont de véritables calembours. V. à ce sujet les travaux de M. E. AYMONIER, qui s'est beaucoup occupé de cette question (notamment *Revue scientifique, Congrès coloniaux de 1889*). — Cf. également les observations rappelées par L. DE SAUSSURE sur les transformations que les noirs des Antilles ont fait subir à la conjugaison française (*op. cit.* Chap. VIII : *L'assimilation de la langue.*).

tres, mais pour l'utilité. On ne se donne pas une pareille peine ou les parents n'acceptent de soumettre leurs enfants à cette gymnastique qu'avec la certitude d'en tirer des avantages qui payent l'effort et la perte de temps.

On peut donc enseigner le français au degré élémentaire, on le doit même, dans les villes où l'activité européenne est prépondérante ou dans les colonies où les immigrés et résidents français sont répandus partout, dans les agglomérations où les deux races sont en fréquentation de chaque instant. En toutes les autres circonstances, et mises à part les nécessités du recrutement des employés et subalternes indigènes, il faut le réserver, dans les degrés secondaire et supérieur, et aux matières dont la transmission serait impossible ou trop difficile sans l'emploi de ce truchement, en ayant soin d'obliger les élèves à conserver l'usage de leur langue écrite et parlée.

Si la commodité et l'économie ne prescrivaient cette conduite, la politique, la morale et la psychologie en feraient un devoir.

Dans les pays où l'immigration européenne étrangère, trop nombreuse par rapport à l'immigration française, peut inspirer des inquiétudes, l'école française est sans aucun doute le moyen le plus efficace pour amener les enfants issus de ces étrangers à se fondre rapidement dans la nationalité conquérante; les remarques qui précèdent ne s'appliquent donc pas à ce cas particulier.

C'est au dominateur à apprendre la langue de ses sujets. — La vraie solution de la question des langues serait toute trouvée et ces discussions deviendraient presque sans objet si les Français, rompant avec l'idée, chimérique et à tous les points de vue condamnable, d'imposer aux populations soumises leur propre langage, finissaient par reconnaître qu'il est de leur intérêt et de leur devoir d'apprendre eux-mêmes celui de leurs administrés et de leurs justiciables, de leurs employés et de leurs soldats, de leurs fournisseurs de produits et de richesse, de leurs indispensables auxiliaires.

Nous sommes à cet égard, par comparaison avec les Anglais et les Hollandais, dans un état d'infériorité indécente qui s'explique, s'il ne s'excuse, par la persistance de notre mauvaise organisation ministérielle, l'uniformité de ses réglementations et par l'ubiquité des fonctions et des fonctionnaires.

Aux Indes britannique et néerlandaise, tout indigène s'adresse sans hésitation dans sa langue naturelle à l'Européen qu'il rencontre, et reste profondément surpris et décontenancé lorsqu'il constate l'incapacité de cet étranger à le comprendre. On remarque d'ailleurs qu'aussitôt son attitude change : de poli, confiant, humble et empressé qu'il était, il devient méfiant, arrogant et moqueur.

Il n'est pas sans intérêt de reproduire la statistique fâcheusement impressionnante que M. J. Chailley mettait en novembre 1908 sous les yeux de la Chambre des Députés en parlant soit de l'Indochine tout entière, soit du Tonkin. Sur 220 administrateurs, 54 parlent *plus ou moins* l'annamite; dans l'enseignement, 15 maîtres sur 81; dans la garde civile, 25 inspecteurs sur 190; dans le service judiciaire 3 p. 100 des magistrats; dans les douanes et régies, 44 agents sur 1.200; dans les postes et télégraphes, 6 sur 350; dans les travaux publics, 8 sur 600. Et ces chiffres déplorables ne visent que la langue parlée!

On invoque, quant à l'Indochine, les difficultés particulières que présente pour les Européens l'acquisition des langues monosyllabiques et *vario tono* de l'Extrême-Orient. Cette objection est sans consistance en présence du fait que les fonctionnaires anglais de la Birmanie ne sont point rebutés par cet obstacle, et du reste nous voyons par nous-mêmes et notamment par l'exemple de nos missionnaires, par celui, trop rare, de quelques fonctionnaires ou officiers et d'un certain nombre de colons, que pour parler l'annamite, et même assez promptement, il suffit d'y être obligé ou de le vouloir.

La connaissance des hiéroglyphes chinois est sans doute une difficulté réelle. Mais encore ne faut-il pas l'exagérer à plaisir, car on n'a pas à demander aux agents civils et aux officiers des troupes indigènes de devenir des sinologues distingués, mais seulement de n'être pas à chaque instant dans une situation humiliante et ridicule en face de leurs subordonnés, et de ne pas rester à la merci de la racaille des boys et des interprètes. C'est assez pour cet objet de savoir lire les documents officiels; quelques centaines de caractères y suffisent, et leur acquisition n'est au-dessus des facultés de personne.

La cause de notre lamentable infériorité, qui ne se limite pas à l'Indochine, ni en Indochine à l'annamite, réside d'abord dans le système imbécile qui fait promener les fonctionnaires et les officiers d'une Possession dans une autre, en n'accomplissant dans chacune d'elles qu'un tour de service à court terme, et ensuite dans le manque de volonté des chefs, dans le relâchement de la discipline et l'inobservation des règlements.

Pour atteindre les résultats qu'obtiennent les Anglais et les Hollandais, et qui sont indispensables à l'exercice utile, fécond et moral de la domination, il faut, chez nous comme chez eux, que les fonctionnaires, les magistrats et les officiers des troupes locales soient rivés de bonne heure à la tâche qui sera celle de leur vie active, et que la connaissance des principales langues et écritures de la Possession où ils sont appelés à servir leur soit imposée comme une obligation *sine qua non*, sous peine d'exclusion irrévocable, avant leur admission définitive dans les cadres de leur personnel.

Mais cette organisation n'est possible qu'avec celle de l'autonomie de chaque groupe colonial et avec la mise en pratique sincère et coordonnée du régime où seulement notre expansion peut s'assurer une suffisante sécurité.

CHAPITRE XII

La Domination et le Régime fiscal.

I. — LES IMPOTS.

La Domination et ses besoins d'argent considérables. — Difficultés qu'elle rencontre à ce sujet. — Etat rudimentaire des territoires conquis. — Situation économique précaire des sujets. — La tenure des terres, la propriété et la richesse dans les sociétés primitives ou inférieures.

Supériorité des impôts indirects dans la Domination. — La capitation. — La corvée et le portage. — Les grands revenus indirects : le sel. — Son importance pour les populations tropicales. — L'opium. — L'alcool. — Le tabac. — Quelques règles de la fiscalité de domination. — Elle doit être modérée, simple et coutumière, honnête, enrichissante, éducatrice.

Aucun gouvernement ne peut se passer d'impôts. Mais la Domination a des besoins d'argent plus grands et plus pressants que tous les autres.

Il faut au gouvernement conquérant beaucoup d'argent, et le plus vite possible. Il lui en faut non seulement pour le pays, mais pour satisfaire la métropole impatiente de voir cesser ses sacrifices. Il ne peut légitimer son action qu'en faisant rapidement progresser le territoire qui vient de tomber entre ses mains dans un état le plus souvent chaotique et toujours désordonné. Or, c'est une entreprise qui demande d'énormes dépenses, d'un rapport incertain et éloigné. Il peut s'adresser à la métropole et à ses avances, mais en surchargeant d'un poids mort l'avenir de la Possession. Il faut donc qu'il s'applique à tirer du sol et des populations toutes les ressources qu'il pourra, car le colon et l'émigrant national, toujours en petit nombre, consomment en général, pendant une période plus ou moins longue, plus qu'ils ne produisent. Le domaine ne donne que des promesses virtuelles. La population, pauvre et défiante, sans besoins, n'a que des facultés contributives très faibles, et la politique, non moins que l'humanité, défend de la pressurer. Comment franchir ce cercle vicieux, comment faire de l'ordre avec ce désordre, et de la richesse avec cette misère?...

On voit tout de suite combien la tâche est embarrassante, et cependant la solution du problème est capitale, car l'impôt est aux yeux du peuple soumis la pierre de touche de la conquête.

Mais, en examinant la question d'un peu plus près, ses difficultés apparaissent comme effrayantes.

Il est rare, dans nos Possessions, comme dans toutes celles des autres puissances, que l'on rencontre cette uniformité moyenne que nous sommes habitués à considérer chez nous comme la constitution normale des Etats, mais qui n'est en réalité qu'un phénomène assez récent et peu commun en dehors de l'Europe occidentale. En tous ces pays, à côté d'une race principale qui l'emporte par le nombre et par l'importance politique, vivent des groupes très différents, morcelés, situés à divers échelons de la civilisation.

N'ayant ni les mêmes langues, ni les mêmes religions, les uns sont entièrement sédentaires, ici commerçants, là agricoles, parfois esclavagistes; les autres sont semi-nomades et pasteurs; d'autres encore ne vivent que des produits naturels. Ils ne peuvent avoir ni les mêmes ressources, ni les mêmes idées sur le rôle de gouvernement non plus que sur la nature de l'impôt.

Le territoire aussi est beaucoup plus irrégulier que dans les régions tempérées, façonnées par le travail accumulé d'innombrables générations. Non moins que ses habitants, le sol, au point de vue de l'impôt, est une mosaïque. Chacun de ces éléments ethniques ou territoriaux exige un système fiscal particulier. L'uniformité des formules et la rigidité des règlements, qui caractérisent nos administrations financières, est donc tout d'abord impraticable.

Il n'y a pas de routes. Les frontières, mal déterminées, parfois inexplorées, offrent à la fraude des tentations irrésistibles. Il n'y a pas de cadastre, il n'y a pas d'état civil, souvent pas de noms de famille, et la personnalité fiscale n'existe qu'à peine, de même que la propriété individuelle. La propriété foncière présente des formes souvent très imparfaites. Sans parler de ses aspects très primitifs en Afrique Noire, ni des particularités singulières de la propriété terrienne arabe et musulmane, elle varie dans un même pays. Tandis que nous la trouvions assez bien établie en Annam, nous rencontrions au Cambodge la terre reconnue comme propriété du monarque, le cultivateur étant considéré comme simple usufruitier et l'impôt foncier payé à titre de dîme du produit[1].

1. On sait que c'est ainsi que les Anglais ont considéré les choses dans l'Inde en se substituant aux princes hindous ou musulmans, propriétaires éminents du sol. Coïncidant avec les idées anglaises sur la propriété foncière et le *landlordism*, et par des assimilations inexactes que cette conception rendait trop faciles, cette tenure a produit dans l'Inde des maux incalculables. Elle peut être regardée comme l'une des causes les plus actives de l'état individuellement misérable et précaire où vivent encore les Hindous après tant d'années d'une domination d'ailleurs si bien ordonnée et si productrice d'enrichissement général.

Dans ce système, l'impôt foncier, qui tient la première place dans le *revenu* de l'Inde, n'est pas un impôt, mais une rente, un fermage ; et par des transmissions successives, les taxes levées sur le *ryot*, le paysan cultivateur, en arrivent à dépasser,

La propriété bâtie, en dehors de villes généralement rares et ne concentrant qu'une faible proportion des habitants, est sans valeur. Sa construction n'exige presque aucun capital, ni l'intervention d'ouvriers spéciaux. Les gains se convertissent en terres, en bétail, en esclaves domestiques, en bijoux, et se dissipent rapidement en dépenses rituelles et en libéralités que la coutume rend obligatoires.

Le riche n'a presque jamais de disponibilités permanentes, ou bien il les dissimule sans pouvoir les faire fructifier, n'oubliant pas que c'est souvent un danger que d'être riche ou de le paraître. Il n'y a pas de capital liquide. Parfois, l'usage de la monnaie est si peu répandu que les contributions s'acquittent en nature. L'idéal économique étant, pour chaque famille ou pour chaque communauté primaire, de vivre sur elle-même sans rien acheter à autrui, la division du travail étant rudimentaire, l'industrie bornée à un petit nombre d'objets de peu de prix, sans constitution de stocks, la circulation difficile et les courants commerciaux limités, les transactions sont minimes.

D'ailleurs, la malhonnêteté générale, le désordre,

suivant certains observateurs, jusqu'à 65 p. 100 du revenu de la terre. Comme à ce prélèvement viennent s'ajouter différents autres impôts, on calculerait qu'en certains cas 75 p. 100, non pas du bénéfice, mais de la récolte même sont absorbés par le fisc et ses intermédiaires.

En outre, le non-paiement de la rente entraîne l'éviction du tenancier qui, ne possédant aucune réserve, n'exerçant aucun métier, est réduit à la misère totale. C'est ainsi que pendant les quarante dernières années, alors que d'immenses dépenses consacrées à l'édification de travaux d'irrigation témoignent des intentions humanitaires les meilleures, plus de trente millions d'hommes ont pu mourir de faim dans l'Inde.

Nous voit-on dépossédant en masse de leurs rizières, par exemple, les Annamites qu'un accident ou leur négligence mettraient dans l'impossibilité d'acquitter individuellement leur impôt foncier?...

l'impossibilité d'une surveillance exacte s'opposant au fonctionnement d'administrations régulières, l'impôt, dans ces sociétés, est principalement l'impôt direct, foncier et personnel, ou, du moins, l'impôt indirect ne joue, dans les ressources mises à la disposition du pouvoir, qu'un rôle secondaire et incertain. Lorsqu'il y a recours, c'est sous la forme vexatoire et épuisante de ces monopoles ou fermes, généralement aux mains d'étrangers et qui sont un indice sûr du désordre ou de la faiblesse des gouvernements et l'un des caractères des Etats avariés [1].

Dans ces conditions, il semblerait que le gouvernement étranger, au moment où il vient de prendre la suite des princes indigènes après une conquête ordinairement destructive, ne puisse, comme ses prédécesseurs, faire état, lui aussi, que de l'impôt direct. Il se trouve que cette induction est fausse, démentie pleinement par l'observation. C'est un grand bonheur, car la taxation directe est celle qui convient le moins aux besoins et aux devoirs du conquérant européen.

Désavantages de l'impôt direct. — Il est imprudent d'embrasser d'un coup d'œil la diversité des gouvernements indigènes et d'essayer d'en tirer des généralisations. Cependant, on peut dire que les conditions qui leur rendaient acceptable la taxation directe sont

1. On peut, à cette occasion, faire remarquer que le Gouvernement chinois, en dépit de ses défiances justifiées à l'égard des étrangers, n'a pu organiser son service de douanes, avec les résultats que l'on connaît, qu'en se résignant à en confier la direction totale à des Européens.

Ajoutons que ce tableau fiscal des sociétés indigènes, sur lequel nous regrettons de ne pouvoir nous étendre davantage, ne devrait pas nous causer beaucoup de surprise, car il est assez peu différent, en résumé, de celui que présentait notre propre régime autrefois, avec la profusion de ses fermes générales ou particulières et la vénalité des charges.

celles qui la rendent défectueuse pour nous-mêmes : ce qui à leur point de vue était un avantage est ce qui devient au nôtre, presque toujours, un inconvénient.

Comme leurs sujets, les gouvernements indigènes sont pauvres et ont peu de besoins ; leurs vues économiques sont les mêmes : il s'agit pour eux de vivre sur le fonds commun, de produire le nécessaire en consommant peu. Leur politique — pour ceux qui en avaient une — était plutôt négative. Les plus intelligents, ayant puisé dans la révélation du monde extérieur la conscience de leur faiblesse, se proposaient bien plus de résister que de s'étendre.

Ceux qui tenaient le pouvoir des dieux et sa consécration d'idées religieuses indiscutées ne se sentaient aucune responsabilité à l'égard de leur peuple. Le sol et les hommes étant leur propriété, avec le droit d'abus qu'elle comporte, il n'y avait pour eux ni bien ni mal dans la façon d'exercer leur autorité. Le « progrès » était à leur esprit un mot vide de sens et leur guide était le caprice du moment. Telles sont les principautés du type hindou et, à un degré encore inférieur, celles du type nigritique.

Ceux qui ont pu s'élever à des concepts supérieurs et qui, se reconnaissant des obligations morales, devaient croire à la sanction de leurs actes par des puissances immanentes, considéraient comme leur devoir essentiel de se conserver sans déchéance. Ce sont les monarchies du type chinois. Leur état mental nous est traduit par une foule de documents officiels. Pour les Français, il n'en est pas de plus impressionnant que cette confession publique de l'empereur annamite Tu-Duc, s'accusant suivant les rites « d'avoir laissé s'amoindrir entre ses mains l'œuvre de ses ancêtres[1] ».

1. C'est en conformité de ces idées que le Gouvernement chinois regardait avec une indifférence relative les occupations

Leur conception fiscale est du même genre. Il leur importe, au point de vue moral autant que financier, que leur revenu ne diminue pas. Ils modèlent leur dépense sur le produit de l'impôt direct, mais surtout de l'impôt foncier, dont le caractère est la fixité, et qui, dans la corruption où ils vivent, et dont ils vivent en attendant qu'ils en meurent, offre l'avantage d'être moins facilement dissimulé ou soustrait. Aussi arrive-t-il, dans l'Inde et en Chine, que cet impôt soit établi à titre perpétuel.

Pour le conquérant étranger, qui a des besoins beaucoup plus grands et qui sent ne pouvoir se faire pardonner sa conquête tout d'abord que par sa bienfaisance matérielle, cette fixité serait l'impuissance et la ruine.

Sans doute ce manque d'élasticité n'est que relatif et nous savons, par notre régularité et notre contrôle, et en favorisant le développement des cultures par l'appel du commerce, faire rendre à l'impôt foncier beaucoup plus que les gouvernements indigènes. Mais cet accroissement ne suit pas nos besoins assez vite et d'assez près pour correspondre à la mission civilisatrice que nous nous attribuons, ou, plus franchement, aux utilités que nous entendons tirer de notre acquisition.

Le revenu foncier, perçu sur une population ignorante et routinière et de besoins réduits, n'augmente guère qu'au prorata de sa multiplication numérique et de ses nécessités alimentaires. Mais cet accroissement est contrarié pendant longtemps par une inertie sociale difficile à vaincre. Les causes anciennes de

européennes extérieures aux provinces qui forment l'Empire proprement dit, et qu'il n'y a pour lui aucune comparaison à établir entre l'île de Hong-Kong, par exemple, et l'établissement britannique situé en face sur le continent même. C'est encore cette conception qui lui a fait accepter l'artifice des « prises à bail » n'aliénant pas le territoire.

cette stagnation démographique — la misère, la peur, la défiance, l'ignorance — ont des effets persistants sur la fécondité des couples et sur la mortalité des enfants du premier âge. Il faut une succession de plusieurs générations pour surmonter ces obstacles, ainsi que nous le constatons dans les Possessions européennes les plus favorisées et les plus anciennes, comme Java, les parties les mieux irriguées de l'Inde, le Bengale. Après le déclanchement de la mise en train, la domination européenne produit, là aussi, une surpopulation défendue aux gouvernements indigènes, et qui dès lors va parfois si vite qu'elle devient un objet d'inquiétude pour la prévoyance du dominateur.

Mais, à ses débuts, celui-ci n'a pas le temps d'attendre ces résultats, et, par exemple, nous aurions eu grand tort de les escompter en Cochinchine, où, après cinquante années de domination, la population n'a pas encore réussi à prendre un essor décisif. Nous avons rappelé cependant combien elle nous avait surpris nous-mêmes par l'augmentation considérable des impôts qu'elle nous paye en comparaison de ceux qu'elle versait à son ancien gouvernement.

L'impôt indirect véritable impôt de la domination. — Ces progrès si frappants relèvent bien moins de l'impôt foncier et des autres contributions directes que des autres sources de revenu. Ils sont l'effet du réveil de l'activité générale et de l'élargissement des besoins, de la multiplication des transactions, de l'extension et du perfectionnement des communications, de la circulation sûre des hommes et des marchandises, opérations, mouvements, échanges qui tous sont saisis au passage par les taxes indirectes.

Le miracle de la domination européenne et sa récompense, c'est le revenu de l'impôt indirect. Son élasticité merveilleuse n'est pas, pour le conquérant étranger, son unique qualité. Si ce mode de taxation est bien établi, en se conformant aux règles élémentaires qu'indique la connaissance du contribuable et de sa vie économique, c'est celui qui peut fonctionner avec le minimum de contacts immédiats entre le sujet indigène et l'administration étrangère, celui qui laisse le mieux ignorer son action, car il s'opère d'une manière insensible à la pauvreté et à l'imprévoyance du contribuable, par prélèvements infimes inappréciables à son insouciance.

Il peut d'ailleurs s'établir et s'exercer spontanément pour ainsi dire, sans cadastre, sans statistiques préalables, sans enquêtes ni immixtions méticuleuses dans l'existence des communautés et des familles, et même l'une de ses vertus précieuses est sa valeur d'information. C'est un révélateur politique et social, un instrument de sondage permanent, fonction, en quelque sorte, du bien-être moral des populations mystérieuses et fermées qu'il s'agit de conduire à la fortune, à travers l'enchevêtrement progressif des intérêts, et, par cette fortune, à l'acceptation, puis à la défense même du nouvel état de choses.

Nous ne pouvons avoir la prétention d'examiner successivement en détail les diverses matières imposables. Après les remarques que nous venons de faire, si succinctes qu'elles soient, alors qu'elles demanderaient tout un livre, il suffira de dire quelques mots, à titre d'exemple, de certaines taxes directes et indirectes choisies parmi les plus importantes pour nos budgets coloniaux et qui sont les plus discutées par les théoriciens et les philanthropes : d'une part, la capitation et la corvée; de l'autre, quelques gros impôts de consommation, sur le sel, l'alcool, le tabac, l'opium, en réservant un chapitre spécial à la fiscalité douanière, en raison de son intérêt général et de l'intérêt spécial qu'elle emprunte au protectionnisme métropolitain.

La capitation. — La capitation est une des impositions les plus naturelles, et il est difficile de la critiquer dès qu'elle reste modérée et que l'administration veille à en écarter l'arbitraire. Suivant le degré d'avancement économique de la population, elle est perçue en argent ou en nature, et, en ce dernier cas, généralement sur certains produits assez rares, d'une valeur spécifique élevée, et, par conséquent, d'un transport et d'une comptabilité plus facile : métaux, poudre d'or, sel en certains pays, gommes et résines, épices en d'autres, et, dans quelques Possessions européennes, caoutchouc, ivoire, etc...

Phase initiale des organisations financières, elle contraint les administrateurs à des enquêtes qui leur font mieux connaître leur région, et oblige les administrés à une certaine régularité de travail et à une certaine habitude de l'épargne. Elle sert à répandre l'usage de la monnaie. Dans les pays très arriérés, où il n'y a pas d'agriculture suivie, où le peuple est très mobile et dispose de grands espaces, la capitation des hommes et du bétail est à peu près la seule ressource du gouvernement, mais limitée par la facilité avec laquelle l'assujetti peut s'y dérober par la fuite[1].

Il ne semble pas, d'une manière générale, que la capitation soit exagérée dans nos Possessions. On prétend cependant que son taux est tout près d'atteindre sa limite économique en certaines parties de l'Afrique Occidentale où la courbe de son accroissement se montre, en effet, bien abrupte, comparée à l'augmentation réelle des facultés de la population.

1. L'excès de fiscalité directe produit ce résultat même dans des pays agricoles. On peut citer l'exemple des cultivateurs du Saloum, émigrant de chez nous dans la Gambie Britannique pour cause de capitation trop forte, à ce que l'on assure. Cet exode se traduit aussitôt par une réduction considérable dans la production des arachides : de 12.000 à 14.000 tonnes précédemment, elle tombe en 1907 à 8.000 tonnes, et l'on calculait qu'elle ne donnerait pas plus de 8.000 tonnes en 1908.

On ne peut manquer d'être frappé de voir au Soudan l'impôt personnel, qui ne dépassait pas 800.000 francs en 1895, donner près de 5 millions en 1905. En Guinée française, il passe de 13.967 francs en 1896 à 4 millions 360.000 francs dix ans plus tard, et les prévisions s'élevaient, pour 1908, à 17 millions.

De même, on a vu à Madagascar les indigènes tuer leurs bœufs plutôt que de payer un faible rehaussement de l'impôt établi sur ce bétail, et ce fait est de nature à susciter des inquiétudes[1].

La corvée. — Cette autre forme de l'impôt personnel a donné lieu souvent — et dans toutes les Possessions européennes — à des abus criants, justifiant les plus acerbes critiques, parfois même provoquant des interventions étrangères, généralement intéressées d'ailleurs et explicables par de tous autres motifs que l'humanité ou la charité pure. Si ne peut jeter la première pierre que celui qui est sans reproche, ces indignations gagneraient à se montrer plus discrètes.

C'est que la corvée seule répond, en bien des cas, à des nécessités insurmontables, et qu'en voulant éviter les maux de la corvée, le dominateur risquerait le plus souvent de faire surgir des maux plus graves ou d'encourir des responsabilités très pesantes. Par quel procédé peut-il remplacer la corvée quand il s'agit d'atteindre un objectif urgent, de ravitailler et de secourir des postes ou des populations fidèles qui vont succomber sous des attaques répétées ou mourir de faim, en des pays où il n'y a que des sentiers, et où, en l'absence d'ailleurs d'animaux de bât, l'homme,

1. Il faut dire que ce surcroît de la capitation animale invoque pour excuse la nécessité de satisfaire à des exigences douanières excessives de la métropole. — Cf. chap. ci-après : *Les Douanes.*

qui ne peut être séduit par aucun salaire, est le seul instrument de transport?

Il faut donc, avant d'accuser, tenir compte des circonstances et des obligations de chacun, et savoir accepter ce qui est inévitable, mais cela seulement. Et telle est la limite que doit se fixer un gouvernement sage, qui sait que son premier intérêt est de ménager les populations dont il est tuteur et de ne pas changer en haines les antipathies naturelles. Nous devons confesser que nous avons, en divers pays, méconnu ces règles élémentaires. Nous ne sommes pas les seuls, c'est vrai; mais cette excuse est insuffisante.

En Afrique Noire, les abus ont été fréquents, et nos conquêtes en Indochine ne sont pas sans souvenirs très pénibles à cet égard.

La corvée est de tous les impôts celui que, peut-être, les indigènes redoutent le plus, dès qu'elle n'est pas réclamée pour des services immédiats, utiles seulement aux communautés des villages, à leur portée et sous les yeux des intéressés. La réquisition de longue durée, celle qui exige des déplacements éloignés, cause une véritable terreur, et les exagérations coutumières aidant, il arrive que la crainte seule de la corvée compromette d'emblée les résultats de nos projets politiques. Les mouvements qui ont suivi la rétrocession au Cambodge de la province de Battambang, si longtemps désirée pourtant par les indigènes eux-mêmes, s'expliquent en grande partie par des appréhensions de cette nature.

Le sel. — La taxation du sel est si commode et si avantageuse que dans tous les temps et chez tous les peuples on a vu les gouvernements y avoir recours. C'est que le sel, matière alimentaire de consommation universelle, sans être cependant aussi indispensable à la vie que le blé, le riz ou le mil, est à la fois très dense et d'un transport commode, qu'il est cependant facile à saisir et à surveiller, sa production étant limitée à certaines plages, à certains dépôts, ou à quelques lacs intérieurs.

Il est à remarquer en outre — et il y aurait à ce sujet de bien intéressantes considérations historiques à présenter — que la détention des dépôts ou des gisements de sel procure à ceux qui en ont le privilège, du moins dans les civilisations primitives, la maîtrise politique des populations dépourvues de ce minéral.

L'impôt sur le sel est un des plus recommandables qui soient, à condition qu'il se maintienne à une limite telle que la population ne soit pas obligée de réduire la consommation normale de cette denrée ou de s'exposer, pour se la procurer, à braver les peines souvent draconiennes prononcées contre la fraude.

Mais il faut faire observer que l'impôt sur le sel, dans les régions chaudes et dans les conditions alimentaires de la plupart de ces pays, entraîne pour les populations pauvres des conséquences relativement bien plus importantes que pour celles des pays tempérés et civilisés. La consommation individuelle de ce produit est beaucoup plus forte chez ce genre d'hommes que chez l'Européen, qui dispose d'ailleurs d'une alimentation plus variée, moins fade et plus carnée. Le sel n'est pas seulement alimentaire et condimentaire, il est antiseptique ; sous ces climats, en ces régions où les transports sont lents et difficiles, il assure aux masses la consommation d'une quantité considérable de matière azotée, de chair de poisson surtout, chair dont la production est caractérisée par une grande irrégularité, qu'il faut par conséquent tenir en réserve et qui serait perdue sans l'abondance et le bas prix du sel[1].

1. En fait, beaucoup d'Asiatiques sont des ichtyophages. Le Japon se trouverait dans une situation alimentaire précaire s'il

Dans ces conditions, par la pêcherie, par les concentrations temporaires de populations qu'elle produit et qu'il faut approvisionner, par l'infinité des commerces et des industries qu'elle suscite ou qu'elle entretient — construction et armement des barques, corderies et filets, textiles, salines, forges, préparation, transport et exportation des poissons, etc., etc., — le sel joue dans l'économie de ces peuples un rôle de premier ordre. Les répercussions que produisent son abondance ou sa rareté et les moindres fluctuations de sa valeur marchande sont pour ainsi dire universelles.

Le régime fiscal du sel dans les pays tropicaux de domination est donc d'un très grand intérêt financier et politique, mais il semble que les gouvernements européens ne l'aient pas parfaitement compris. Les annales administratives de l'Inde sont à cet égard des plus instructives. Sir John Strachey a pu écrire que « l'administration du sel dans l'Inde est une des hontes de la domination britannique ». On peut craindre que nos successeurs n'apprécient pas d'une manière beaucoup moins sévère son histoire en Indochine française.

Il est toutefois remarquable que ces abus et ces erreurs, dans l'Inde ainsi que dans nos Possessions, soient imputables plutôt aux prétentions égoïstes de la métropole qu'aux gouvernements locaux. Ce sont les influences protectionnistes qui leur ont forcé la main : là les réclamations des producteurs de sel du Cheshire, ici les aveuglements de la politique douanière.

En élevant les droits sur le sel, en Indochine, de 0 $ 50 les 100 kilos (1897) à 1 piastre (1899), à 2 piastres (1904), puis à 2 $ 25 (1906), on a mécontenté les contribuables, jeté le trouble dans leurs esprits, fourni des

était privé de l'appoint considérable que fournissent à sa production agricole une mer et des eaux douces excessivement poissonneuses.

prétextes à leurs rancunes, diminué la consommation du produit, ébranlé toutes sortes d'activités, tari ou compromis des sources de revenus budgétaires très importants [1].

L'opium. — Au risque de froisser certaines pudeurs, nous n'hésitons pas à déclarer que l'impôt sur l'opium nous semble un des meilleurs que puisse utiliser un gouvernement de conquête. Il n'est pas immoral, puisque son élévation considérable, qui n'est limitée que par la fraude, a pour effet d'en restreindre la consommation, de n'en permettre l'usage qu'aux riches ou du moins aux gens à leur aise. D'ailleurs les effets nocifs de ce poison, sous la forme de fumée, ont été considérablement exagérés. Il résulte de ces conditions qu'en Indochine ce sont surtout des étrangers, les Chinois, qui versent au Trésor impérial la plus forte part des recettes de cette source, dont nous ne pouvons pas présentement nous passer et que dix autres taxes, autrement gênantes pour nos indigènes, ne remplaceraient pas. Or, nous ne sommes responsables de la vertu et de la moralité de ces étrangers que dans la mesure où leurs vices peuvent affecter nos propres sujets.

D'ailleurs si, obéissant aux objurgations de philanthropes mal renseignés ou intéressés, nous supprimions cette recette — qui couvre près d'un tiers de nos dépenses — nous ne supprimerions pas l'usage invétéré de cette drogue : nous aurions seulement à réprimer, par des moyens de police tyranniques, aux

1. Le revenu des affermages des pêcheries fluviales au Cambodge est tombé de 400.000 piastres à 120.000. En 1887, l'exportation du sel de la Cochinchine s'élevait à 180.000 tonnes, et déjà elle aurait pu être plus élevée. En 1899, elle n'était plus que de 19.000 tonnes; dans ces dernières années elle avait complètement disparu. La Régie, qui a monopolisé l'achat et la vente du sel, est impuissante à répondre aux demandes de l'intérieur et se voit obligée de limiter ses ventes.

dépens du contribuable, une contrebande formidable, car il est peu de marchandises aussi faciles à dissimuler, et nous sommes entourés de frontières étendues et sauvages, limitrophes des pays producteurs d'opium, et où la surveillance est presque impossible.

La prohibition de l'opium ne serait possible, comme celle de toutes les consommations de ce genre en tout pays, que si elle était sincèrement désirée par l'opinion publique de ces peuples eux-mêmes, c'est-à-dire s'ils en arrivaient à considérer cette habitude comme déshonorante ou vraiment nuisible à leur communauté. Nous sommes fort éloignés d'en être là, et quant aux intentions de la Chine à ce sujet, attendons, pour prendre un parti, qu'elles nous soient définitivement prouvées. Il est sûr que si la Chine réussissait à supprimer l'opium chez elle nous serions obligés d'en faire autant. Mais, pour le moment, laissons les choses telles qu'elles sont, en bornant nos efforts à améliorer l'organisation et le mode de perception de cet impôt, comme de tous les autres impôts de consommation, ainsi que le contrôle des délits qu'ils entraînent. De ce côté, il nous reste beaucoup à faire, car notre taxation donne lieu à des abus profondément regrettables, égalant et dépassant ceux des « gabelous », « maltôtiers » et « rats-de-cave » de l'ancien régime français, de fâcheuse mémoire.

L'alcool. — Il en est de même des taxes sur l'alcool. L'alcool produit, surtout parmi nos noirs africains, des ravages individuels et sociaux, économiques et politiques plus graves incontestablement que ceux de l'opium chez les Indochinois, et l'on ne peut qu'approuver les mesures que prennent, à part ou par conventions réciproques, les gouvernements européens pour réglementer l'importation et la vente de ce produit et pour en restreindre l'usage.

Il ne semble pas que la question de l'alcool suscite en ce moment de controverses bien vives en ce qui concerne l'Afrique. Il n'en est pas ainsi en Asie Orientale, où cependant l'ivrognerie est infiniment moins répandue que chez les populations noires. Cependant, soit en raison de l'état social plus avancé de nos sujets asiatiques, soit que les intérêts en jeu apparaissent comme plus considérables et que l'on ait acquis la conviction que nos erreurs fiscales étaient en train de compromettre l'avenir de celles de nos conquêtes qui nous ont coûté le plus cher, c'est de ce côté de notre Empire que le problème de l'alcool a surtout excité l'attention du public et de la métropole. Mais c'est un sujet en même temps si vaste et si spécial, comportant l'examen de si nombreux détails qu'il ne nous est pas possible de l'exposer. Des réformes sont urgentes, et elles seront d'autant plus coûteuses que l'on en différera davantage l'exécution. C'est du reste en cette voie que le gouvernement s'est déjà très heureusement engagé.

Il sera suffisant pour notre objet de dire que ce n'est pas tant sur l'élévation des taxes que portent les critiques que sur le mauvais régime de la perception et de la vente, où interviennent et se superposent l'action de l'administration, celle des régies et de leurs agents mal recrutés, celle des propriétaires privilégiés de distilleries européennes, celle des « débitants généraux », etc. On connait, assure-t-on, des employés de la Régie qui savent quintupler leurs appointements par leur ingéniosité féroce à découvrir les fraudes, quand ils ne les inventent pas. Et d'autre part, en transportant dans l'ordre fiscal la responsabilité des notables et des villages, que l'on devrait réserver prudemment aux choses de la politique, on faisait des ennemis irréconciliables de ceux-là mêmes que l'on doit s'appliquer à transformer en auxiliaires de la domination.

La fiscalité alcoolique en Indochine a réussi à achever la ruine des institutions municipales annamites, et ceux qui suivent les incidents de notre domination ont conservé une impression très fâcheuse de procès qu'il est indulgent de qualifier de peu honorables pour elle. On y a vu à quels écarts peut conduire, en face de populations apeurées et sans défense, le système des « primes » à la répression de la fraude, et l'habitude de juger les administrateurs suivant le rendement alcoolique de leur circonscription.

Le tabac. — Le tabac est, en principe, une excellente matière imposable dans la domination, car sa consommation n'est que facultative. Mais encore faut-il que seuls soient soumis à sa taxation les indigènes qui veulent faire usage de cet excitant, et que les inconvénients de celle-ci ne rejaillissent pas indistinctement sur tous ceux qui cultivent et manipulent la plante, qui en préparent le produit et le colportent, et qui se chargent de sa vente. On mécontente alors l'universalité des sujets, et c'est ce que nous en avons fait.

On ne peut pas soutenir cependant que notre administration d'Indochine ait exagéré outre mesure cette source de revenus, ni que les entraînements fiscaux aient autant que les autres impôts indirects dépassé les intentions de ses initiateurs. Ceux-ci, avec le gouverneur général P. Doumer, considéraient en effet l'impôt sur le tabac plutôt comme l'amorce de recettes futures et comme une réserve à développer au fur et à mesure des besoins qu'en raison de l'importance des recettes à en espérer immédiatement[1].

1. Le produit de cette taxe s'est élevé de 381.642 piastres en 1901 à 1,060.333 en 1907. Ce chiffre n'est pas élevé par rapport à celui de la population d'un pays où tout le monde fume, y compris les femmes et les enfants.

Mais d'un impôt de consommation, on a fait un impôt de circulation, d'une réglementation compliquée, soumettant vendeurs, transporteurs et acheteurs à des déclarations multipliées, à des formalités vexatoires incompréhensibles aux intéressés, accompagnées de mesures policières positivement inintelligentes. C'est un régime exactement opposé à celui qui convient à la fiscalité de domination ; il rapporte plus de colère que d'argent.

En somme et sauf certaines réserves, les publications officielles ou privées que cette question des impôts indirects dans nos possessions a fait surgir en grand nombre dans ces dernières années se montrent d'accord pour déclarer qu'il s'en faut de peu que l'on ne soit parvenu d'une manière générale à la limite de taxation correspondant aux facultés payantes des indigènes, limite que, suivant une phrase stéréotypée dans tous ces écrits, « on ne saurait dépasser sans imprudence ». Mais les critiques portent encore plus sur la perception que sur le taux de ces taxes. L'observateur impartial, tout en s'efforçant de tenir compte des difficultés immenses que rencontre l'administrateur étranger dans l'accomplissement de sa tâche et d'en établir plus justement qu'on ne le fait les responsabilités, est obligé de reconnaître que beaucoup de ces critiques sont fondées. Nous ne nous sommes montrés ni assez politiques ni assez humains, et au total, risquant de sacrifier l'avenir au présent, nous n'avons pas fait preuve des qualités indispensables au dominateur.

Mais le grand coupable, bien plus que les gouvernements locaux, c'est le gouvernement métropolitain lui-même, avec son organisation centralisée, sa fidélité irraisonnée aux réglementations toutes faites ; c'est aussi, en cette matière, son protectionnisme imprévoyant. Le grand et l'unique remède, sur ce terrain comme sur tous les autres, c'est l'autonomie sincère, voulue, étudiée, systématiquement appliquée, par méthode expérimentale.

Quelques règles de la taxation de conquête. — Nous voudrions à présent essayer de résumer très rapidement quelques-unes des règles élémentaires de la fiscalité en pays de conquête indigène. Si banales peut-être que soient ces remarques, il semble qu'elles puissent ne pas être complètement inutiles.

Il faut se rappeler que le contribuable est un sujet, et non pas un citoyen : il n'a pas à l'égard du maître de sa patrie et de sa nation, comme l'immigrant dans une colonie véritable, d'obligations morales soutenues par tout un ensemble de sentiments qui donnent à nos « contributions » un certain sens de sacrifice volontaire et, par l'institution représentative, un caractère de consentement débattu. Sans doute, la soumission du vaincu comporte son acceptation des mesures prises par le vainqueur, et une sorte d'engagement d'obéir à ses commandements et directions. Mais si l'on veut aussi considérer la reconnaissance de la supériorité du conquérant comme impliquant un contrat, on se souviendra que ce contrat comporte des clauses implicites qui obligent également le conquérant. Ainsi que nous l'avons exprimé[1], celui-ci apporte à l'association ses forces, sa science, ses capacités organisatrices, celui-là y prête son nombre et son activité ; il consent à ce qu'on utilise et qu'on développe ces facultés, non à ce qu'on les contrarie et qu'on en abuse. Il veut que ses habitudes soient troublées le moins possible, que son genre de vie ne soit modifié que le moins possible, ses contacts avec l'étranger réduits au strict nécessaire.

Il est différent du vainqueur par tout ce qui constitue sa nature physique, intellectuelle et morale.

1. V. *Supra : Politique indigène.*

Elément presque impersonnel dans une organisation plus ou moins collectiviste et familiale, il est timide, faible, imprévoyant, dépourvu, conservateur de ses mœurs et de ses pratiques, inséparable de son passé, de ses religions, du régime de sa propriété.

Entre gouvernants et gouvernés, surtout sous le régime de l'administration directe, il n'y a pas de solidarité morale, ni même, pendant plus ou moins longtemps, de solidarité économique. L'impôt n'y est, à des degrés divers aux yeux du sujet, qu'un tribut arraché par la force, appliqué à des besoins fréquemment incompris et sans utilité apparente, et trop souvent hors du pays et de la vue de ses habitants. Le contribuable, en le versant au pouvoir étranger, a le sentiment qu'il ne fait qu'assurer la consolidation de la puissance de l'envahisseur. La fraude devient alors une action honorable et honorée, la résistance une protestation patriotique, le châtiment une épreuve méritoire.

Le gouvernement de domination, autonome et responsable, devenu par cela même circonspect et capable de résister aux impatiences ignorantes de la métropole, conçoit son régime fiscal comme un édifice avant tout politique, dont les fondements reposent sur une parfaite connaissance de l'indigène, de ses besoins et de ses facultés.

Il reconnait qu'en ces conditions, sa fiscalité doit être modérée et naturelle, parfaitement honnête, enrichissante et éducatrice.

Elle doit être naturelle, c'est-à-dire qu'elle ne doit point innover, qu'elle doit s'inspirer du régime traditionnel indigène, corrigé seulement de ses vices et de ses déformations. La plus grande habileté de conquérant consistera toujours, en matière fiscale, à dissimuler son action autant qu'il est possible; à faire en sorte qu'elle ne s'aperçoive que par l'évidence de ses résultats.

Elle doit être modérée, c'est-à-dire proportionnée aux faibles facultés des indigènes et en suivre pas à pas le développement.

Les gouvernements coloniaux s'efforcent à l'envi de prouver que leurs sujets sont plus modérément taxés que ceux des autres gouvernements, et il n'est pas un rapport fiscal où les administrations ne fassent état de chiffres très précis, destinés à montrer la discrétion de leurs appétits budgétaires. On sait comment on procède : on divise le chiffre total des recettes provenant des impôts par le chiffre total de la population, et le quotient fournit l'*indice de taxation*.

Les sociologues savent que les moyennes de ce genre n'ont qu'un minime intérêt. Ces statistiques ne fournissent aucune information, en l'espèce, sur la manière dont l'impôt affecte telle ou telle catégorie de contribuables, à un certain moment, en un certain endroit. Tout d'abord, la base du calcul est assez douteuse pour des pays qui n'ont pas d'état civil, là même où les dénombrements semblent faciles : au Tonkin, où nous sommes depuis plus de vingt-cinq ans, les évaluations démographiques jusqu'en ces derniers temps variaient presque du simple au double. Ce qu'il faudrait savoir, c'est le rapport entre l'impôt et les dépenses nécessaires à la vie de chaque classe de la population, par tête, par famille, par clientèle.

Dans cette sorte de travaux les chiffres prétendent bien indiquer le revenu moyen de chaque contribuable. Mais les données en sont si vagues que les préoccupations du calculateur peuvent s'y donner pleine carrière. Tandis que Lord Curzon, vice-roi de l'Inde, estime le revenu du paysan hindou — quel paysan? est-ce celui du Bengale, celui du Punjab, celui de Madras? — à 32 fr. 50 c., pour le socialiste Keir Hardie, il n'est que de 15 fr. 50 c. !

Pour nos Possessions, j'avoue ne connaître aucune de ces appréciations — j'entends sérieusement établies.

Enfin, on sait qu'il n'y a rien de plus obscur que l'incidence réelle des impôts, chaque contribuable, en tous les pays, faisant preuve d'une merveilleuse ingéniosité pour rejeter sur les autres le poids de chaque imposition.

Lors donc que l'on nous dit, par exemple, que l'Annamite — terme générique qui comprend, avec les Européens et les Chinois, les Cambodgiens, les Laotiens et les « sauvages » — paye au fisc 8 fr. 50 c., et qu'il paye ainsi un peu moins que le Siamois ou que l'Hindou, dont les genres de vie sont en effet assez comparables, cela ne fait pas savoir si nos sujets sont peu ou fortement taxés.

La taxation doit être coutumière et intelligemment conservatrice, c'est-à-dire respecter les formes auxquelles sont habitués les indigènes et leurs idées sur la propriété. On sait assez quelles erreurs nous avons commises en Afrique musulmane à ce point de vue, et j'ai rappelé plus haut les conséquences qu'avait eues pour l'Inde une fausse interprétation de la tenure des terres.

Elle doit être scrupuleusement honnête, et sur ce point notre régularité administrative est incomparablement supérieure aux meilleurs régimes indigènes. Mais il faut se garder de la rendre tyrannique et odieuse par une minutie excessive et par cette abondance de formalités et de justifications qui distinguent nos bureaucraties et qui mettent l'indigène au supplice. Toute domination est nécessairement bureaucratique et ses progrès mêmes tendent à accentuer ce caractère. La facilité des communications, le télégraphe et le téléphone ont fait perdre aux agents britanniques dans l'Inde certaines des qualités d'initiative et de décision qui faisaient d'eux de vrais conducteurs d'hommes et des dominateurs modèles.

Il faut qu'elle soit enrichissante, c'est-à-dire qu'elle se combine avec toutes les autres mesures du gouvernement et de l'administration pour multiplier et le nombre des contribuables et les facultés contributives de chacun d'eux. Elle se lie donc à tous les services de la Domination : travaux publics, colonisation, agriculture, hygiène et assistance, éducation.

Tenant compte des défauts du caractère indigène aussi bien que de ses qualités, le gouvernement évitera de transporter dans sa juridiction des perfectionnements peut-être excellents ailleurs, ou qui, dans la Possession considérée, pourraient être favorables aux Européens, mais qui seraient pour les faiblesses de ses sujets une cause de ruine et de désespoir. Tel est, par exemple, l'*Act Torrens* qui serait entre nos mains, presque partout, en face de l'imprévoyance enfantine de nos sujets, un artifice de spoliation et d'accaparement des propriétés foncières.

Le régime fiscal peut être éducateur et moralisant, surtout dans les pays les plus arriérés et pour les populations les plus primitives, qui en sont encore au troc, et qui vivent au jour le jour en tirant directement de la nature la satisfaction totale ou prépondérante de leurs besoins. Elle les force à l'épargne ; elle leur apprend à considérer le travail comme une nécessité et le temps comme un élément de perte ou de gain.

Disons toutefois que cette conception du rôle de l'impôt, dont on s'est beaucoup servi chez nous et chez les autres, chez les Allemands de l'Afrique surtout, n'est pas sans périls. Elle risque de conduire l'administrateur, et l'Européen en général, à des exigences fiscales exagérées ou à des violences, en donnant à celles-ci une apparence de prosélytisme moral et en fournissant au plus fort des excuses que sa sophistique accepte avec trop de facilité. La formule « c'est pour leur bien » est d'un usage particulièrement dangereux quand elle est laissée à l'appréciation d'agents brutaux, mal surveillés et d'une catégorie sociale inférieure.

CHAPITRE XIII

La Domination et le Régime fiscal.

II. — LES DOUANES

La loi du 11 janvier 1892. — Ses principes et ses dispositions essentielles. — C'est une loi d'assimilation, d'uniformité et de protectionnisme métropolitain unilatéral. — Le rôle des Colonies suivant les protectionnistes français. Jules Ferry et M. Méline. — F. Bastiat et la pétition des fabricants de chandelles contre le soleil.

Effets économiques et financiers de la loi de 1892. — Enseignements du régime douanier de l'Afrique Occidentale française. — Madagascar. — L'Indochine. — Conséquences industrielles inattendues. — Répercussions sur les fiscalités locales. — Les droits de sortie. — Conséquences politiques.

Le citoyen et le sujet au point de vue fiscal. — Conditions d'un bon régime douanier colonial. — Réformes désirables. — La politique d'enrichissement. — Conclusions. — Adoption des vœux du Congrès colonial de Marseille en 1906.

La loi du 11 janvier 1892. — Sa genèse et son esprit. — Le régime douanier de nos Dépendances est déterminé par la loi du 11 janvier 1892. Cet instrument pèse d'un poids très lourd sur l'ensemble de leurs budgets, sur les actes financiers et politiques de leurs gouvernements, sur la vie économique de chacune d'elles.

Manifestation éclatante de l'esprit assimilateur et démonstration convaincante de ses méfaits, la loi de 1892 porte la marque de l'époque et des circonstances où elle naquit. On était au lendemain des plus grands efforts de la « politique coloniale ». Le pays et le gouvernement, qui en avaient beaucoup souffert faute de plan d'action et de moyens militaires appropriés, ne voulaient se souvenir que de ses dangers et de ses sacrifices. Cette politique était franchement impopulaire, et ce sentiment coïncidait avec une réaction protectionniste générale, consécutive aux transformations produites par la guerre, par le développement industriel extraordinaire de l'Allemagne unifiée et par les progrès gigantesques des Etats-Unis. La France, inquiète d'une rupture d'équilibre qui n'avait pas encore réussi à trouver le contrepoids d'une alliance nécessaire, sentait qu'il était pour elle d'un intérêt vital de ne pas laisser son champ d'action se rétrécir davantage. Fléchissant sous le fardeau de sa dette et de ses besoins d'argent, effrayée par la décadence de sa marine marchande et de ses ports, elle crut ne pouvoir se défendre qu'à coups de tarifs.

En ces conditions, les protectionnistes français, voulant avant tout accroître la capacité d'absorption du territoire, ne surent voir les millions de sujets nouveaux ajoutés rapidement aux petites populations de nos anciennes colonies que sous leur aspect de consommateurs et considérer les récentes acquisitions que comme des débouchés industriels.

Leur idéal colonial était plus arriéré et plus incomplet que celui de Montesquieu et des physiocrates qui, ne considérant eux aussi les colonies qu'au point de vue exclusivement commercial, leur reconnaissaient au moins la faculté d'échanger les produits fabriqués de la métropole contre les matières premières, les « épices » dont elles avaient le monopole naturel. Ils reculent sur le pacte colonial, qui était un contrat, léonin sans doute et peu judicieux, mais un contrat tout de même, où les colonies, assurées d'ailleurs de trouver toujours dans la métropole l'écoulement certain de leurs produits admis en franchise, avaient plus ou moins voix au chapitre.

On voulait faire de toutes ces populations lointaines des « clients forcés » qui seraient beaucoup plus acheteurs que vendeurs, qui n'achèteraient qu'à la métropole, au prix artificiellement fixé par elle, tous les produits qu'elle voudrait leur fournir, et ne lui vendraient que ceux qu'elle voudrait bien accepter, à la condition qu'elle ne les trouverait pas ailleurs, et toujours au prix fictif qu'elle leur attribuerait.

Je n'exagère point. « Dans une bonne organisation coloniale, écrivent MM. Méline, Boucher et Krantz dans leurs propositions de 1900 à la Chambre, la production coloniale *doit se borner* à fournir à la métropole des matières premières ou des produits qui n'aient pas de *similaires* chez nous. Mais si, sortant de cette fonction, la production coloniale vient faire à la nôtre une concurrence ruineuse, *elle devient un dangereux adversaire.* »

Ne concevant pas l'intérêt des colonies comme un intérêt « impérial », l'Algérie et la Tunisie, par exemple, doivent apparaître à leurs yeux comme les plus exécrables de nos acquisitions, puisqu'elles fournissent du blé, du vin, de l'huile, des moutons, des chevaux, des fruits et des légumes; et sans doute suivant eux, ce que nous aurions de mieux à faire, ce serait de nous en débarrasser. Mais les « préjugés » du pays étant devenus si forts qu'il s'est montré décidé à courir les risques d'une grande guerre plutôt que de voir sa domination méditerranéenne menacée, on fait du moins en sorte d'élever autour de ces Possessions malencontreuses toutes les barrières imaginables, sous forme de privilèges de navigation et de transport ou de limitations de ventes.

A ce compte, toute addition territoriale est pour un Etat une calamité d'autant plus certaine que le territoire nouveau est plus riche, et l'on sait assez, en effet, que le protectionnisme électoral irait volontiers jusqu'à briser l'unité nationale pour « protéger » les viticulteurs du Midi contre les betteraviers du Nord, ou ceux-ci contre ceux-là.

Donc, pour les législateurs de 1892, il ne s'agissait point de « protéger » les colonies en tenant un juste compte de leur situation économique et de leur milieu commercial, mais de « protéger » le territoire continental et la production française contre la concurrence extérieure. Par voie de conséquence et par entraînement, les colonies apparaissaient aux chefs de ce mouvement plutôt comme un embarras que comme une utilité auxiliaire.

On ne pouvait cependant pas s'empêcher de concevoir une certaine inquiétude des sentiments que cette injustice pouvait provoquer. Mais on savait les colonies trop faibles pour que leurs protestations puissent avoir des résultats pratiques. Profitant de l'ignorance de l'opinion et de sa défaveur à l'égard des colonies, on prit le parti de les oublier.

Il fallait bien des enquêtes, comme pour toute grande loi. Mais, au lieu de les porter là même où il était le plus naturel de s'adresser tout d'abord, on fait usage contre nos Etablissements d'une procédure clandestine. On consulte 107 Chambres de commerce françaises, mais pas une Chambre de commerce coloniale; on questionne 66 Chambres consultatives des Arts et Manufactures, 817 Chambres syndicales et professionnelles de France, mais on néglige d'interroger les gouverneurs, les conseils généraux et coloniaux, les associations de planteurs et de négociants. On écarte même de la discussion le Ministre des Colonies.

Les colonies elles-mêmes n'étaient pas préparées à se défendre. Ne voyant encore que les avantages apparents et les séductions sentimentales de l'assimilation, et non ses inconvénients, ses charges et ses dangers, elles n'aperçurent de prime saut, dans l'unification douanière, qu'une « seconde et nouvelle naturalisation[1] ».

Mais quelle est donc la psychologie des meneurs de ce mouvement anticolonial ? Leur désintéressement personnel est au-dessus de toute insinuation, et il n'est pas permis non plus de suspecter leur patriotisme. Ils étaient et ils sont patriotes à leur façon, qui n'est pas la bonne, et qui manque d'envergure et de générosité. Ils se disent économistes, quoiqu'ils n'aient pas l'air de savoir que les produits ne s'échangent que contre des produits, de l'épargne ou du crédit, qui ne sont que des produits transformés. A coup sûr, ils ne sont pas des hommes d'Etat. Venus à la vie politique avec Jules Ferry, ou apparus dans son sillage, ses amis pour la plupart et ses compatriotes de l'Est, ils ont voté les crédits de sa politique d'expansion, ils l'ont soutenu dans sa lutte prévoyante et courageuse. Mais ils l'ont abusé par la suite. « Il n'est jamais entré dans l'esprit d'aucun homme raisonnable, a dit Jules Ferry, de transporter en bloc les tarifs de la métropole dans ce lointain domaine, dispersé dans toutes les parties du monde et dans toutes les latitudes habitables. C'est la caricature du régime nouveau, ce n'en est pas la saine et loyale application ».

L'uniformité, tel est cependant le vrai caractère de cette loi.

Comment se fait-il qu'ils aient commis ces erreurs et ces injustices, et que non seulement ils persistent dans cette conduite, mais qu'ils manifestent aujourd'hui l'intention de l'aggraver ?

En vérité, ne dirait-on pas que c'est pour eux-mêmes et en prévision de leur attitude que Frédéric Bastiat — trop peu lu des générations présentes — écrivit sa

1. A. Artaud. *Conférence à l'Union coloniale*, juin 1909.

pétition des marchands de chandelles portant aux pouvoirs publics leur protestation contre la lumière du soleil?...

Aujourd'hui, les choses ne pourraient plus se passer de la même manière. Le problème est mieux connu et mieux posé, et l'on commence à s'apercevoir que les intérêts victorieux ne sont pas vraiment ceux de la communauté nationale.

En 1891, l'Union indochinoise n'était pas faite. L'entreprise de Madagascar était à peine ébauchée. Nos établissements de la Côte Occidentale d'Afrique, malgré des extensions rapides, végétaient dans l'éparpillement. Nous n'avions pas dégagé de l'empirisme bien incomplet de nos protectorats nouveaux les vues qu'ils commencent à nous inspirer sur les avantages de l'administration indirecte. L'Algérie, emmaillottée dans les règlements du ministère de l'Intérieur, paralysée par l'absurdité des « rattachements », toujours regardée comme formant trois départements sous un préfet général, restait complètement en dehors des études coloniales.

A présent, tout le monde s'intéresse plus ou moins aux colonies, soit par quelque lien matériel, financier ou sentimental, soit par l'aperception plus généralisée de leur rôle dans l'Etat.

Après avoir fait en Algérie un essai assez favorable de la loi de décembre 1884, qui soumettait les produits étrangers importés dans cette Possession aux mêmes tarifs qu'en France, on s'avisa, en 1887, d'en appliquer les dispositions à l'Indochine. Et, malgré des résultats très peu encourageants, nos Chambres ne craignirent pas de passer outre aux protestations des autres gouvernements coloniaux et de nos compatriotes d'outre-mer. Obéissant une fois de plus à cette tendance néfaste à l'uniformité, à la symétrie, à l'assimilation, qu'il ne faut pas manquer une occasion de flétrir, le Parlement ne fit qu'un seul bloc de toutes nos Possessions, sans avoir égard aux différences profondes de leurs caractères distinctifs, et il étendit à tout notre jeune empire, comme à nos vieilles Colonies, le régime des lois de 1884 et 1887, particulier à l'Algérie.

Plus tard, inspirée par le même esprit, la loi du 11 janvier 1892, traitant toutes nos Dépendances comme des départements français, voulut reculer jusqu'aux frontières de ces Etablissements les plus lointains les limites douanières de la France.

Dispositions essentielles de la loi douanière. — L'économie de cette loi est en résumé la suivante :

1° Elle admet que les produits étrangers sont soumis, à leur entrée sur notre territoire colonial, aux mêmes droits qu'en France, exception faite pour un certain nombre de denrées qui, n'ayant pas de similaires dans la Métropole et répondant à des besoins spéciaux, jouissent d'un traitement de faveur (Décret du 29 novembre 1892) ;

2° Elle établit que les produits français ou des Colonies françaises exportés dans nos Possessions ne sont frappés d'aucun droit ;

3° Elle déclare enfin que les produits exportés des Possessions françaises dans la Métropole sont admis en franchise.

C'est du moins la théorie; mais, en pratique, tous ceux de ces produits qui ont une certaine importance et que la Métropole reçoit d'ailleurs sont soumis à un tarif spécial qui comprend les « denrées coloniales », telles que le café, le cacao, le piment, le poivre, les cannelles, la muscade, la girofle, la vanille, le thé; et ces produits, s'ils sont originaires de nos Dépendances et en arrivent en droiture, acquittent un *demi-droit* au lieu du droit entier payé par les articles similaires étrangers.

A première vue, ces dispositions paraissent libérales et favorables aux colonies et à leur exportation. Mais si l'on regarde les choses d'un peu plus près, on est obligé de les apprécier d'une autre façon. Le fisc métropolitain, qui n'a pas à se préoccuper d'autre chose que de ses recettes, a trouvé un moyen de ne pas laisser diminuer des ressources de quelque importance — évaluées par M. Méline à 1.500.000 fr., et par M. Guyeisse à 1.600.000 — en obtenant du Parlement un relèvement général des droits sur cette catégorie de marchandises. En sorte que, sous l'étiquette de « demi-droit », les produits des Possessions et Colonies françaises payent, sauf quelques concessions péniblement arrachées, un droit égal à celui que les produits similaires étrangers payaient au moment de la promulgation de la loi douanière.

Au moins, en fermant les yeux sur les conséquences fiscales du système au point de vue colonial, et en se plaçant au point de vue seul de l'intérêt de la Métropole, a-t-on réussi ? — Personne ne peut nier qu'ainsi envisagée la loi de 1892 ait joué d'une manière satisfaisante, encore que l'insatiable M. Méline se déclare lui-même si déçu de ses résultats qu'il ne songe qu'à resserrer la vis de pression de ses tarifs.

Ses résultats. — Le mouvement total des échanges entre la Métropole et ses Dépendances coloniales, qui n'était en 1877 que de 826.985.000 francs, s'est élevé en 1907 à 2.095.773.000 francs, grossissant ainsi de 1.270 millions, alors que dans la même période le commerce général de notre pays ne s'accroissait que de 2.500.000 millions. On a fait remarquer que c'est au développement du commerce colonial que la balance du commerce général du pays doit de ne pas être en recul.

Si l'on compare les statistiques dressées à la veille de la loi de 1892, voici encore ce que l'on constate :

En 1891 les colonies achetaient au marché français 75.863.842 francs.

En 1905, 225.826.358 francs, soit environ 150 millions de plus.

Le résultat semble magnifique et bien fait pour réjouir le cœur des « protectionnistes généraux ». Mais, comme le dit excellemment M. Artaud, membre de la Chambre de Commerce de Marseille, en discutant les données du rapport de M. Messimy sur le *Budget des Colonies pour l'Exercice 1909*[1] :

« Ventilons ces chiffres. Écartons ce qui, sur ces deux totaux de 2.095 millions et de 899 millions, concerne l'Algérie[2] (dont l'unification douanière avec la Métropole était faite depuis 1884 et sur le développement de laquelle le régime économique a beaucoup moins d'influence), l'Afrique occidentale, l'Indo-Chine, Madagascar, la Côte des Somalis qui n'existaient pas,

1. Total du commerce colonial :

En 1887	899.198.704	francs
En 1897	1.175.658.675	—
En 1907	2.095.772.892	—

Colonies que le Tarif général a trouvées adultes en 1892.	Total général de leur commerce. 1887	1907
Réunion.	32.360.886	28.467.879
Mayotte.	3.537.672	1.148.007
Saint-Pierre et Miquelon.	31.976.859	12.287.866
Guadeloupe	42.746.937	29.694 601
Martinique	44 320.580	34.937.260
Guyane	13.933.154	26.315.447
Nouvelle-Calédonie . . .	10.937.999	17.914.649
	179.814.087	150.765.709

(Extrait de l'Annexe I du Rapport de M. Messimy, député, sur le budget du Ministère des Colonies pour l'exercice 1909 (p. 191-196).

2. Commerce général de l'Algérie :

En 1887	395.171.000	francs.
En 1907	683.094.000	—

ou à peu près, en 1892. Dans tous les cas, écartons tout cela pour 1887 et pour 1907, et nous isolerons ainsi les colonies soumises au tarif général, que l'application du régime de 1892 a trouvées à l'état adulte. Après ces défalcations, le total de 1907 tombe à 150 millions et celui de 1887 reste à 178 millions, ce qui signifie que le mouvement commercial des Colonies soumises au tarif général et qui ne sont pas passées de 1887 à 1907 de l'état de non-existence à la vie économique, a subi une diminution de mouvement annuel moyenne de 28 millions, c'est-à-dire d'environ 16 p. 100. C'est considérable[1]. »

On peut, sans aucun doute, discuter ces chiffres et leur interprétation, faire valoir que les diminutions ou les augmentations constatées tiennent à beaucoup de causes, plus ou moins étrangères au régime douanier et qu'il faudrait analyser en détail. Mais toute la question se réduit à savoir si l'accroissement du chiffre global du commerce des colonies avec la Métropole n'eût pas été bien plus considérable encore, si l'élargissement des débouchés métropolitains n'aurait pas été plus rapide et plus grand sous un régime de liberté et de modération approprié à chacune de nos Dépendances.

D'ordinaire, aux arguments de cette sorte, purement hypothétiques, il est toujours loisible d'opposer des hypothèses contraires. Mais ici, sur le terrain douanier colonial lui-même, nous avons la chance de posséder beaucoup mieux qu'une hypothèse : nous disposons d'une leçon de choses, d'une démonstration expérimentale, quoique bien involontaire, et dont nous n'aurions garde de ne pas nous servir.

Je veux parler du régime douanier de l'Afrique Occidentale Française.

1. Conférence à l'*Union coloniale* (*Quinzaine coloniale*, 10 juin 1909).

L'Afrique Occidentale, par suite de difficultés géographiques insurmontables qui rendaient la contrebande excessivement facile et sa répression très périlleuse, et par l'effet d'engagements diplomatiques antérieurs, l'*Acte de Berlin* de 1885 notamment, se trouve soustraite aux prises de la loi de 1892. C'est grâce à ces circonstances, grâce aussi, on doit s'empresser de le reconnaître, à l'habileté avec laquelle le gouverneur général Roume et ses prédécesseurs, exonérés ainsi de la tyrannique uniformité de la métropole, ont su en tirer parti, que ce groupe de Possessions, au point de vue qui nous occupe, présente avec d'autres parties de notre Empire certains contrastes très frappants.

Placée sous un régime de droits d'importation différentiels modérés, mieux appropriés à sa situation interne et extérieure, non seulement l'Afrique Occidentale se développe de jour en jour en multipliant ses ressources, mais elle se montre ainsi capable d'absorber des produits français dans une proportion plus rapidement croissante que toutes nos autres Possessions. C'est à son autonomie douanière relative que l'A. O. F. a dû de pouvoir s'orienter dans le sens des voies de pénétration vers l'hinterland commun des provinces dont elle se compose et dans le sens des voies de communication entre les fleuves, et qu'elle peut contribuer largement aux dépenses de la métropole.

« En 1891, les importations de la métropole et les importations de l'étranger au Sénégal étaient à peu de chose près équivalentes, 9.046.002 contre 9.092.074. En 1905, au contraire, sur une importation totale de 53.314.000 francs, la part de la métropole s'est élevée à 26.679.000 francs, celle des colonies françaises à 3.784.000 francs, celle de l'étranger à 22 millions 850.000 francs, soit 57 p. 100 pour la France et ses colonies, et seulement 43 p. 100 pour l'étranger. Au surplus, les importations étrangères comportent toute une série d'articles que la France ne produit pas ou qu'elle ne peut exporter qu'en très faible quantité; ce sont, pour ne citer que les plus importants : les pétroles, tabacs, houilles, bois, noix de kola. Si l'on met ces produits hors de compte, la part du commerce français dans l'ensemble des articles que la métropole est en mesure de fournir au Sénégal, représente, non plus seulement 57 p. 100, mais 66 p. 100 de l'approvisionnement de la colonie. N'est-ce point là la preuve que la protection accordée au Sénégal aux produits de la métropole est efficace et dès lors suffisante? » (Milhe-Poutingon. *Congrès colonial de Bordeaux* 1907)[1].

« Dans la Guinée française, de 1896 à 1903, l'impor-

1. IMPORTATIONS RECTIFIÉES ET MISES A JOUR (CHIFFRES OFFICIELS)

Sénégal

Années	Total	Provenances de France	des Colonies françaises	de l'Étranger
1906[1]	54.165.670	27.134.545 (50,1 %)	4.108.437 (7,6 %)	22.922.688 (42,3 %)
1907[2]	54.696.406	30.895.824 (56,4 %)	3.458.823 (6,5 %)	20.341.759 (27,1 %)
1908	67.069.680	39.635.696 (59,2 %)	2.927.499 (3,9 %)	24.507.085 (36,9 %)
1909	67.912.239	37.369.840 (55 %)	2.805.312 (4,1 %)	27.737.087 (40,9 %)

Guinée française

Années	Total	Provenances de France	des Colonies françaises	de l'Étranger
1906	16.136.875	5.366.029 (33,2 %)	84.727 (0,6 %)	10.686.119 (66,7 %)
1907	16.344.215	5.781.096 (35,9 %)	541.494 (2,8 %)	10.021.635 (61,3 %)
1908	14.253.442	8.371.416 (59,9 %)	73.327 (0,4 %)	5.808.699 (39,7 %)
1909	22.920.523	10.876.119 (47,4 %)	487.218 (2,1 %)	11.557.186 (50,5 %)

1. Y compris les importations dans le Haut-Sénégal-Niger.
2. *Id.*

tation nationale passe de 512.750 francs à 5 millions 919.226 francs; le coefficient s'élevait de 11 à 32,8 p. 100, après être passé par 47[1]. Pour la Côte-d'Ivoire, la progression est de 1.033.926 francs en 1898, à 2.060.959 francs en 1903 et à 6.915.271 francs en 1904, année d'importation du matériel pour les travaux du chemin de fer et du port. Au Dahomey, la proportion s'est à peu près maintenue, de 1902 à 1903, malgré une forte réduction des importations (22 p. 100 en 1902 par rapport à 1901, 21 p. 100 en 1903 par rapport à 1902. » (A. Artaud.)

Par contre, et pour que la démonstration soit plus complète, on voit le Gabon, qui a échappé aux modalités imprimées au régime du Sénégal, rester stagnant, et ses habitants ne demander qu'une chose, c'est leur assimilation au régime de l'A. O. F., en rappelant qu'au lendemain de la promulgation de la loi douanière qui leur était appliquée, 20 maisons de commerce français sur 28 abandonnaient la place.

Les chiffres des statistiques d'ensemble soulèvent encore d'autres observations. Il y aurait à se demander s'ils peuvent être interrogés en pleine sûreté pendant toute cette période, et quelle influence ont pu avoir sur les importations françaises dans nos Possessions la présence de fortes garnisons métropolitaines et les envois exceptionnels de produits métallurgiques pour leur outillage : chemins de fer, routes, ponts, navigation. L'occupation militaire, d'une part, les grands travaux publics, d'autre part, ont temporairement jeté dans ces pays de grandes quantités de numéraire qui ont artificiellement grossi le pouvoir d'achat de populations incapables d'épargner et dont les salaires sont aussitôt dépensés en objets de fantaisie de provenance européenne.

1. Besson. *Rapport au Congrès colonial de Bordeaux*, 1907.

Il faut tenir compte aussi, lorsque l'on interroge ces statistiques, des variations du change, du renchérissement des objets, causé par l'application des tarifs douaniers. « Une augmentation d'un million de francs dans les importations ne traduit pas une augmentation d'un nombre d'unités de marchandises correspondant à l'augmentation de valeur [1]. »

Ces diverses influences, bien visibles en Indochine, sont particulièrement remarquables dans le commerce de Madagascar, où la population est plus clairsemée et le sol moins riche. Les importations de Madagascar sont tombées, de 46 millions en 1901, à 36 millions en 1904. Des oscillations d'une telle amplitude ne peuvent s'expliquer que par l'entrée de grosses sommes d'argent, de 1899 à 1902, et, consécutivement, d'un stock considérable de marchandises, de cotonnades notamment, restées invendues en magasin et invendables pour un temps plus ou moins long.

D'ailleurs, l'industrie et le commerce français n'ont profité des progrès constatés que dans une mesure bien moindre qu'on ne le croit. En Indochine, si les usines françaises ont pu réussir, à la faveur d'une protection de 20 à 25 p. 100 contre les cotonnades anglaises, à introduire, dans la période qui a suivi la loi de 1892, 3.500.000 kilogrammes de tissus, les filés de coton ont persisté à venir de Bombay et de Manchester, malgré une surcharge de 23 p. 100. De 1891 à 1904, les importations étrangères en Indochine ont passé de 35 millions à 90 millions. Elles ont donc presque triplé, alors que les nôtres, en dépit d'une tarification exorbitante, n'ont pu que doubler.

L'étude des statistiques de Madagascar offre, à cet égard, un intérêt qu'il n'est pas exagéré de qualifier

1. Artaud. Congrès Colonial de Marseille, 1906.

de « poignant », si l'on se place, non pas au point de vue protectionniste français, c'est-à-dire au point de vue du profit de quelques manufacturiers, mais simplement au point de vue français sans épithète.

L'île de Madagascar, de par l'application des tarifs de 1892, est pratiquement fermée à l'étranger. En 1906, sur une importation totale de 36.527.000 francs, l'importation française y atteint 32.690.000 francs. Mais la franchise réservée à nos produits prive la possession de ressources fort importantes et lui impose un *tribut* que l'on ne peut pas évaluer annuellement à moins de 7 millions de francs. Les recettes douanières s'abaissent à Madagascar au chiffre dérisoire de 687.000 francs (dont 47.090 francs à la sortie), obligeant son gouvernement à surcharger la population de taxes de consommation sur lesquelles nous reviendrons tout à l'heure.

Prenons les statistiques malgaches relatives au coton. Elles sont édifiantes. Les importations sont de 14 millions de francs, dont 13.700.000 francs pour les cotons français. Les protectionnistes peuvent triompher. Mais que signifie ce résultat ? La protection de 1892, qui était déjà de 35 p. 100, ayant été jugée insuffisante, on a frappé les cotons de droits qui représentent actuellement 45 p. 100 de leur valeur. « L'obligation de se procurer le seul coton français coûte déjà à Madagascar 6 millions par an. Mais ce n'est pas tout, car les Malgaches paient encore, pour pouvoir se vêtir de ces tissus, un droit de consommation de 8 p. 100 équivalant à une dépense supplémentaire de 1.200.000 francs par an [1] ».

Et c'est la même chose pour tous les autres articles : les marmites de fer, les faïences, les farines, la bière. « Les indigènes sont frappés deux fois, d'abord comme

1. Besson. loc. cit. V. aussi G. Froment. *La liberté douanière des colonies* (*Mois colonial et maritime*, 1909).

consommateurs et ensuite comme contribuables. En effet, l'énormité des droits de douane prohibant l'entrée de marchandises étrangères, les recettes fiscales seraient pour ainsi dire nulles si elles devaient compter sur le produit de l'application des droits[1] ».

En somme, si l'on étend à l'ensemble de nos Etablissements les mêmes considérations, on s'aperçoit que, pour des avantages d'exportation qui ne dépassent pas 3 millions de francs, elles supportent, du fait des douanes et au seul profit de la métropole, une surcharge qui dépasse largement 50 millions[2].

Quelle domination est possible et durable avec un pareil régime? Quels sentiments peut-il provoquer dans les masses indigènes? La ruine d'une Possession comme Madagascar serait assurée s'il fallait désespérer d'un retour à la réflexion et au bon sens.

Conséquences pour l'industrie métropolitaine. — Nous allons à présent faire une autre constatation qu'il était facile de prévoir et dont les « éminents économistes » de 1892 ne semblent pas cependant avoir eu la plus légère prescience. La loi qu'ils ont faite devait avoir certaines conséquences tout opposées à leurs intentions.

Elle ne pouvait manquer d'agir comme un instrument de protection et d'incitation pour l'industrie locale, et en fait, partout où cette industrie a pu prendre naissance, des établissements industriels se sont développés, sous l'influence évidente et incon-

1. BESSON. loc. cit.
En retour, on calcule que les exemptions ou réductions de droits sur les produits de l'île (or, girofle, vanille, café), ne s'élèvent pas à 500.000 francs.

2. Dans une étude récente (*Dépêche coloniale*, octobre 1909), M. Le Myre de Vilers établit que le tribut douanier payé à la métropole par la seule Indochine s'élève annuellement à 30 millions.

testable de cette loi, beaucoup plus vite qu'ils n'auraient pu le faire si elle ne les avaient pas aidés. Au Tonkin, notamment, où, à côté d'une main-d'œuvre acceptable malgré ses défectuosités, et d'ailleurs perfectible, on rencontre de la houille à bon marché, on a vu s'élever plusieurs ateliers de constructions navales, de matériel pour les chemins de fer, des fabriques de savon, de brosses, de tabac, de cigarettes, des filatures de soie, de coton, celles-ci montées — détail piquant — par des industriels de Rouen ou des Vosges, c'est-à-dire par ceux-mêmes qui ont le plus poussé à la loi protectionniste de 1892.

On ne peut assurément, au point de vue colonial, que s'en féliciter, ainsi qu'au point de vue des intérêts nationaux considérés dans leur généralité. Mais, comme il se produit, consécutivement à ces manifestations d'activité industrielle, un fléchissement des importations françaises, on peut dire que l'intérêt égoïste, étroit, du producteur de la métropole, se trouve frustré dans ses espérances de gain immédiat.

Et que voit-on encore en attendant que se réalise l'illusion des viticulteurs du Bordelais, ambitieux de forcer les Annamites à renoncer à leur alcool de riz pour absorber du vin français ? On voit les Malgaches retourner à leur *raphia* au lieu d'augmenter leurs achats de tissus de coton devenus trop coûteux, pendant que la population des anciennes colonies manifeste une tendance, déjà assez marquée, à revenir à la consommation du *tafia* au détriment des vins de la métropole. Ne touchant que de faibles salaires, affectés plus que les Européens par les moindres oscillations de prix, les consommateurs de ce genre attachent beaucoup plus d'importance au bon marché des produits qu'à leur qualité, et au lieu de développer leur goût pour les marchandises françaises, on ne fait ainsi que les en détourner.

Conséquences politiques et fiscales. — Mais ce n'est point la seule conséquence imprévue du protectionnisme douanier en matière coloniale. Il en est une autre, dont la gravité politique est d'ailleurs évidente : c'est, par le renchérissement artificiel de la vie de l'indigène, la réduction de son pouvoir d'achat. Notre administration est rendue plus difficile et plus coûteuse ; ses bonnes volontés sont dénaturées. Les progrès de nos entreprises sont entravés, et notre domination compromise.

Le grand chef du protectionnisme, M. Méline, en voulant réfuter les objections de cet ordre, montrait combien il est éloigné de comprendre la nature de nos obligations et nos véritables intérêts et quelle étrange idée il se fait et du but que nous avons à atteindre et des moyens à employer pour nous en rapprocher.

« De quel droit, dit-on, imposez-vous aux malheureux habitants de nos colonies de prendre nos produits, de les payer plus cher que les produits étrangers ? Mais du droit que reconnaissent et qu'acceptent tous les Français de France, qui supportent eux aussi la répercussion des tarifs de douane et qui sont cependant aussi dignes d'intérêt que les indigènes de nos colonies[1]. »

Voilà à quels sophismes l'entêtement à défendre une cause peut entraîner un avocat ! M. Méline oublie que les Annamites ou les Malgaches ne sont pas des citoyens français, mais des sujets. Si l'on peut demander aux « Français de France » d'acquitter de lourdes taxes c'est que leur activité économique et leurs richesses déjà acquises rendent ces taxes moins pesantes à leurs épaules que des charges fiscales comparativement beaucoup moins lourdes peuvent

1. Discours de M. Méline, prononcé le 18 mars 1908, à l'assemblée générale de l'*Association du Commerce et de l'Agriculture.*

l'être aux indigènes; c'est que les Français sentent que ces taxes sont nécessaires pour maintenir toutes les pièces de l'édifice social, dont ils bénéficient; c'est qu'ils consentent le sacrifice qu'ils font à l'Etat. Mais dans les conquêtes lointaines, il s'agit d'un tribut imposé. On peut dire encore que la domination acceptée résulte d'un contrat entre le vainqueur et le vaincu[1]. Mais le vaincu n'accepte le contrat, ou plutôt il ne s'y résigne, qu'à la condition de voir le vainqueur lui faire un sort meilleur, diminuer ses maux, ses misères, les injustices dont il souffre, et augmenter son bien-être. Il serait périlleux que, dans la balance longtemps instable des maux et des biens, le plateau des maux finît par l'emporter sur l'autre aux yeux naturellement prévenus de nos sujets, disposés à exagérer ce qui les gêne et les blesse dans notre action plutôt qu'à reconnaître ce qui les sert.

Nous ne devons pas (encore plus peut-être par intérêt que par devoir) obliger les indigènes à payer plus cher chez eux ce qu'ils savent parfaitement coûter moins cher chez leurs voisins indépendants ou sujets d'une autre puissance européenne. C'est ainsi que notre domination reste ou devient insupportable, et que notre tutelle, menacée et inquiète, est incapable de porter les fruits que l'on pourrait en attendre.

Ce sont des vaincus et des sujets, mais ce ne sont pas des esclaves, comme les noirs de nos anciennes colonies, où la population importée, cheptel d'une aristocratie de planteurs, ne subissait presque aucune aggravation de son sort du fait du pacte colonial, qui n'intéressait que ses maîtres blancs.

Mais, pour revenir à des considérations d'ordre exclusivement économique, le pire est que la loi de 1892, en voulant forcer la voie des débouchés coloniaux, tend à l'obstruer. En surchargeant la popu-

1. V. chap. VI. *La Politique d'association.*

lation dans la période d'essais, avant que l'outillage des nouveaux territoires soit suffisant, cette loi retarde l'enrichissement du sol et entrave l'activité naissante des indigènes. Pour acheter, il faut vendre. Mais ainsi surchargés ils ne produisent pas autant qu'ils le pourraient, et que nous pourrions les y aider par une autre conception de notre rôle économique. Avec la faculté de réduction de vie qu'ils possèdent à un degré extraordinaire, ils sont en train de découvrir une arme contre nous d'une efficacité redoutable : c'est le *boycottage* des marchandises étrangères et la suspension des transactions. On sait avec quel succès ils en ont fait l'essai en Chine et dans l'Inde contre le commerce japonais et anglais. Puissions-nous ne pas l'expérimenter à nos dépens en Indochine, à Madagascar ou ailleurs !

Mais le protectionnisme est sourd et aveugle. Déçu dans quelques-unes de ses espérances, on l'entend réclamer de nouveaux relèvements de tarifs. Sans doute trouve-t-il nos Etablissements trop prospères ! Dans le discours que je citais, M. Méline s'étonne et se plaint que nous abandonnions trop volontiers à l'étranger le marché d'exportation qui est le nôtre : « Notre exportation ne représente plus que 40 p. 100 de l'importation de ces colonies, s'écrie-t-il, le surplus appartient à l'étranger ! Rien ne prouve mieux la modération ou plutôt l'*insuffisance* de nos droits de douane ».

On s'imagine difficilement les tracasseries, les vexations, les jalousies des industriels et des agriculteurs de la métropole à l'égard des coloniaux. Que des compatriotes avisés s'ingénient à profiter des circonstances pour créer une fabrication locale, on parlera immédiatement de leur appliquer des *patentes de compensation*. De compensation à quoi ? L'éloignement, les dangers du climat, les dépenses considérables des voyages de santé, l'infériorité de la main-d'œuvre, le coût élevé du personnel européen, ne sont donc pas une compensation suffisante aux légers avantages dont ils ont pu bénéficier[1] ?

Conditions d'un bon régime douanier colonial. — Tout ceci ne veut point dire que l'on puisse condamner les taxes douanières. Bien au contraire, mais à certaines conditions. Il faut bien que tout gouvernement se procure des ressources par la fiscalité, et si, comme nous l'avons fait observer[2], les taxes indirectes sont, en pays de domination, les meilleures, il est certain que, parmi elles, les droits de douane sont les plus commodes pour le gouvernement et ceux qui présentent aussi aux yeux des populations le moins d'inconvénients. Il n'en est pas, en effet, dont la perception soit plus facile et qui puissent être moins ressenties par des masses ignorantes, imprévoyantes et peu calculatrices. Ce sont les impôts de cette catégorie qui leur causent le moins de troubles, car elles restent étrangères à leurs opérations et à leurs formalités, concentrées en un petit nombre de points, exécutées par des intermédiaires européens.

Mais encore faut-il que ces taxes soient assez modérées pour ne pas augmenter sensiblement le prix des choses indispensables à l'existence, et qu'elles

1. On ne tarirait point si l'on voulait citer des faits à l'appui de cette remarque. Que le bruit se répande, faussement d'ailleurs, que l'on va cultiver la vigne sur le plateau de Tananarive, des députés des départements viticoles vont s'émouvoir et aussitôt réclamer des mesures de prohibition. Au Sénégal, la compagnie du chemin de fer de Dakar, trouvant trop onéreux l'achat des charbons qui lui reviennent à 95 francs la tonne, a l'idée de chauffer ses locomotives avec des tourteaux d'arachides achetés sur place, et ensuite de fabriquer elle-même son combustible. en se servant aussi de l'huile de cette graine, comme sous-produit, pour faire du savon. Les intrigues des savonniers de Marseille l'ont obligée à abandonner cette industrie qui ne pouvait qu'être profitable à la Possession.

2. V. ci-dessus, p. 292.

soient judicieuses, c'est-à-dire conformes aux habitudes et aux besoins des contribuables, qu'elles n'exercent aucune action déprimante sur leurs divers genres d'activité, qu'elles ne rompent pas les affinités économiques du milieu considéré, qu'elles se plient au contraire à la direction naturelle de ses courants commerciaux.

Ces conditions principales — car il en reste beaucoup d'autres — ne peuvent être remplies qu'à l'aide de la connaissance exacte du pays et de son sol, des mœurs, des coutumes et de la mentalité de ses habitants, que par une étude approfondie de toutes les particularités géographiques, économiques, financières, monétaires, administratives, sociales et politiques qui donnent à un pays son « caractère », en le différenciant de tous les autres.

Les droits de douane ne peuvent pas, de leur nature, être imposés par d'autres autorités que celles du pays lui-même. Seules, éclairées par les consultations des intéressés, ces autorités sont bien placées pour préjuger de leurs effets et pour en perfectionner l'application. Et comme il n'y a pas deux colonies pareilles, comme il n'y a même entre des pays aussi dispersés aucune commune mesure, il ne peut y avoir de bon régime douanier colonial qui soit général.

Dès que l'on s'écarte de ces principes, on est sûr à l'avance que l'on fait fausse route et que, loin de servir soit les Colonies, soit la Métropole, on ne peut causer aux unes comme à l'autre que des dommages : tel est, en effet, le résultat de la loi de 1892.

Nous venons de voir qu'elle n'a pas complètement réussi à remplir les espérances commerciales et industrielles de la Métropole, et que ses succès relatifs n'ont été obtenus qu'au détriment de l'activité indigène, en menaçant de tuer l'arbre pour en avoir le fruit. Nous allons maintenant chercher quelles ont été ses répercussions sur les gouvernements et les administrations de nos Dépendances.

L'administration du régime protecteur nuit directement à leur équilibre budgétaire en leur interdisant la taxation purement fiscale des importations, et indirectement à leur développement, comme à la solidité de notre domination, par l'élévation artificielle du coût de l'existence. Les gouvernements locaux sont ainsi enfermés dans un cercle vicieux dont ils aperçoivent clairement les inconvénients et les dangers, mais dont l'action abusive de la Métropole ne leur permet pas de sortir. Placés en face de nécessités financières pressantes, et qui vont en grandissant très vite dans la longue période d'aménagement qui suit la conquête, ils sont obligés de demander à la production locale et au contribuable indigène, déjà trop chargé, les ressources dont les prive la législation douanière métropolitaine, étroitement avare, tyrannique et mal adaptée aux besoins comme aux devoirs de la domination européenne.

De là l'établissement des *droits de sortie*: condamnés par la science économique, mais d'une facile perception : acquittés, en apparence, par les seuls exportateurs européens, — leurs réelles incidences sur les indigènes étant trop éloignées pour s'apercevoir tout de suite — ils sont trop tentants pour que les gouvernements locaux n'y aient pas recours. De là aussi l'artifice des *octrois de mer*, analogues aux octrois municipaux. Perçus au débarquement des marchandises, ils sont répartis ensuite dans les agglomérations au prorata de la population.

On peut, avec M. Paul Leroy-Beaulieu, admettre des droits d'exportation purement fiscaux lorqu'ils sont très modérés et portent seulement sur un certain nombre de produits d'une valeur spécifique élevée et constituant des monopoles naturels. Il y a, par exemple, peu d'objections à faire aux taxes de sortie sur l'or, comme à la Guyane française, encore qu'elles y soient plus élevées (8 p. 100) que dans la plupart des pays étrangers. L'application de ces droits est encore défendable, lorsqu'ils ont pour but, ou du moins pour prétexte, d'atténuer le gaspillage ou la dilapidation de certains produits utiles comme les vaches ou génisses, les chevaux, certains bois précieux. Il est également permis de les instituer comme moyen d'entraver des falsifications faciles, telles que celles du caoutchouc, qui nuiraient à la bonne réputation d'une marchandise et en aviliraient rapidement le prix.

Mais c'est une erreur économique incontestable que d'établir des droits d'exportation à titre spécialement protecteur dans les Possessions où la production est presque toute agricole. Dans ces pays, le pivot économique et financier est l'exportation. C'est aux disponibilités de l'exportation que s'évalue la faculté d'achat des importations. Toute mesure de nature à favoriser, en vue de l'exportation, la production indigène, base essentielle du succès de la domination, est bonne. Toute réglementation qui tend à l'effet inverse est mauvaise à l'égard des indigènes, des Européens immigrés, du Gouvernement et de la Métropole elle-même.

Réformes désirables. — Sans se faire d'ailleurs beaucoup d'illusions sur l'accueil qui serait présentement réservé dans les Chambres à des propositions de réformes radicales, mais persuadé cependant que l'heure est venue de préparer l'avenir, on doit maintenant se demander quelles modifications il serait souhaitable d'apporter au régime douanier de nos Possessions pour servir en même temps leurs intérêts et ceux de la Métropole, qui sont solidaires.

Rappelant le but de notre expansion coloniale, dont le caractère utilitaire n'exclut pas la haute moralité, je répéterai qu'il ne s'agit plus pour nous d'obtenir simplement de nos Dépendances qu'elles absorbent une certaine part de notre production et nous réservent au meilleur marché possible une certaine part de la leur, notamment les « épices », qui ont joué dans notre histoire coloniale un rôle si néfaste. Ce que nous avons surtout à leur demander aujourd'hui, c'est, en s'enrichissant, de devenir les boulevards avancés de notre influence, les soutiens de notre politique impériale. Il les faut riches (c'est une vérité élémentaire), capables de s'outiller, d'emprunter, d'acquitter toutes leurs dépenses propres, capables aussi de consentir à alléger, dans certains cas, et suivant une proportion variable avec leur degré d'avancement et de prospérité, certaines dépenses de souveraineté qui incombent, en droit, à la Métropole. Mais tout leur surplus de richesse ne doit profiter à la Métropole *que d'une manière indirecte* et n'être que le support d'un puissant outillage économique et d'une solide organisation militaire.

Le meilleur témoignage de leur piété filiale à l'égard de la Métropole, c'est de vouloir et de savoir s'enrichir, pour faire de cette richesse l'instrument de leur propre durée et l'un des facteurs de la puissance métropolitaine. Le jour où, après avoir aménagé leurs territoires et provoqué le développement de toutes les activités, tant indigènes qu'européennes, elles offrent le spectacle de budgets non seulement en équilibre, mais en excédent, elles ont rempli tout leur devoir et elles ont droit à la reconnaissance de tous les citoyens et de l'Etat. On n'a rien à leur demander de plus, et l'Etat, s'il veut en tirer des tributs ou d'autres avantages directs, commet une erreur d'une portée considérable, car il entrave ainsi leur prospérité et ne fait que retarder l'accomplissement de leur destinée dans l'Empire. Tout doit être dans leur organisation orienté vers le succès financier permanent, signe certain et gage de tous les autres.

La seule manière qui puisse se concevoir d'obtenir ces résultats, c'est l'autonomie administrative et financière, et, au point de vue qui nous occupe présentement, l'autonomie douanière qui en fait partie. Ce que nous réclamons, avec tous ceux qui ont sérieusement étudié le sujet, ce n'est pas même le libre-échange intégral, impossible à espérer chez nous dans l'état présent du monde, mais une « personnalité » douanière telle qu'aucune taxe ne puisse être projetée, décidée et appliquée par la Métropole dans nos Dominations, sans le consentement libre et sincèrement débattu du Gouvernement local, après consultation de ses Conseils et des compétences qui l'entourent, et notamment les Chambres locales de Commerce et d'Agriculture, et toutes les Associations de production.

C'est au Gouvernement local qu'il appartient de faire valoir et de défendre auprès du Gouvernement central les besoins et les intérêts du territoire subordonné, mais cependant économiquement séparé de la Métropole, comme il l'est géographiquement. Ce Gouvernement doit posséder aussi le droit établi et les moyens de participer à la préparation et à la discussion de toute convention commerciale intéressant les échanges de son territoire avec les pays voisins ou compris dans la sphère de son activité économique.

Les tarifs douaniers coloniaux ne doivent avoir qu'un but fiscal. Ainsi que le dit excellemment aussi Sir John Strachey, inspiré par une longue expérience de la domination coloniale, « toutes les matières nécessaires à la production et à l'industrie doivent être exemptées de taxes. Celles-ci ne doivent être perçues que sur les articles qui peuvent donner un revenu suffisant pour justifier les embarras que causent au commerce et à l'administration les formalités de perception. Quant aux droits de sortie, on ne doit taxer que les matières qui constituent un monopole de production ».

Si des colonies mixtes et rapprochées de la métropole, comme l'Algérie, peuvent s'accommoder d'un régime de protection qui, du reste, s'atténuera par la force des choses, avec le développement du principe de l'autonomie financière, les Dominations lointaines ne le peuvent pas. Elles doivent être laissées libres d'organiser, d'orienter leurs activités dans le sens de leurs affinités naturelles, de remplir ainsi leur « mission » économique, industrielle et commerciale. Suivant la manière de voir de M. Paul Doumer, elles doivent nous donner non seulement des points d'appui pour la flotte, mais des « points d'appui commerciaux », des « relais industriels » pour les marchés que la France est embarrassée d'atteindre directement et d'un seul coup.

Le Ministre des Finances croit de son devoir de défendre *unguibus et rostro* les recettes que la demi-taxe sur les produits coloniaux fait entrer dans ses caisses, et qui, pour un budget tel que le nôtre, ne peuvent être mises en comparaison avec les pertes directes ou indirectes subies de ce fait par nos précaires finances coloniales. Il est permis de dire que le Ministre se trompe, qu'il raisonne en chef de service, mais non comme doit le faire un chef de gouvernement, dont le regard doit être plus ample et mesurer et les conséquences immédiates et les incidences lointaines des actes de ses agents et de l'interprétation des lois.

Les protectionnistes font observer que parmi les charges en question beaucoup n'ont pas un caractère protecteur, qu'elles ne sont que des taxes de consommation. Mais importe-t-il beaucoup à la victime de savoir à quelle sauce elle sera mangée?

Et quant à nos concitoyens établis dans nos Possessions, lésés dans leurs intérêts, ils sont en outre profondément blessés dans leurs sentiments et leur conception de la justice. Traités en Français quand ils achètent, ils supportent avec amertume d'être considérés en demi-Français ou en étrangers quand ils vendent. Nous savons — tout le monde le sait et il serait puéril de le nier — que le régime douanier de 1892 a jeté dans leur cœur des colères et les germes de désaffection dont il est impossible de mépriser la signification, surtout en ceux de nos Etablissements qui se trouvent au voisinage de grands Etats impérialistes.

Nous savons qu'il est toujours dangereux — et bien peu sage quand il est si facile de faire autrement — de placer trop longtemps les individus, et plus encore les groupes et les foules, entre leurs devoirs et leurs intérêts. Nous n'ignorons pas que les mêmes causes produisent les mêmes effets, qu'il arrive que l'histoire se répète — et celle des Antilles en particulier n'est pas faite pour nous rendre téméraires.

Conclusions. — Pour conclure, il nous semble que nous ne saurions mieux faire que de reproduire textuellement, en les faisant nôtres, les déclarations du *Congrès colonial de Marseille*. Cette synthèse des opinions du Commerce marseillais est peut-être le travail le mieux documenté et le plus convaincant qui ait été publié sur cette importante question :

« Le meilleur régime à adopter serait celui qui :

« 1° Renoncerait à toute unification et centralisation systématique que l'expérience de l'application de la loi du 11 janvier 1892 a démontrées irréalisables ;

« 2° Abandonnerait définitivement le principe faux de la subordination économique des colonies à la métropole en reconnaissant que le véritable intérêt de la métropole réside dans le développement économique des colonies;

« 3° Décréterait l'autonomie de chaque colonie ou groupe de colonies au point de vue économique et réglerait leur régime douanier au mieux de leurs intérêts en tenant compte des formes et conditions essentielles ci-après énumérées :

« A. Revendications pour la colonie des mesures et taxes qu'elle juge les plus favorables au développement de sa richesse,

« B. Octroi de ces mesures par la métropole, sous réserve de ses intérêts économiques généraux, par un décret rendu dans la forme des règlements d'administration publique,

« C. Fixation d'une durée convenable pour le régime ainsi établi, de façon à permettre aux mesures prises de donner plein effet et aux intéressés d'en tirer le meilleur parti ;

« 4° Permettrait aux petites colonies, par le groupement en gouvernements généraux, de se soustraire aux influences purement locales dans la revendication des mesures et taxes les plus favorables au développement de leurs richesses. »

CHAPITRE XIV

La Représentation parlementaire coloniale.

Variations de cette institution. — Sa défaveur actuelle. — Les sophismes et les ignorances de sa genèse et de sa prolongation. — Comparaisons avec les régimes anglais, hollandais, américain.
Discussion. — Arguments adverses.
1° D'intéret national; arguments secondaires de fait ou de pratique. — Argument fondamental et de principe : les *Dépendances* n'ont pas le droit et ne doivent pas avoir le moyen d'influencer la vie nationale et la politique générale de la métropole.
2° Arguments d'intérêt colonial. — Incompatibilité du suffrage politique et de l'état social des Dépendances. — Distinction entre les colonies et les Dominations. — Résultats sociaux, économiques, politiques, administratifs du vote politique dans les Dominations.
Remèdes et organes de substitution. — L'autonomie administrative. — Les assemblées locales européennes, indigènes, mixtes. — Les conseils dans la métropole.
Conclusion.

Variations de cette institution. — Sa défaveur actuelle. — La question de la représentation des Dépendances coloniales au Parlement soulève des passions facilement excitables et touche à bien des intérêts. A l'aborder avec franchise on risque de s'attirer des accusations variées. Cette perspective peut faire reculer les hommes activement mêlés à la lutte des partis et elle explique certaines timidités. Elle laisse indifférents ceux-là qui, dégagés de toute ambition personnelle, ne prenant pour guide que l'observation positive, ne recherchent que le bien général.

Il est un fait cependant remarquable : c'est le mouvement de réserve et de défiance de plus en plus accentué, dans les milieux politiques eux-mêmes, contre cette institution. Si le Parlement hésite encore, pour des motifs qui ne sont pas tous d'intérêt public, à se prononcer contre la députation coloniale, il est visible que toute proposition tendant à son extension n'aurait aujourd'hui aucune chance d'être prise en considération. Il n'est pas moins certain qu'une assemblée ayant à présent à se prononcer sur son établissement et à réglementer son application adopterait des résolutions fort différentes de celles qui furent prises en 1871 et en 1875.

On ne saurait encore prédire ce qu'elle ferait à l'égard de l'Algérie ; pourtant, à en croire certains indices, il se trouve dans l'Etat des hommes qui pensent, comme nous-même, que c'est par l'Algérie qu'il importerait d'inaugurer les réformes électorales, encore que l'organisation d'un budget algérien presque autonome et celle des *Délégations financières* aient sensiblement réduit la puissance nuisible du régime singulier qui va nous occuper. Quelle que soit la valeur individuelle de ses élus, c'est en ce pays peut-être que la représentation politique a causé les plus grands maux.

Mais les Chambres n'hésiteraient plus, on peut l'affirmer, à refuser la représentation à tous les établissements de conquête : Afrique Occidentale, Inde, Cochinchine, non moins qu'aux anciennes colonies : Antilles, Guyane et Réunion.

Sans rechercher ici toutes les causes de ce revirement manifeste, qualifié par les uns de progrès, par les autres de réaction, on peut dire qu'il est le résultat du développement même de notre Empire et de la forme prise par notre expansion contemporaine.

L'expérience de la domination, que pour la première fois nous avons été conduits à faire sur une échelle étendue, nous a procuré une leçon de choses plus utile que toutes les théories.

D'autre part, pendant qu'au Parlement on reconnaissait progressivement les avantages de la décentralisation coloniale, on s'apercevait que les députés des colonies nés de l'esprit d'assimilation, en étaient les sentinelles les plus efficaces. Au moment aussi où tant de doutes s'élèvent sur l'excellence du suffrage universel brut ou inorganisé et où l'on s'ingénie à la recherche des moyens les plus propres à en pallier les périls, on était plus facilement porté à se demander si vraiment cet instrument de consultation était adaptable aux conditions sociales des colonies.

On trouvait aussi que la députation coloniale, avec ses vingt-trois membres, accaparait, dans le vote de lois purement nationales et sans nul rapport avec les besoins de ses ressortissants, une place disproportionnée au nombre et à la qualité de ses électeurs. On se souvenait de ce député de la Cochinchine faisant tomber un cabinet sur la question de la mairie centrale de Paris. On la jalousait encore de peser d'un poids trop lourd sur le Ministère des Colonies, qui dispose de tant de places.

L'éducation du Parlement n'étant pas encore assez généralement avancée pour discerner au travers de ces petits griefs les causes profondes de cette défaveur grandissante, c'est jusqu'ici, en effet, par les moindres côtés de la question que la représentation coloniale y est attaquée, à l'occasion d'ordinaire d'incidents électoraux qui dépassent par trop la limite du scandale ou du ridicule. Il est permis de penser que cette façon d'envisager les choses ne tardera pas à changer, et que le moment n'est plus éloigné où l'on donnera à la discussion l'ampleur et la hauteur de vues qui lui conviennent, en ne considérant que l'utilité commune et réciproque de la Métropole et de ses Possessions.

En tout cas, il n'est déjà plus possible de classer un homme politique parmi les « réactionnaires » du fait qu'il ose s'attaquer au principe de la représentation coloniale, qui rencontre dans tous les partis de gouvernement des adversaires marquants. C'est une constatation d'une sérieuse importance.

Il est vrai qu'en France, depuis la Révolution, les gouvernements qui s'inspirent des principes démocratiques ont établi, rétabli ou étendu la représentation coloniale, alors que ceux qui s'appuient davantage sur le principe d'autorité l'ont supprimée, non sans la remplacer toutefois, à des degrés divers, par des organes compensateurs. Mais l'expansion coloniale, par les procédés qu'elle est contrainte d'employer et par les races sur qui elle s'exerce, quel que soit le régime de la métropole, a ses exigences particulières, et c'est un de ces cas où la logique est un ferment capable d'exercer les plus grands ravages. Les peuples vraiment politiques et d'intelligence pratique savent se soustraire à ses atteintes et trouver entre les faits et les principes des conciliations suffisantes.

Personne ne saurait mettre en doute le libéralisme de la Grande-Bretagne, son attachement passionné à la liberté. Jamais, ni nulle part, elle n'a songé à offrir des sièges de députés, chez elle, à ses Dépendances. Il en est de même des Pays-Bas[1].

1. Les défenseurs de la représentation coloniale ont affirmé qu'il s'opérait en Angleterre et dans ses colonies un mouvement en faveur de la pratique *latine*. On a rappelé à ce propos le mot du « Premier » canadien, sir Wilfrid Laurier : « If you want our aid, call us to your Councils. » Outre qu'il s'agit de Colonies et non point de Dominations, il est à remarquer que c'est là une interprétation abusive de certains projets de *Fédération impériale*, qui n'ont pas de connexité avec la participation des *Dépendances* aux délibérations du Parlement national. La Fédération impériale aurait les caractères d'une véritable alliance, et sa Chambre devrait plutôt être appelée un Congrès.

Sans doute, le problème est d'une solution plus difficile aux nations démocratiques. Mais on ne voit pas que les États-Unis, bien neufs cependant dans la pratique de la domination, et si excessivement libéraux qu'ils soient résolus à se montrer aux Philippines, aient manifesté la moindre velléité d'admettre des Tagals au Parlement fédéral, *dont ils refusent l'accès*, il convient de le rappeler, *à leurs « territoires » américains*.

Complètement étranger à des préoccupations naturelles aux hommes de parti et aux intérêts dont il serait injuste et puéril de leur demander le sacrifice, nous pouvons poursuivre cet examen en essayant, chemin faisant, d'élargir et d'exhausser nos vues plus que ne peuvent et n'osent le faire les Chambres, sans avoir la prétention d'épuiser en un court chapitre une question à ramifications aussi vastes.

Tel qu'il se présente, le problème comporte deux aspects, différents bien qu'étroitement joints : le point de vue national et doctrinal, le point de vue colonial et pratique que nous envisagerons tour à tour.

Le point de vue national. — Le syllogisme révolutionnaire. — La faculté de représentation des colonies au Parlement de la métropole n'a jamais eu pour base que des raisonnements syllogistiques fondés sur l'ignorance et le mépris des faits.

« La République est une et indivisible, et les colonies en font partie intégrante. Toutes les portions du territoire doivent être organisées en départements, et de la même manière ».

« Les colonies, étant des départements, doivent envoyer des députés à l'Assemblée ».

Ou bien : « Tous les Français sont égaux. Les habitants des colonies sont tous des Français ; tous les Français ont le droit d'envoyer des députés à l'Assemblée. Donc, les colonies ne peuvent pas ne pas avoir ce droit ».

Ou bien encore : « La République n'a pas de sujets, mais seulement des citoyens. C'est un droit imprescriptible pour les citoyens d'être représentés au Parlement. Donc..... »

Ou enfin : « La loi peut tout. Elle fait semblables tous ceux qui sont régis par elle. Donc..... ».

La conclusion aboutit invariablement à l'assimilation politique comme à l'assimilation administrative.

Mais enfin l'élite agissante, subissant l'assaut de nos expériences, commence à comprendre que la nature et l'histoire ne font que des hommes inégaux, profondément dissemblables, que toutes les lois du monde et les intentions les plus belles sont impuissantes à changer. Nous avons fini par découvrir que si l'intelligence moyenne des peuples est apte à recevoir et à retenir plus ou moins certaines connaissances positives et à en tirer plus ou moins bien parti, leur appareil sentimental nous reste inaccessible et que le mieux que nous puissions faire est de le respecter. Mais laissons-là nos illusions sur les « droits naturels » de l'homme. On sait qu'ils se réduisent à peu de chose, et qu'en tout cas ils ne comprennent point la représentation politique qui est une *fonction* ou un devoir du citoyen régnicole, non pas un droit de l'homme, et une faculté que nous refusons nous-mêmes aux femmes, aux soldats et à leurs officiers.

L'annexion, pas plus que le protectorat, ne possède la vertu de transformer en nos « compatriotes » les indigènes de nos Dépendances, inadaptés forcément à nos lois. L'annexion d'un pays lointain ne suffit pas à le *franciser*. La plupart des Français ne sont pas encore, pourtant, convaincus de cette vérité. Ils veulent que les possessions conquises fassent partie de la Patrie, quand, en fait, elles ne font partie que de l'Empire. Si cette proposition de bon sens était admise, la question qui nous occupe n'existerait plus. Nous n'aurions plus l'ingénuité de prêter à nos sujets de toute race et de civilisation arriérée des sentiments patriotiques dont ils sont incapables — et qu'ils ne nous doivent pas.

Au lieu de s'indigner contre ceux qui se permettent de mettre en doute l'amour de ces populations pour la métropole et la profondeur de leurs convictions républicaines, on se contenterait de chercher leur ralliement et leur adhésion au nouvel état de choses dans l'organisation d'un gouvernement plus juste, plus honnête et plus sûr que le leur tout en restant approprié à leur situation sociale et conforme à leur évolution historique.

Rien n'est plus loin de nos intentions que de blesser des sentiments très respectables. Il ne nous paraît pas contestable qu'il se rencontre, parmi les races les plus éloignées, des individualités exceptionnelles, susceptibles de lier leur sort à la nation métropolitaine, de s'encadrer dans ses rangs et d'une fidélité assurée. A ceux-là, rien n'empêche d'accorder les satisfactions qu'ils recherchent et dont l'État peut profiter.

La naturalisation. — C'est le rôle de la naturalisation, à la condition qu'elle soit strictement individuelle et qu'on n'en use qu'avec une rigoureuse parcimonie. Elle ne doit jamais être l'effet mécanique de conditions administrativement déterminées. La naturalisation en bloc, attribuée en guise de récompense à toute une catégorie de sujets, n'est qu'une de ces imitations, généreuses d'intention, mais ridicules ou dangereuses de fait, des choses antiques, dont nous avons abusé avec tant de naïve ignorance. C'est un souvenir classique du *jus civitatis* romain, qui, lui, s'appliquait en des circonstances tout autres à des hommes de race apparentée, capables d'apprécier la valeur de ce titre et ambitieux de le conquérir.

L'adoption de certaines habitudes européennes, la connaissance de la langue et de l'écriture du vainqueur ne sont pas même des indices suffisants pour justifier une telle faveur. Un Annamite, un Noir, un Arabe, fût-il digne d'entrer à l'Institut, ne possède pas pour cela une âme française, ou simplement européenne. Il se peut au contraire — on sait qu'il s'en présente de nombreux exemples — que cette culture n'ait fait de lui qu'un ennemi mieux armé contre nous.

Sans faire fi des sentiments de l'élite des noirs et des mulâtres de nos vieilles colonies, sans nous montrer ingrats pour ceux qui ont donné en certaines circonstances historiques de beaux exemples de fidélité à notre cause, nous dirons que la sagesse nous oblige à ne pas oublier non plus les leçons de Saint-Domingue. Nous rappellerons, sans remonter aussi loin dans le passé esclavagiste, les événements singulièrement symptomatiques de septembre 1870 à la Martinique et les faits, très nombreux et tout à fait contemporains, qui trahissent les véritables sentiments de la masse des noirs antillais à l'égard des Européens en général et des Français en particulier. Nous demanderons aux partisans les plus convaincus de l'égalité des races et aux avocats les plus sincères du loyalisme de ces populations, s'ils auraient en ces vertus une aussi belle confiance si, au lieu de quelques milliers de noirs, scindés en de petites îles, nous avions seulement affaire à des groupes de deux ou trois millions de ces électeurs! Pourvu qu'ils soient sincères, leur réponse ne sera pas douteuse.

Ces considérations de principe auraient évidemment besoin d'être plus développées. Contraint de les abréger, nous devons revenir à ces arguments, secondaires à nos yeux, qu'invoquent d'ordinaire les adversaires de la représentation coloniale. Ils font valoir, comme on sait, les abus, les scandales, voire les crimes qui accompagnent le vote; ou encore le chiffre restreint des électeurs, la composition du corps électoral où l'élément officiel et les personnes qui vivent de l'administration occupent une place prépondérante; l'ignorance, la passivité, la vénalité des votants, l'incohérence, « logiquement » inexplicable, de la répartition des sièges suivant les colonies, etc., etc.

Tout cela est assez connu et ne mérite pas grands détails. Les défenseurs du régime opposent à ces accusations des réponses toutes prêtes, d'une pauvreté d'ailleurs évidente : les colonies, disent-ils, n'ont pas le monopole de ces imperfections. Il y a partout des fraudes et des actes de violence en période électorale, partout des électeurs ignorants, et certains arrondissements de France ne comptent guère plus d'électeurs que la Cochinchine. Ce qu'ils ne disent pas, c'est que l'ignorance de nos électeurs, encore qu'excessive, n'approche pas de celle des électeurs coloniaux, qui d'ailleurs n'est point du même genre; que l'illettré français, ayant derrière lui son hérédité, autour de lui son milieu, n'est pas du tout l'illettré colonial. Il n'y a non plus aucune analogie entre les pressions que l'autorité peut exercer sur la résistance des électeurs français et sur l'inertie toute naturelle à des Hindous ou à des noirs sénégalais, voire antillais, hors d'état de se faire de nos besoins ni de nos opinions politiques l'idée la plus vague.

Le caractère particulièrement violent des luttes électorales aux colonies, et surtout aux Antilles, a des causes trop profondes et trop anciennes pour qu'il soit possible d'y remédier promptement. Sans doute, outre l'excitabilité des tempéraments, il s'explique par l'abondance d'une manne administrative disputée par trop de consommateurs. Mais la vraie raison de ces violences et de ces crimes, c'est que le vote politique ni le suffrage universel ne sont faits pour l'exportation, qu'ils demandent un minimum de sens politique et de compréhension de leur but, et que ce ne sont point tant les défauts de leur application qu'il faut incriminer que leur principe même.

Quant à l'incohérence de la législation, qui donne un député et un sénateur à nos petits établissements de l'Inde et au Sénégal, un député seulement à la Cochinchine, qui refuse député et sénateur à la Nouvelle-Calédonie, etc... elle n'est pas malheureusement le résultat de cet empirisme voulu que nous envions aux Anglais. Elle est cependant l'indice de nos doutes grandissants sur la légitimité et la bienfaisance du transport aux colonies d'institutions qui n'y ont pas leur place et montrent la répugnance du gouvernement à les accorder à celles qui ont la chance d'en être privées.

Plus sérieuses et touchant de plus près au fond du problème sont les objections qui portent sur l'inégalité des charges militaires et fiscales et sur le droit des électeurs coloniaux à participer au vote des budgets français, qui ne les concernent pas, à l'élaboration et au vote de nos lois militaires, qui ne leur sont ni appliquées ni applicables.

Les députés coloniaux et le camp des « assimilateurs » font valoir qu'ils ne représentent pas seulement leur arrondissement, mais la France entière, comme tous leurs collègues, qu'ils ne demandent pas mieux que de voir fonctionner dans leurs « départements », toutes les lois françaises, et qu'il est inexact d'affirmer que les colonies ne versent pas au budget des sommes importantes.

Mais on sait bien que l'application de toutes les lois aux Colonies et Dominations est un principe désormais condamné sans recours et que celle des lois militaires en particulier y est pratiquement impossible. En la réclamant, on le devine, ces députés s'en rendent parfaitement compte. Ce qu'ils cherchent surtout c'est un moyen de désarmer l'argumentation de leurs adversaires et de prolonger leur existence menacée. Ce que veulent en fin de compte leurs électeurs et ce qu'ils poursuivent eux-mêmes, c'est *l'assimilation quant aux profits mais l'autonomie quant aux charges.*

Au point de vue fiscal, il est malheureusement vrai que les Dépendances coloniales sont condamnées à payer indûment des tributs douaniers à la métropole. Cela est à l'opposé d'une politique coloniale vraiment saine, mais cela n'a rien à voir avec l'électorat politique.

L'obstacle politique et de principe. — On a dit aussi — et ce rappel d'un événement historique est resté l'un des arguments favoris des avocats de la députation coloniale, un cliché de leurs plaidoyers — que la République, ayant été fondée à une voix de majorité, ne devait son salut qu'à cette représentation. Comment n'aperçoit-on pas la faiblesse et les dangers d'une pareille thèse ! Elle fait toucher du doigt le plus grand vice du système : c'est que le contraire aurait parfaitement pu se produire et pourrait se produire dans l'avenir. Le républicanisme de certaines de nos colonies n'est pas, en effet, à toute épreuve. Il est en tout cas intolérable, contraire au simple bon sens et à la plus élémentaire prudence, que les colonies, directement ou indirectement, disposent de la faculté de renverser un ministère et à plus forte raison de modifier jusqu'à la forme du gouvernement qu'il a convenu à la nation de se donner. Ce que nous ne pouvons pas admettre, ce qu'il est défendu à notre pays de supporter, c'est que les Colonies — quelles qu'elles soient, Colonies vraies ou Dominations — aient d'une manière quelconque, à quelque degré que ce soit, barres sur la politique générale de la Métropole et sur la gestion de ses finances. Ce qui est inadmissible aussi bien sur le terrain des principes que dans l'application, c'est que ces « Dépendances » disposent de moyens quelconques d'entreprendre sur la souveraineté de l'Etat.

Outre que la députation politique s'oppose à toute réforme sûre et durable dans notre organisme colonial, que son maintien est la clef de voûte de l'assimilation et l'armature de nos pratiques erronées, c'est sur cette considération d'ordre national que nous tenons surtout à nous appuyer pour demander son élimination. Faisant assez bon marché des reproches que l'on adresse d'ordinaire à l'électorat colonial, c'est à notre sens, sur cette raison capitale, vitale, que doit se fonder l'argumentation des adversaires de cette institution, incompatible avec la dépendance politique nécessaire des Colonies et Dominations, avec l'indépendance politique nécessaire de la métropole.

N'oublions jamais la grande leçon que nous donne l'Angleterre. Répétons-nous que c'est par la séparation politique de la métropole et de ses colonies, par la « non-interférence » de leurs rapports que les hommes d'État de ce grand peuple et de ce grand Empire expliquent le succès de la gigantesque expansion de leur pays.

La plus grande ambition que nous ayons conçue en écrivant ces réflexions serait remplie s'il nous était donné de constater, sur ce point en particulier, qu'elles ne resteront pas entièrement stériles.

Le point de vue colonial. — Considérons maintenant le point de vue exclusivement colonial. Rien de plus aisé que de se rendre compte de l'incompatibilité du suffrage universel et du vote politique dans les conditions de nos possessions coloniales. Le suffrage universel ne peut raisonnablement fonctionner qu'en des sociétés assez homogènes pour former une « communauté » politique. Il repose sur l'idée d'égalité, dont la liberté politique n'est qu'un corollaire. Quelles qu'aient été les illusions de ses fondateurs et leurs espérances, il nous est malheureusement donné d'expérimenter aux dépens de notre force civique et militaire que tout n'est pas excellent dans le suffrage universel lorsque cette communauté tend à se rompre en catégories distinctes, avec leurs idées discordantes et leurs besoins divergents, et qu'à la « guerre des idées » se substitue la guerre des classes.

Or dans nos Colonies — qui sont toutes à des degrés divers des Dominations — ce ne sont plus seulement des classes qui s'opposent, mais des races. Les lois ne s'y appliquent pas à un « corps social », suivant l'expression favorite, et d'ailleurs parfaitement approprié aux conditions que visèrent, après Montesquieu, les auteurs de la *Déclaration des Droits*. Il ne s'y rencontre pas *un* corps social synergique, mais *plusieurs*, et il y a contradiction précise, dans les termes comme dans l'idée, entre l'Égalité et la Liberté d'un côté, la Domination de l'autre. Certes les arguments ne manquent pas pour soutenir que, l'organisation démocratique et représentative, chez nous et pour nous, est la moins mauvaise de toutes. Appliquée aux milieux et aux conditions de la Domination, elle n'est qu'un non-sens : elle est la ruine de l'œuvre poursuivie et même la négation de son principe.

Le conquérant, par nature et par fonction, qu'il le veuille ou non, est un aristocrate. Son gouvernement, par devoir et par nécessité, est un gouvernement despotique, et de quelques correctifs qu'on l'étaie, il ne peut pas être différent. Les institutions démocratiques, fondées sur l'égalité et la liberté, ne sont pas transportables aux Dominations et le suffrage universel, en vérité, y est un monstre.

Dans les Dominations pures, la suggestion des préjugés, si formidable que soit sa puissance, et la soumission logique à des prémisses erronées ont dû reculer devant l'évidente folie qu'eût été l'attribution du suffrage, politique ou non, à l'universalité des sujets. Il a bien fallu en venir — et la singularité de l'accouplement des mots montre l'absurdité du système — à une sorte de *suffrage universel restreint*, en confessant ainsi le caractère aristocratique indélébile de la situation du conquérant. Le suffrage est devenu un privilège.

Mais c'est précisément les privilèges de ce genre que les conquérants doivent éviter d'établir. Réservé à l'aristocratie blanche à l'exclusion de la plèbe indigène, ce n'est qu'un instrument d'oppression et de tyrannie, un fauteur de haines. En dépit des meilleures intentions, l'histoire de nos essais démontre que toute assemblée élue dans ces conditions — et la députation *à fortiori* — ne fait qu'organiser la spoliation de la majorité indigène par la minorité européenne. La masse indigène est écrasée; le corps social européen en suce la substance. Le suffrage privilégié aboutit à creuser plus profondément le fossé qui sépare les deux races, en démoralisant l'une et l'autre. Il va directement à l'encontre du but que se propose le conquérant : prospérité de l'État colonial par le rapprochement des deux éléments en présence, par la confusion de leurs intérêts, par leur collaboration harmonique.

Dans nos vieilles colonies de plantations, par où le sort a voulu que nous inaugurions cette grande erreur en la poussant à son extrémité logique, c'est le contraire qui se produit. Donner le suffrage à tous et compter les votes par tête, c'est renverser les rôles au mépris des aptitudes naturelles de chacune des catégories. C'est la majorité inférieure qui opprime la minorité supérieure et qui tend à vivre aux dépens de son intelligence, de son activité et de sa richesse.

La majorité numérique ne voit plus dans le suffrage qu'une revanche contre ceux qui devraient, pour son bien même et pour le bien du pays, rester ses maîtres et ses éducateurs, et qu'un moyen de les éliminer de toutes les fonctions qu'ils devraient remplir. Le résultat, c'est le désordre et l'indiscipline, le gaspillage, le découragement de l'élite, la désertion forcée des îles par la minorité fécondante et créatrice.

Le suffrage universel ou presque universel n'est concevable et praticable que dans les colonies vraies, à self-government, à gouvernement responsable au sens britannique, c'est-à-dire émanant de la communauté elle-même. Pour les Dominations, ou dans les Établissements de même nature par coexistence de plusieurs races physiquement et moralement distantes, il n'a d'autre raison d'être que la représentation parlementaire. Son existence, purement artificielle, ne s'explique qu'à cause d'elle et pour elle ; elle ne répond pas à des besoins concordant au bien général. La représentation parlementaire, en réalité et à l'heure où nous sommes lui sert non d'excuse, mais de prétexte. Elle n'a aucune utilité, ou celle qu'elle peut avoir ne correspond pas à son objet. Elle n'est qu'une source de maux matériels et de dégradation sociale. Elle se dresse comme un obstacle continu contre le progrès national et colonial.

La représentation coloniale énerve le Gouvernement local, qui a besoin, pour remplir sa fonction, d'être fortement armé. Elle oblige ses agents, du haut en bas de l'échelle, à tourner du côté de la métropole des regards qu'ils devraient seulement fixer sur le pays qu'ils ont à gouverner et à administrer. Elle les force à attendre leur récompense plus de l'intrigue et de la faveur que du mérite de leurs services. Elle obscurcit, dans toute la hiérarchie officielle le sentiment du devoir. Elle tend à la destruction d'une discipline plus nécessaire dans les Dominations que partout ailleurs.

En faisant retomber sur le Ministre des Colonies des responsabilités qui ne devraient pas lui appartenir, en le contraignant au maintien de pratiques assimilatrices dont la « nuisance » est cependant démontrée, en imposant, par lui le plus souvent, aux gouvernements locaux des créatures à placer, la représentation coloniale est la cause première d'un gaspillage budgétaire et d'une déperdition de forces qui vont s'accroissant de jour en jour. C'est elle surtout qui est responsable de cette prolifération indéfinie des fonctionnaires coloniaux et de fonctions inutiles, devenue un scandale français. Elle « case » ainsi ses clients et obtient un plus grand nombre d'électeurs à sa dévotion, mais elle augmente les charges du contribuable indigène de la façon la plus inique, la plus cyniquement égoïste. Aux dépenses des soldes viennent en effet s'ajouter des dépenses somptuaires, des indemnités de toute sorte, des pensions, des bourses et des retraites plus ou moins justifiées, des frais de voyage plus ou moins superflus, des missions qui ne répondent à rien, des suppléments de débours produits par une course de plus en plus accentuée au raccourcissement du séjour colonial. La durée de celui-ci est dès à présent plus réduite dans l'administration française que dans celle de toutes les autres puissances coloniales, et c'est malheureusement un abus dont la contagion gagne la population civile indépendante elle-même, au détriment de ses affaires, et qui fait croire à un affaiblissement de l'énergie française.

Les colons, les négociants et les industriels s'habituent de leur côté, comme les fonctionnaires, à chercher leurs appuis dans la métropole, dans les couloirs du Parlement et dans les antichambres ministérielles. Ils considèrent les affaires et les profits comme une sorte de rémunération de leurs services électoraux et de leur attitude politique : subventions, primes, « encouragements », concessions de terre et de main-d'œuvre, — et toujours c'est l'indigène qui paie.

On pourrait dire que c'est là le procès banal de l'électoralisme et de notre administration tout entière et que les colonies ne sont pas seules à souffrir de ces maux. Mais les vices du système s'accusent et pénètrent bien plus profondément aux Dominations. Il n'y a en France que des citoyens et non point des citoyens et des sujets, des hommes d'une même race et d'une même civilisation, et non point des blancs d'une part, des noirs ou des jaunes de l'autre, sans classe intermédiaire. Si l'électorat politique affaiblit et détraque les Gouvernements coloniaux, qui reposent sur l'autorité, il ne leur communique aucune des vertus du gouvernement de liberté et d'égalité, pour qui le régime représentatif est conçu.

Malgré tout et quoi qu'on fasse, les gouvernements coloniaux restent plus puissants et disposent de moyens d'action plus actifs et plus nombreux que dans les sociétés normales. Mais ils deviennent plus corrupteurs à mesure que leur ressort majeur, l'autorité, se fausse davantage.

En ces pays lointains, dépourvus d'une opinion publique étendue et éclairée, d'une presse indépendante et sachant manier une critique désintéressée et sincère, il n'y a plus de remède aux abus, qui retombent tous sur la classe assujettie. Ceux qui sont lésés, incapables de se défendre eux-mêmes, sont incapables aussi de trouver un défenseur. L'opprimé ne peut que rester muet, en ruminant sa misère, à l'affût d'une occasion de manifester sa rage. Sauf de très rares exceptions personnelles, l'unique député de la minorité, au lieu d'être, comme ailleurs il peut en avoir l'intention ou l'illusion, ou redresseur de torts, n'est ici que le conservateur des abus et le syndic des oppresseurs.

Les remèdes. Les Assemblées coloniales. — Les vues qui précèdent ne sont pas dictées, on voudra bien le croire, par un esprit d'illibéralisme systématique, mais par la considération des faits, par la soumission réfléchie aux conditions qui « agissent » la Domination et qui s'imposent à l'expansion d'un Etat comme le nôtre. Elles ne s'inspirent que des besoins respectifs de la métropole et de ses *dépendances*. Mais il ne suffit pas de critiquer et de vouloir détruire. Il faut proposer les remèdes et les reconstructions.

Si nous réclamons la suppression de la représentation coloniale, c'est, encore une fois, parce que cette institution, pervertie par sa transportation dans un milieu qui ne lui convient pas, n'y peut produire que des fruits empoisonnés et parce que, en favorisant nos habitudes vicieuses d'assimilation, en faisant retentir sur notre vie nationale tous les incidents et les accidents de la vie de nos Possessions, en permettant à celles-ci d'intervenir dans nos affaires, qui ne sont pas les leurs, elle nous maintient, dangereusement, dans l'incapacité de résoudre le problème qui se pose à nos entreprises extérieures.

Mais cela ne veut point dire que les intentions de ses promoteurs soient en tout condamnables, que tout soit mauvais dans l'idée même de la représentation coloniale. Ceux qui l'ont imaginée étaient animés d'intentions généreuses, quoique reposant sur des conceptions entièrement fausses; leurs idées puisaient foncièrement leur source dans un sentiment de justice. Ce qu'ils voulaient, à part leurs illusions sur les possibilités de la nature humaine, c'était assurer aux citoyens des Colonies — et plus tard aux indigènes eux-mêmes des Dominations conquises par les armes — des garanties matérielles et morales et les défendre contre les abus d'un pouvoir local nécessairement fort. C'était aussi, sans doute, placer dans les Assemblées politiques de la métropole, à côté de ministres d'Etat et de députés ignorants des choses coloniales, des hommes compétents, capables de leur servir de conseillers et de guides.

Ces intentions, il faut les maintenir et les développer, en les dégageant des utopies et en préservant leur mise en pratique des vices qu'entraîne l'application aux Dépendances du système représentatif, aussi nuisible à la métropole et à l'Empire qu'aux Dépendances elles-mêmes.

Nous avons précédemment exposé comment on peut arriver à des solutions satisfaisantes par l'autonomie mesurée des Possessions ou groupes de Possessions, en prenant d'une part les précautions nécessaires pour interdire aux gouvernements locaux un usage arbitraire de leur force, de l'autre en introduisant dans le Ministère des Colonies, dans son fonctionnement et dans son esprit, comme dans le rôle et les attributions de son chef, des réformes indispensables au succès de notre impérialisme. Nous n'avons pas à revenir sur ces questions.

L'autonomie a pour conséquence directe et naturelle la disparition de la représentation politique. Mais il faut lui trouver des organes substitutifs qui soient de nature à procurer tant aux sujets indigènes qu'aux citoyens et aux étrangers domiciliés dans les Possessions les garanties dont ils ont besoin, à leur assurer sur l'emploi des richesses qu'ils produisent les facultés de contrôle auxquelles ils ont droit, tout en réservant les besoins, les droits et les privilèges du gouvernement local et ceux de l'Etat souverain. On y arrive par la consultation d'*assemblés locales*.

Nous ne pouvons pas considérer cette question dans ses détails; mais il est malheureusement très difficile en pareille matière de se maintenir sur le terrain des généralités, en raison de la variété des conditions sociales, politiques et économiques des parties séparées de notre domaine extérieur[1]. Sur ce sujet, on est donc obligé d'être à la fois très succinct et très vague.

Les Possessions étant constituées en Etats financièrement et administrativement autonomes mais politiquement dépendants, tout ce qui touche à la politique coloniale, à la législation et aux finances de la métropole étant soustrait à leur immixtion, la nature du gouvernement de domination interdisant tout ce qui ressemble à des parlements, le suffrage universel ou par tête étant d'une manière générale impraticable, les activités coloniales étant d'ordre essentiellement économique, le seul mode de votation utilisable à la base est le vote censitaire — cens économique et cens capacitaire. Ces suffrages aboutiraient d'abord à la formation d'assemblées spéciales, telles que les municipalités, les chambres de commerce et d'agriculture, les associations ou syndicats professionnels dûment autorisés, aussi libres que possible dans la sphère de leurs attributions, et consécutivement à l'organisation de *Délégations* ou *Conférences*, quel que soit le nom que l'on veuille donner à ces *Conseils consultatifs*. Ceux-ci seraient

1. Il faut convenir qu'en ce qui concerne les anciennes colonies, les Antilles surtout — car la situation de la Réunion est, au point de vue des rapports entre les races, beaucoup moins mauvaise, par suite de causes très intéressantes mais trop spéciales pour être examinées ici — le problème se présente sous un aspect particulier. Sa solution satisfaisante est difficile, en raison des habitudes prises, des droits acquis, de la force respective des éléments sociaux et de l'acuité même des passions. Les maux produits et aggravés par l'introduction néfaste de la politique ne peuvent, quoi qu'on fasse, disparaître rapidement de milieux si profondément contaminés et désorientés. L'étude des institutions municipales et électives dans les Antilles britanniques et des remaniements successifs qu'elles ont subis nous serait en cette occurrence d'un grand secours.

composés, en proportions variables suivant l'état d'avancement des Etablissements et le degré de leur équilibre social, de membres élus par les assemblées primaires et de membres nommés par le Gouvernement. Dans ceux de ces Conseils où siégeraient à la fois des Européens et des indigènes, les consultations se feraient par sections et non par tête[1]. Ils pourraient avoir le droit de désigner ou au moins de proposer des délégués aux Conseils du gouvernement général et des gouvernements particuliers, et des délégués dans la métropole, soit à titre de chargés d'affaires ou de commissaires, soit comme membres agréés aux Conseils supérieurs du Ministère.

Il est de première nécessité — c'est un fait d'expérience — de ne pas laisser aux assemblées coloniales la disposition des budgets impériaux ou généraux et l'attribution des recettes de cette nature. Leur droit de regard en cette matière ne peut aller au delà de l'expression de vœux. Mais dans une intention libérale et par concordance avec nos mœurs, il ne serait sans doute pas défendu de constituer les municipalités en abaissant autant que faire se pourrait les conditions du cens, au point de rendre le suffrage presque universel là où les Européens agglomérés sont en nombre prépondérant, où leur concentration et la primauté de leurs intérêts est la cause de l'agglomération indigène. Il y a d'autre part tout avantage à organiser ces municipalités de la manière la plus large, en déchargeant ainsi l'autorité administrative et le gouvernement de travaux, d'études, d'emplois de recettes et de responsabilités que ces corps sont

1. L'oubli de cette règle essentielle, heureusement appliquée aux *Délégations* algériennes, est l'une des causes les plus actives des difficultés que nous opposait récemment la *Conférence tunisienne*, et l'on ne saurait trop féliciter le Gouvernement, le Ministre des affaires étrangères et le Résident général d'avoir tout récemment réparé cette erreur.

bien mieux que lui en mesure d'entreprendre et de supporter, en gérant eux-mêmes les ressources nées de leur activité propre et qui doivent être appliquées à des objets définis et circonscrits.

Il n'existe d'ailleurs aucune raison, en matière municipale, pour écarter de ces assemblées les Européens étrangers qui ont eux-mêmes incorporé leurs capitaux à la localité, non plus que les indigènes qui contribuent activement à sa prospérité particulière.

On peut être assuré que les nationaux sages et éclairés, qui ne se sont pas expatriés pour politiquer, mais pour gagner, pour faire fructifier leurs capitaux ou pour créer de la richesse par leur travail et leur intelligence, seraient les premiers à s'applaudir d'être délivrés du fléau dissolvant de la politique, car ses effets ne profitent, en résumé et d'une manière toujours aléatoire et humiliante, qu'à quelques-uns aux dépens de tous. Ils garderaient sans aucun doute leurs opinions personnelles sur les choses de la politique nationale et ne cesseraient de s'y intéresser; mais comme planteurs, comme industriels ou commerçants coloniaux, comme membres des professions libérales fixés en ces pays lointains ou séparés, ils seraient heureux de pouvoir s'en abstraire. L'immense majorité de nos concitoyens en bénéficierait ; n'y perdraient que les agités et les agitateurs professionnels, et les ramasseurs de sportules. Du reste, le champ de ces assemblées locales est encore assez ample pour permettre aux tendances politiques et sociales de s'y manifester et aux talents de s'y produire, de s'y préparer à des scènes plus vastes, s'ils en ont l'ambition, pour faire profiter de leur expérience acquise les pays où ils ont longtemps vécu et où ils ont « investi » leur fortune. On ne peut que souhaiter qu'ils trouvent en France des électeurs assez intelligents pour leur en fournir l'occasion. Mais les choses coloniales intéressent maintenant chez nous assez de monde, à des titres divers, pour que désormais nos Possessions ne manquent pas plus de défenseurs au Parlement français que celles de S. M. Edouard VII n'en manquent au Parlement britannique.

Les assemblées indigènes. — Ici, il faut bien être encore plus vague qu'en parlant des assemblées européennes. Celles-ci sont composées d'individualités de même origine, façonnées par les mêmes idées, soumises à des besoins analogues. Mais les populations indigènes de nos Possessions ne présentent entre elles aucune ressemblance. Les unes sont féodales, guerrières, mobiles, organisées ici en tribus, là en castes; les autres sont sédentaires, agricoles ou commerçantes, plus avancées d'une certaine manière, plus arriérées par d'autres côtés. Il en est qui savent l'usage du vote, d'autres qui ne connaissent que la délibération déréglée ou l'adhésion muette à la parole des chefs. On en connaît qui se sont élevées, au moins dans l'élite, à la conception du grand Etat; mais la masse n'est guère capable de dépasser l'idée du village, du canton ou de la province où elle a vécu, et, profondément ignorante, ne possède qu'à un degré rudimentaire la faculté de généralisation. En cette matière, tout est donc question d'espèce et de lieu.

Mais ce dont a besoin le gouvernement étranger, c'est de puiser à leur source, directement, des informations qu'il ne peut d'ordinaire recevoir que par la voie officielle et administrative, toujours plus ou moins partiale et préjugeante, c'est de se procurer des moyens de pénétrer ces populations impénétrables, de savoir d'elles-mêmes leur pensée, leurs besoins, leurs peines et leurs désirs. C'est aussi d'obvier à la tendance, naturelle après tout, qu'a l'aristocratie conquérante sous ses deux formes, officielle et indépendante, à vivre en parasite du travail indigène, base de la prospérité publique. C'est encore de se réserver un procédé de contrôle sur la conduite des autorités et des notables indigènes : le régime de l'administration indirecte, d'ailleurs si avantageux et qu'il faut souhaiter voir s'introduire de plus en plus dans notre organisme colonial et s'étendre progressivement, a par malheur pour défaut et pour écueil de laisser trop de latitudes à des concussions dont la responsabilité retombe sur le dominateur étranger.

Il y a bien une opinion publique indigène, mais elle nous reste obscure et inexpliquée et souvent inexplicable. Si nous ne connaissons pas l'âme indigène, celle-ci est encore bien plus incapable de connaître la nôtre. L'opinion indigène courante ne se fonde le plus souvent que sur des antipathies instinctives, sur des préventions naturelles surexcitées par l'exercice du commandement, sur l'interprétation erronée de faits minimes ou très simples, extraordinairement déformés et grossis et devenus rapidement des légendes — des « bruits de bazar » — dont rien ou presque rien n'arrive aux oreilles de l'autorité et dont les conséquences peuvent être immenses. La terrible révolte de l'Inde en 1857 n'eut guère d'autre origine que celle-là.

Tandis que l'autorité ne peut redouter que l'excès de franchise, l'indiscrétion et l'indépendance critique des assemblées européennes, il n'a à craindre de la part des assemblées indigènes que le mutisme, la timidité, l'humble flatterie et le mensonge. L'habitude héréditaire de la peur et de la défiance du chef, la souffrance séculaire de l'insécurité et de l'injustice ont développé dans cette barbarie, au plus haut degré, les armes par excellence de la faiblesse contre la force. Ceux que nous avons à conduire ont acquis une puissance de dissimulation individuelle et collective telle que l'Européen le plus secret ou le plus hypocrite ne peut se l'imaginer, et qui ne va pas pourtant sans s'allier à un orgueil démesuré.

Rassurer la servilité des indigènes, dissiper leur méfiance, les obliger à s'expliquer, les convaincre de l'innocuité et de l'utilité de la franchise, obtenir ainsi d'eux-mêmes des informations sûres, leur assurer une participation visible et publique dans l'œuvre poursuivie, tels sont les résultats qu'un gouvernement bien intentionné peut espérer de leur consultation raisonnablement conçue et organisée. Educatrices et bienfaisantes pour les indigènes, ces assemblées sont éducatrices et bienfaisantes pour nous, à la condition de ne pas nourrir à leur endroit des ambitions prématurées, de ne leur demander que ce qu'elles peuvent donner. Il convient que les questions qui leur sont soumises n'embrassent que des choses terre-à-terre, celles qui sont immédiatement à la portée de leurs membres, celles qu'ils connaissent bien et dont ils peuvent se rendre compte. Ce sera, notamment, l'emploi des contributions directes et des prestations fournies par les communautés de village, peut-être ici du canton, ailleurs même d'un cercle administratif un peu plus élargi. Mais à mesure que le degré des assemblées s'élève et que les objets de leurs délibérations s'étendent, la proportion des membres nommés par le Gouvernement ou désignés par les administrateurs doit l'emporter de plus en plus sur celle des membres élus par les populations elles-mêmes, lorsque celles-ci, toutefois, ont déjà la connaissance et la pratique du vote.

C'est dans ces voies seulement, ouvertes par l'observation directe, par l'expérience des faits et des hommes, par l'étude de l'histoire de toutes les dominations, par la comparaison méthodique des institutions étrangères, que la France démocratique, répudiant les idéologies pures et les théories sans base réelle pour se conformer à la nature des choses, peut obtenir le succès de son expansion dans le monde.

La lutte universelle lui rend cette expansion obligatoire. Mais pour atténuer dans la mesure du possible les dangers qu'elle comporte et la rendre utile et sûre, il n'est pas permis de s'appuyer sur d'autres procédés, inspirés d'autres principes que ceux dont nous avons essayé de tracer une trop incomplète esquisse.

FIN.

TABLE DES MATIÈRES

7973. — IMPRIMERIE HEMMERLÉ ET Cie.
Rue de Damiette, 2, 4 et 4 bis. — 8-10.

BIBLIOTHEQUE NATIONALE

SERVICE DES NOUVEAUX SUPPORTS

58, rue de Richelieu, 75084 PARIS CEDEX 02 Télephone 266 62 62

Achevé de micrographier le : 4/2/1976

Défauts constatés sur le document original

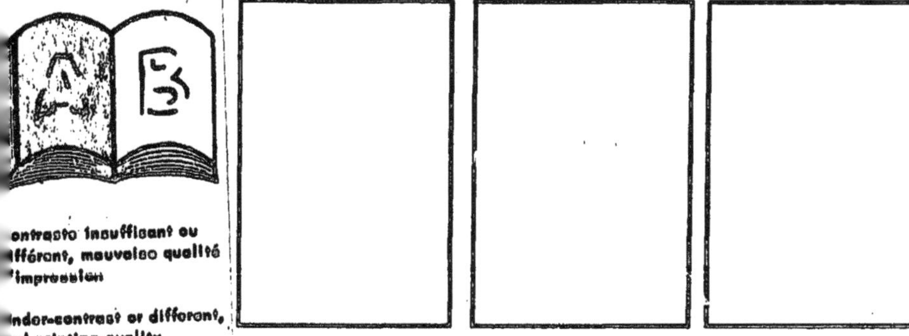

www.ingramcontent.com/pod-product-compliance
Ingram Content Group UK Ltd.
Pitfield, Milton Keynes, MK11 3LW, UK
UKHW012008240726
13965UKWH00001B/229

9 782013 563383